中国社会科学院重大课题
国家"十五"重点出版项目

列国志

GUIDE TO THE WORLD STATES

中国社会科学院《列国志》编辑委员会

津巴布韦

◉ 陈玉来 编著

社会科学文献出版社

SOCIAL SCIENCES ACADEMIC PRESS (CHINA)

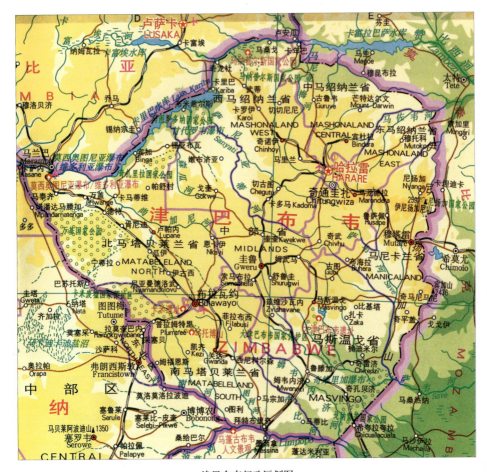

津巴布韦行政区划图

津巴布韦国旗

津巴布韦国徽

东部高地尼扬加风光及农村民居

津巴布韦矿业重镇克韦克韦街景

津巴布韦储备银行

在哈拉雷最高点科佩山俯瞰市景

连接赞比亚和津巴布韦的
铁路桥

维多利亚大瀑布酒店

津巴布韦大学行政楼

津巴布韦国家艺术画廊

在华人工厂工作的当地雇工

哈拉雷国际艺术节（2006年5月）

津巴布韦的"心愿"艺术团

津巴布韦的乡村女孩

工匠在制作石雕

津巴布韦石雕

万基国家公园

维多利亚大瀑布

岩画

大津巴布韦遗址

津巴布韦最大人工湖卡里巴湖

津巴布韦国树火焰树

津巴布韦最大的面包树

津巴布韦最大的万基国家公园的动物

紫英花开落满街

津巴布韦烟草农场

（照片由中国摄影家协会会员、原中国驻津巴布韦使馆副武官王佳　提供）

前　言

　　自 1840 年前后中国被迫开关、步入世界以来，对外国舆地政情的了解即应时而起。还在第一次鸦片战争期间，受林则徐之托，1842 年魏源编辑刊刻了近代中国首部介绍当时世界主要国家舆地政情的大型志书《海国图志》。林、魏之目的是为长期生活在闭关锁国之中、对外部世界知之甚少的国人"睁眼看世界"，提供一部基本的参考资料，尤其是让当时中国的各级统治者知道"天朝上国"之外的天地，学习西方的科学技术，"师夷之长技以制夷"。这部著作，在当时乃至其后相当长一段时间内，产生过巨大影响，对国人了解外部世界起到了积极的作用。

　　自那时起中国认识世界、融入世界的步伐就再也没有停止过。中华人民共和国成立以后，尤其是 1978 年改革开放以来，中国更以主动的自信自强的积极姿态，加速融入世界的步伐。与之相适应，不同时期先后出版过相当数量的不同层次的有关国际问题、列国政情、异域风俗等方面的著作，数量之多，可谓汗牛充栋。它们

对时人了解外部世界起到了积极的作用。

当今世界，资本与现代科技正以前所未有的速度与广度在国际间流动和传播，"全球化"浪潮席卷世界各地，极大地影响着世界历史进程，对中国的发展也产生极其深刻的影响。面临不同以往的"大变局"，中国已经并将继续以更开放的姿态、更快的步伐全面步入世界，迎接时代的挑战。不同的是，我们所面临的已不是林则徐、魏源时代要不要"睁眼看世界"、要不要"开放"问题，而是在新的历史条件下，在新的世界发展大势下，如何更好地步入世界，如何在融入世界的进程中更好地维护民族国家的主权与独立，积极参与国际事务，为维护世界和平，促进世界与人类共同发展做出贡献。这就要求我们对外部世界有比以往更深切、全面的了解，我们只有更全面、更深入地了解世界，才能在更高的层次上融入世界，也才能在融入世界的进程中不迷失方向，保持自我。

与此时代要求相比，已有的种种有关介绍、论述各国史地政情的著述，无论就规模还是内容来看，已远远不能适应我们了解外部世界的要求。人们期盼有更新、更系统、更权威的著作问世。

中国社会科学院作为国家哲学社会科学的最高研究机构和国际问题综合研究中心，有 11 个专门研究国际问题和外国问题的研究所，学科门类齐全，研究力量雄厚，有能力也有责任担当这一重任。早在 20 世纪 90 年代初，中国社会科学院的领导和中国社会科学出版社就提出编撰"简明国际百科全书"的设想。1993 年 3 月 11 日，时任中国社会科学院院长的胡绳先生在科研局的一份报告上批示："我想，国际片各所可考虑出一套列国志，体例类似几年前出的《简明中国百科全书》，以一国（美、日、英、法等）或几个国家（北欧各国、印支各国）为一册，请考虑可行否。"

中国社会科学院科研局根据胡绳院长的批示，在调查研究的基础上，于 1994 年 2 月 28 日发出《关于编纂〈简明国际百科全书〉和〈列国志〉立项的通报》。《列国志》和《简明国际百科全书》一起被列为中国社会科学院重点项目。按照当时的计划，首先编写《简明国际百科全书》，待这一项目完成后，再着手编写《列国志》。

1998 年，率先完成《简明国际百科全书》有关卷编写任务的研究所开始了《列国志》的编写工作。随后，其他研究所也陆续启动这一项目。为了保证《列国志》这套大型丛书的高质量，科研局和社会科学文献出版社于 1999 年 1 月 27 日召开国际学科片各研究所及世界历史研究所负责人会议，讨论了这套大型丛书的编写大纲及基本要求。根据会议精神，科研局随后印发了《关于〈列国志〉编写工作有关事项的通知》，陆续为启动项目

拨付研究经费。

为了加强对《列国志》项目编撰出版工作的组织协调，根据时任中国社会科学院院长的李铁映同志的提议，2002 年 8 月，成立了由分管国际学科片的陈佳贵副院长为主任的《列国志》编辑委员会。编委会成员包括国际片各研究所、科研局、研究生院及社会科学文献出版社等部门的主要领导及有关同志。科研局和社会科学文献出版社组成《列国志》项目工作组，社会科学文献出版社成立了《列国志》工作室。同年，《列国志》项目被批准为中国社会科学院重大课题，新闻出版总署将《列国志》项目列入国家重点图书出版计划。

在《列国志》编辑委员会的领导下，《列国志》各承担单位尤其是各位学者加快了编撰进度。作为一项大型研究项目和大型丛书，编委会对《列国志》提出的基本要求是：资料翔实、准确、最新，文笔流畅，学术性和可读性兼备。《列国志》之所以强调学术性，是因为这套丛书不是一般的"手册"、"概览"，而是在尽可能吸收前人成果的基础上，体现专家学者们的研究所得和个人见解。正因为如此，《列国志》在强调基本要求的同时，本着文责自负的原则，没有对各卷的具体内容及学术观点强行统一。应当指出，参加这一浩繁工程的，除了中国社会科学院的专业科研人员以外，还有院外的一些在该领域颇有研究的专家学者。

　　现在凝聚着数百位专家学者心血，共计 141 卷，涵盖了当今世界 151 个国家和地区以及数十个主要国际组织的《列国志》丛书，将陆续出版与广大读者见面。我们希望这样一套大型丛书，能为各级干部了解、认识当代世界各国及主要国际组织的情况，了解世界发展趋势，把握时代发展脉络，提供有益的帮助；希望它能成为我国外交外事工作者、国际经贸企业及日渐增多的广大出国公民和旅游者走向世界的忠实"向导"，引领其步入更广阔的世界；希望它在帮助中国人民认识世界的同时，也能够架起世界各国人民认识中国的一座"桥梁"，一座中国走向世界、世界走向中国的"桥梁"。

　　　　　　　　　　　　　　　　《列国志》编辑委员会

　　　　　　　　　　　　　　　　2003 年 6 月

CONTENTS

目　录

CONTENTS
目　录

CONTENTS

目　录

CONTENTS

目　录

9

CONTENTS

目　录

CONTENTS

目 录

CONTENTS

目　录

CONTENTS

目 录

CONTENTS

目 录

导　言

　　大多数中国人对非洲的了解始于 20 世纪 50～60 年代。风起云涌的非洲独立和民族解放运动浪潮给人们留下了深刻的印象。然而，津巴布韦共和国在 1980 年才获得了独立和新生，是非洲国家彻底摆脱白人殖民统治较晚的国家之一。近 30 年来，津巴布韦以其独特的发展历程不时地吸引着世人的关注。进入 21 世纪以来，津巴布韦的政治经济形势都发生了较大变化，特别是由国内"土改问题"而引发的政局动荡和经济衰退，使其成了非洲乃至国际社会关注的热点之一。

　　津巴布韦是南部非洲的一个内陆国家，面积及气候特征均与中国云南省相近。津巴布韦虽为非洲内陆国家，但由于地处非洲大陆面积最大的高原地区，平均海拔超过 1000 米，因此，这里气候宜人，风景如画。闻名遐迩的维多利亚瀑布即位于津巴布韦与赞比亚接壤的赞比西河之上，它的雄伟壮观和气势磅礴使其成为国内外游客心驰神往的地方。大津巴布韦遗址所展现的古代石头城，被人们看作津巴布韦乃至非洲文明的象征之一，也使津巴布韦成为世界上唯一一个以考古发掘遗迹作为国名的国家。

　　在漫漫历史长河中，津巴布韦的发展进程同多数撒哈拉以南非洲国家相似，展现的是一幅多民族辉煌历史和灿烂文化的画

卷。以占人口绝大多数的绍纳族为主体，与其他各民族相互融合，创造了足以令他们骄傲和自豪的历史和传统文明。但是由于近代殖民主义者的入侵，津巴布韦的传统文明和社会发展轨迹遭到扭曲。19世纪末，欧洲列强海外殖民扩张的步伐迅速加快，英国依托早在南非建立的殖民地作后盾，很快实现了英国白人殖民主义者对津巴布韦的占领和统治。在先后被称作"南罗得西亚"和"罗得西亚"的白人政权统治期间，当地广大黑人饱受掠夺、奴役和欺凌。敦厚淳朴的津巴布韦原住民在所谓"西方文明"的侵蚀下，历经了近一个世纪的磨难。与此同时，作为现代工业文明发祥地的英国，对包括津巴布韦在内的非洲广大地区的殖民扩张，客观上也起到了一些积极作用，在一定程度上加快了当地传统农业社会的转变和发展步伐。尽管如此，津巴布韦事实上长期以来实行的白人种族主义统治，从根本上否认了当地黑人作为历史的创造者和推动者的作用，因此彻底结束殖民主义者的占领和摆脱种族主义统治，实现真正的民族解放和国家独立成为当地人民长期以来的基本诉求。他们为此进行了艰苦卓绝的斗争。1980年4月18日，津巴布韦人民终于彻底摆脱了白人殖民主义的统治，占人口绝大多数的黑人当家做了主人，政治上获得了新生。此后，穆加贝领导的津巴布韦共和国走出了一条时而令世人感到欣慰和惊奇，时而又令世人感到困惑和担忧的道路。现任总统穆加贝，连续执政近30年，在非洲乃至世界上都是执政时间最长的国家领导人之一；伴随着国家的兴衰，穆加贝业已成为在国际社会备受关注和颇具争议的非洲国家领导人。

津巴布韦共和国与撒哈拉以南非洲其他国家在历史、政治、经济、社会、文化诸方面有诸多相似之处，尤其是在非洲国家民族认同上更趋一致。津巴布韦作为一个政治上最终取得独立的黑非洲国家，依托原有的经济结构和机制，试图打造出一种全新的、造福于全体包括少数白人在内的平等的社会。独立初期，穆加贝领导的津巴布韦政府以"公平增长"为目标，旨在创建一个真正平等和民主的社会主义社会。其所奉行的民族和解政策，以及社会主义社会渐进的改造战略，使刚刚获得独立的国家保持了社会的相对稳定，并使经济得到发展。独立后 10 年间，津巴布韦国内生产总值平均增幅达到近 5%，成为当时少有的经济增长速度超过人口增长速度的非洲国家之一。但随后由于执政党民盟的经济政策过于僵化，市场缺乏活力，经济下滑，凸显出发展后劲不足的态势。

20 世纪 90 年代初，在国际货币基金组织等机构支持下，津巴布韦政府逐渐转向以市场为主导的经济体制改革，开始实施经济结构调整计划。但这一计划并没有取得预期的实质性成效。相反，经济开始出现全面衰退，就业率降低，人民生活水平下降，进而造成民众对政府的不满情绪上升。穆加贝政府执政压力不断增加。从 20 世纪 90 年代末开始，为了减轻这种压力，穆加贝政府摒弃了以西方为主导的经济结构调整政策，转而采取了较为激进的政策。政府利用加快土地改革的"快车道"计划，试图扭转政治和经济的不利局面。该计划实施中出现的暴力抢占土地事件，造成了黑人与白人间的激烈冲突，使原本相对和谐的社会局面遭到破坏。土地改革的"快车道"计划不但未能使执政党民盟重新树立原有的威信，反而促使国内反对党民主变革运动在以英美为首的西方国家所谓"民主、人权"的鼓噪下，利用不断激化的社会矛盾，赢得主要来自城镇地区民众越来越多的支持，实力不断增强，并最终形成与穆加贝领导的执政党民盟分庭抗礼的局面。

进入 21 世纪后，津巴布韦国内政治经济形势日趋恶化。政治上，由于穆加贝所领导的津巴布韦民盟自独立后长期主政，政策上缺乏透明和民主，国内的不同声音受到一定压制，加之执政党内部权力集中，官员腐败问题突出，使得执政党公信力降低，

形象受损。与此同时，国内经济形势不断恶化，人民生活水平下降，失业、艾滋病等社会问题严重，国内反对派势力借助民心思变的情绪实力逐渐增强。此消彼长，津巴布韦政坛出现独立以来最令人瞩目的动荡。为了化解因 2008 年 6 月对总统大选的质疑所产生的矛盾，在南部非洲发展共同体和国际社会的斡旋和协调下，矛盾和分歧各派最终于是年 9 月 15 日签署一项权力分享协议。根据该协议，津巴布韦将组成联合政府，重新设立总理一职。穆加贝仍旧担任总统，总理由原反对党民主变革运动（简称"民革运"）主流派领导人茨万吉拉伊担任，内阁中的其他职位主要由穆加贝领导的民盟和民革运分享。2009 年初，津巴布韦联合政府正式组成，使本已剑拔弩张的各派政治势力的冲突有所缓解，为政局的稳定、国家的复兴和经济的发展创造了必不可少的条件。津巴布韦联合政府的成立，改变了独立后近 30 年来穆加贝领导的民盟一统天下的局面。这或许对未来津巴布韦政治民主化有着积极的意义。

经济方面，2000 年后由土地改革"快车道"政策所引发的社会动荡，在一定程度上破坏了原有的经济结构，改变了经济发展和运行的传统轨迹。土地改革"快车道"政策，使这一传统农业国家的整体经济受损，直接影响到矿业、制造业和出口等行业。此外，由于土地改革"快车道"政策的实施直接触及到以英国为首的西方国家的切身利益，招致英、美等西方国家的反对，它们打着"民主、人权"的旗号进行谴责，并将大部分对津巴布韦的投资和援助项目搁置，这对津巴布韦经济无疑是雪上加霜。近 10 年来，津巴布韦经济持续衰退，且宏观调控措施几乎无一奏效，通胀率高居世界各国之首，最终不得不于 2009 年初暂时取消了本国货币"津元"的流通，经济已经到了崩溃的边缘。新一届联合政府成立后将以经济复苏作为首要任务，凭借各党派政治上的相互理解与包容，依托丰富的矿产和旅游业资源，以及原有较好的产业结构，祈盼津巴布韦经济能够在不远的将来摆脱困境、得到发展。

本书作为中国社会科学院重大课题、国家"十五"重点出版项目《列国志》之一，试图对津巴布韦历史、地理、政治、经济、文化、外交等诸方面作一较全面、详细的介绍，希望读者通过本书对津巴布韦的概貌有一个较全面的认识和了解。20世纪80年代末，笔者曾有机会对津巴布韦进行了为期三周的访问，当初那里祥和的社会氛围，以及令人陶醉的自然风光和宜人的气候给笔者留下了难以磨灭的印象，使笔者对津巴布韦的关注和兴趣油然而生。20多年来，虽没有机会故地重游，但本书的写作使笔者整个思绪进行了全面梳理。日月蹉跎，星移斗转，今天的津巴布韦或许不如当初那么令人感到满足和欣慰，或许当初的风光不再，但笔者始终不能相信这样一个充满着和平、充盈着美丽和令人神往的国度只会停留在人们的记忆中。笔者虽然是较早获得机会访问津巴布韦的中国学者之一，但遗憾的是近些年来这样的机会始终未能再次眷顾。因此向广大读者的介绍似乎少了一些切身的感受，对事物本身的了解似乎仅限皮毛。这也是笔者对本书略感不足之处。

在本书编写过程中，笔者对此前由中国社会科学院西亚非洲研究所研究员何丽儿女士撰写的、国内第一部较全面介绍津巴布韦的专著《津巴布韦——南部非洲的一颗明珠》进行了研读，获益匪浅。与此同时，笔者还就津巴布韦政治、经济等多方面的问题与该书作者进行过广泛交流。本书中一些观点的形成，一些史实的确证，以及一些专有名词的翻译等问题都从中多有受益。

本书的写作力求兼顾学术性、知识性和可读性，尽量使广大读者不致因文字晦涩、繁冗等而感到索然无味。但由于水平所限，笔者不敢奢求可以完全满足读者的期望，只倾心于在此书的编撰过程中所涉及资料的翔实、可靠。谨此如能得到广大读者的

认可，笔者将感到莫大安慰。尽管如此，鉴于本书所涉猎的学科和领域众多，难免存有纰漏。尚祈广大读者包括学术界同仁赐教。

从开始承接本书的编著工作算起，至今已十载有余。2003年之前，笔者已开始着手进行资料的收集、整理和初稿撰写。2003～2006年，笔者被借调到外交部，赴肯尼亚使馆工作。由于使馆工作繁忙，本书的写作不得不停止。因此，实际上本书的真正编撰工作应始于2006年末。两年多来，笔者对本书倾注了大量心力，最终于2009年1月完成初稿。

在本书书稿最终完成并即将付梓之际，笔者首先要特别感谢为本书的最终定稿而付出辛勤劳动的陈宗德研究员。他对本书书稿先后两次进行了审读，对整部书稿的篇章结构和文字表述等均提出了宝贵的修改意见，使本书增色不少。在本书撰写过程中，中国社会科学院西亚非洲研究所何丽儿研究员、杨立华研究员曾就笔者在写作中遇到的问题给予指导，并与笔者进行过多次探讨，使笔者获益匪浅。她们还对本书的写作提供了大量资料和信息，充实了本书内容。在此对她们的帮助深表谢意。笔者还要感谢课题组主持人之一温伯友研究员，他对本书的最终定稿进行了再次审读，提出了诚恳的修改意见，使本书得以顺利出版。与此同时，笔者还要感谢《列国志》编委会所有成员、本书的责任编辑，以及社会科学文献出版社在本书的出版过程中所给予的大力支持和所付出的辛勤劳动。感谢中国社会科学院西亚非洲研究所各位领导对该项目的关心和支持。

此外，笔者要感谢中国摄影家协会会员、原中国驻津巴布韦大使馆副武官王佳先生。本书中所选用的照片绝大部分由王佳先生提供。他在津巴布韦工作和生活期间所拍摄的照片，从更加生动和鲜活的角度帮助广大读者对津巴布韦有更深刻、更直观的了解和认识。这是很难用语言和文字达到的。同时，笔者要感谢王佳先生的妻子齐进女士，是她利用赴津巴布韦探亲的机会，将这些照片及时带回国内，使本书得以顺利刊用。

最后，笔者还要感谢中国社会科学院西亚非洲研究所图书资料室的全体同仁。他们在本书的撰写过程中对笔者提供了大量无私的支持和帮助，对他们所付出的辛劳深感敬佩和感激。与此同时，对那些关注此书出版和所有曾给予过本人帮助的同事和朋友们表示衷心的感谢。

作　者

2010 年 7 月 1 日

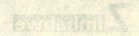

第一章

国土与人民

津巴布韦共和国是位于南部非洲的内陆国家,矿产资源极为丰富,原为白人统治的"南罗得西亚、罗得西亚",1980 年 4 月 18 日正式独立。根据世界银行 2008 年统计,津巴布韦 2007 年全国人口为 1323 万人[①],首都哈拉雷(原名为索尔兹伯里),现任国家元首为罗伯特·加布里埃尔·穆加贝总统。

第一节 自然地理

一 地理位置

津巴布韦共和国位于非洲大陆东南部,地处内陆,位于南纬 15°37′ 与 22°24′,东经 25°14′ 与 33°04′ 之间,全境处于南回归线以北,以赞比西河和林波波河与赞比亚和南非为界,是中南非高原的一部分。国境线全长 3066 公里。南部与南非接壤(边界线长 225 公里,下同),北面与赞比亚为邻(797

---

① World Bank, *World Development Indicator Database*, September 2008.

1

公里)，东北面连接莫桑比克（1231 公里）。西部地区与博茨瓦纳毗邻（813 公里）。国土面积约 39.1 万平方公里，其中陆地面积约 38.7 万平方公里，水域面积约 0.4 万平方公里。津巴布韦时间比格林尼治标准时间早 2 个小时，比北京时间晚 6 个小时。

二　行政区划

巴布韦行政区划分为 8 个省（Province）和 2 个省级直辖市，共包括有 59 个行政区（District），下辖 1200 个社区（Ward）。2004 年 2 月津巴布韦全国行政区划曾进行调整，将 2 个省级直辖市划分为省，即哈拉雷省（Harare Province）和布拉瓦约省（Bulawaya Province）。全国共分成 10 个省，但习惯上哈拉雷省和布拉瓦约省仍被人们普遍看作是省级市。原有的 8 个省分别为：

1. 马尼卡兰省（Manicaland），省会穆塔雷（Mutare），面积约为 3.6 万平方公里，2002 年人口约为 160 万人[①]，划分为 7 个行政区。该省历史上曾是绍纳人（Shona）分支马尼卡人（Manyika）集居地，他们有自己的语言，即马尼卡语（Manyika Language）。该省名称即源于此。

2. 中马绍纳兰省（Mashonaland Central），省会宾杜拉（Bindura），面积约为 2.8 万平方公里，2002 年人口约为 125 万人，划分为 7 个行政区。

3. 东马绍纳兰省（Mashonaland East），省会马龙德拉（Marondera），面积约为 3.2 万平方公里，2002 年时人口约为 130 万人，划分为 9 个行政区。

---

① Jane's Information Group, *Jane's Sentinel Security Assessment-Southern Africa*, Jane's Information Group, 2007, p. 113. 津巴布韦下述各省人口统计数字均来自此书。

4. 西马绍纳兰省（Mashonaland West），省会奇诺伊（Chinhoyi），面积约为5.7万平方公里，2002年时人口约为140万人，划分为6个行政区。

5. 马辛戈省（Masvingo），省会马辛戈城（Masvingo City），面积约为5.7万平方公里，2002年时人口约为135万人，划分为7个行政区。当地居民多为绍纳语系的卡伦加人（Karanga）。1980年以前该省被称为维多利亚省。该省地处南部干旱地区，素以畜牧业、矿业和甘蔗种植业著称，间或有小型村社农业。2000年后，津巴布韦土改运动使原白人经营的大型畜牧业养殖场和混合农业经营趋于瓦解，土地重新分配给个体农户经营。

6. 北马塔贝莱兰省（Matabeleland North），省会卢帕尼（Lupane），面积约为7.5万平方公里，2002年时人口约为85万人，划分为7个行政区。世界第一大瀑布维多利亚瀑布即位于该省北部地区。

7. 南马塔贝莱兰省（Matabeleland South），省会关达（Gwanda），面积约为5.4万平方公里，2002年时人口约为65万人，划分为6个行政区。

8. 中部省（Midlands），省会奎鲁（Gweru），面积约为4.9万平方公里，2002年时人口约为145万人，划分为8个行政区。该省位于中部，是多民族混居地区。省会奎鲁为津巴布韦第五大城市。

上述省份的大部分名称来源大致是依据"马绍纳兰"或"马塔贝莱兰"，这些早在殖民地时期就已划分出的疆域。前者是当初英国南非公司拓荒队最早侵占的原主要由绍纳人居住的领地，后者是殖民者稍后占据的原马塔贝莱人（现称恩德贝莱人）集中居住的领地[①]。各省的省会城市一般是位于该省中部地区城

① 详见本书第二章历史部分。

3

市，但不一定是该省最大城市。各省的省长由总统直接委任，省政府由公共服务委员会（Public Service Commission）指定的省级行政长官负责管理。省政府其他职能的运行依靠与国家各部委相对应的省级办公室负责。

各省（包括直辖市）下辖的各行政区，由当地公共服务委员会任命区长负责管理。农村地区设有农村管理委员会（Rural District Council），指定一名酋长作为行政执行区长。农村管理委员会由下属各社区选出的委员组成。各行政区同样设有与国家各部委职能相对应的区级办公室。

各行政区下面的社区设有类似的"社区发展委员会"（Ward Development Committee），其组成包括各酋长所管辖的部落头领，以及各个村落所选出的代表。社区是由按照地域划分的各个村落组成，村落也有经选举产生的"村委会"（Village Development Committee）。

省级直辖市：

1. 哈拉雷（Harare）

原名索尔兹伯里（Salisbury）。津巴布韦共和国首都和第一大城市，是全国政治、经济、文化和商业中心，同时也是全国的交通枢纽。该市位于津巴布韦东北部马绍纳兰高原上，海拔1483米，全年气候温和，四季如春，年平均气温在18°C左右。这里常年草木繁茂，鲜花盛开，景色宜人，是南部非洲一座现代化的花园城市。城市面积约为540平方公里。2006年人口约280万人，其中城市人口约160万人。

1890年随着白人种族主义者罗德斯（Cecil Rhodes）由南非率领"拓荒队"的到来，这里成为西方殖民主义者的贸易集散地，后来成为以英国首相索尔兹伯里三世的名字命名的城市。1935～1963年间成为当时中非联邦的正式首都。1980年4月津巴布韦独立后，索尔兹伯里被定为首都，1982年4月18日津巴布韦独立两周年之际，为消除殖民主义者的烙印改名为哈拉雷。但哈拉雷市区仍保留下一些原以殖民主义者名字命名的街道。

哈拉雷名称的由来主要有两种说法，一种是由附近的哈拉雷山而得名，另一种说法是由当地一位绍纳酋长的名字而来。传说这位酋长的名字"哈阿雷"在绍纳语言中的意思是"不眠人"。这位酋长英勇善战，且机智警觉，从来不打瞌睡，人们都叫他"哈阿拉雷"，即"不睡觉的人"。后来简化为"哈拉雷"，成为部族聚居地的名字。津巴布韦共和国把首都命名为"哈拉雷"，以此表达津巴布韦人民时刻保持警惕和维护独立的决心。但是一般认为第一种说法更为可信。

津巴布韦的政府机构和参众两院都设在这里。建于1893年的市政大厅是哈拉雷最古老的建筑。1986年建成的哈拉雷国际会议中心是目前非洲最大的会议中心之一。政府办公机构和主要商业区位于该市的中心区域，重工业区位于市中心西侧，其他工业建于东侧，市中心的南侧有一些轻工业的工厂。哈拉雷附近以盛产烟草著称，市郊有一些较大规模的烟草种植农场。津巴布韦的烟草加工业主要集中在哈拉雷地区，英国和美国的一些大烟草公司都在此设立了烟厂，这里还有世界上最大的烟草拍卖市场。此外，这里还是玉米、棉花和柑橘类水果的交易中心，又是世界的铬都和津巴布韦的工业中心。这里有大型的金属冶炼厂、卷烟厂、化肥厂，也有造纸、橡胶、金属加工等工业。全国的各大矿业公司均在哈拉雷设立总部，这里也是银行、金融机构和股票交易所的集中所在地。

经过长期发展，哈拉雷已成为一座相当现代化的城市。整个城市显得崭新、整洁、宽敞。一条条南北、东西走向的街道呈方格形交错，构成300个大小不等的方块街区。哈拉雷中南部是商业区，白人多居住在市区的东部和北部，西南部是黑人聚居区。西郊、东南郊为工业区。北郊坐落着津巴布韦大学，再往外，则

密布着一个个黑人村镇。

在哈拉雷到处都能看到被定为国鸟的"津巴布韦鸟"标志。它的学名叫"红脚茶隼",是迁徙于南亚和南非之间的候鸟,早在1000多年前,当地人的祖先就已将这种鸟的形象刻在祭祀场的石柱上。"津巴布韦鸟"作为津巴布韦传统文明的象征,在哈拉雷的博物馆内,陈列着考古发掘出的5只皂石雕刻的"津巴布韦鸟"。

由于哈拉雷气候温和常年花木繁茂,所以又被称作"花树之城"。这里不仅一年四季鲜花常开,就连高大的乔木也常常是繁花似锦,争奇斗艳,在城市的任何一个角落,你都能看到怒放的鲜花。每年的7~9月份,蓝樱花树(有人称蓝花树)扬芬吐秀遍布全城。届时城市中到处可见开满蓝花的树木,带给人们一种沁人心脾的感觉。在9月份蓝樱花开正浓之时,哈拉雷还常会举办"蓝花节"。蓝花尚未开败,又有高大的凤凰树开始绽放出像火一样的火焰花。雨季来临时,凤凰树上鲜红的火焰花花开正浓。与此同时,黄花树也已含苞待放,一串串金铃似的花朵挂满了枝头。随后的哈拉雷又会被一种开桃红色花朵的乔木妆裹,带来一番别样的情趣。

首都哈拉雷曾被誉为人类宜居城市之一,但是近年来由于国家经济滑坡,城市疏于管理,其景象已大不如前。

2. 布拉瓦约(Bulawayo)

津巴布韦第二大城市,又是南北马塔贝莱兰省的行政中心,2005年人口约为67.6万人。该市位于津巴布韦西南部,海拔1341米,是西部地区的交通枢纽,距首都哈拉雷西南约439公里。主要居民为19世纪祖鲁人后裔恩德贝莱人。

该市在1871年间由当时的恩德贝莱国王洛炳古拉(Lobengula)建立并命名,以此命名来纪念在1870年为拥戴他而战死的将士们(布拉瓦约在当地语言中的意思是"屠杀场")。

当时该城距现在的城市中心东南约 15 公里处。1893 年英国南非公司入侵，洛炳古拉国王为抵抗入侵者放火烧毁了布拉瓦约城，1894 年 11 月 4 日英国殖民者宣布该城由英国南非公司和罗德斯统治，并在废墟上再建新城。1896 年当地人为反对殖民主义统治，举行武装起义，围困布拉瓦约达数月之久，造成殖民者极度恐慌。1897 年殖民主义者宣布布拉瓦约实行自治。

目前，布拉瓦约是除了哈拉雷之外工业最为集中的城市，有几千家轻、重工业工厂，涉及金属加工、电力、橡胶制品、印刷、包装、家电、塑料、服装和食品加工等多个领域。

布拉瓦约内外交通发达，是津巴布韦重要交通枢纽，有航班直通南非，有铁路通往邻国赞比亚、博茨瓦纳、莫桑比克和南非等国，到著名旅游景点如维多利亚瀑布、野生动物园等十分便利。

布拉瓦约也是津巴布韦的主要文化城市，并具有文化的多元性。国家历史博物馆和图书馆都设在这里，一些国际交易会和展览会也常在这里举办。当地居民多会讲英语、恩德贝莱语和绍纳语三种语言。

其他主要城市：

1. 奇通圭萨（Chitungwiza）

津巴布韦第三大城市，也是发展最快的城市。它位于哈拉雷南面约 9 公里处，1978 年合并了圣马利等 3 个黑人城镇而成，1981 年成为自治市。而后，该市发展起服装加工、家具、印刷、饮料等轻工业，人口约 34 万人。

2. 穆塔雷（Mutare）

1982 年以前被称作尤塔利（Umtali）。马尼卡兰省工商业中心，位于首都哈拉雷以北，人口约为 18.9 万人。该市距莫桑比克最近处仅 8 公里，距莫桑比克贝拉港 290 公里，被称之为"津巴布韦的出海通道"。

穆塔雷市建于 1890 年英国殖民者入侵之时，当时被称作"尤塔利堡"，后被叫作"穆塔雷"，当地语的意思是"一片金属"。据说在穆塔雷河流经的河谷地区曾发现黄金，此后才有了"穆塔雷"的名称。该城曾于 1891 年向北迁移约 14 公里处，后又于 1896 年在修建自布拉瓦约至莫桑比克贝拉港的铁路干线时将该城移至靠近铁路沿线。1914 年该市宣布自治。1982 年正式更名为穆塔雷市。

穆塔雷市经济以柑橘种植、采矿、农业和养牛业为主。其他还有汽车装配、特种玻璃、纺织、木材、造纸、食品加工和罐头制造等工业。近年来该市被列为津巴布韦艾滋病感染的重灾区，贫困人口比率呈不断增加的趋势。

3. 奎鲁（Gweru）

中部省省会，人口约 15.1 万人，大部分为绍纳族，恩德贝莱族人口约占 10%，为津巴布韦第四大城市。该市位于由哈拉雷通往布拉瓦约的铁路和公路干线上，交通较为便利，可直通南非、莫桑比克、博茨瓦纳和纳米比亚等国。该市由英国殖民者建于 1894 年，因附近的奎鲁河而得名。1914 年成为自治市，此后逐步发展成为津巴布韦内陆地区的经济中心。目前主要工业有制鞋、制袜、制革、玻璃、包装等轻工业以及铬铁合金制造和金属铸造等重工业。该市周边地区为津巴布韦主要矿产区，主要矿产有铬、石棉、铁、黄金等。农业以养牛业为主并发展了相关的乳制品制造业。该市还是津巴布韦国内外货物的主要集散地之一。

4. 克韦克韦（Kwekwe，又称奎奎市）

位于津巴布韦中部，居其东北边的哈拉雷市和西南边的布拉瓦约市之间，人口约 9.5 万人。始建于 1902 年，以附近的克韦克韦河命名，当时该市以金矿著称。这里气候 11 月至次年 3 月温暖潮湿，5 月至 8 月凉爽干燥，8 月至 12 月份温暖干燥。

克韦克韦市原来只是一个矿业中心，津巴布韦国内唯一的钢铁厂就建在这里。后来这里又相继建成了铬铁加工厂、化肥厂和化工厂。

5. 卡杜马（Kadoma）

津巴布韦纺织工业中心和肉类主要供应地，20 世纪初是主要矿产地。人口约为 7.2 万人。

6. 马辛戈城（Masvingo City）

津巴布韦最古老的城镇之一，曾被称为维多利亚堡。始建于 1890 年，当时是英国南非公司"拓荒队"殖民主义者最早期的集居地，殖民者以英国维多利亚女皇的名字命名该地为"维多利亚堡"。独立后逐步成为津巴布韦农业和采矿中心。人口约 7 万人。

7. 万基（Hwange）

津巴布韦最大的煤炭产地，建有火力发电站。

8. 卡里巴（Kariba）

20 世纪 50 年代末至 60 年代初由于卡里巴水库工程建设而逐渐形成的城市。水库建成后居民逐步定居下来，进而成为重要的旅游中心，建有国际机场和现代化的旅馆。

三　地形地貌

津巴布韦所处的中南非高原是非洲大陆面积最大的高原地区，平均海拔超过 1000 米，古老岩石广泛裸露。其地质构造同非洲大陆的整体构造基本一致，是大陆漂移学说中非洲冈瓦纳古陆[①]（大陆）的核心部分，高原地质构造稳定，缺

---

① 1885 年根据奥地利地质学家休斯（E. Suess）提出的概念。认为南半球冈瓦纳古陆曾是地球上最完整、最大的古陆，围绕南极地区分布。根据大陆漂移学说，大约 2.65 亿年前，冈瓦纳古陆在地壳运动下逐渐分裂漂移，形成了今天的非洲、印度、澳大利亚、南美洲和南极洲大陆。现在，非洲、印度、澳大利亚以及南美等部分地区人类的体质特征、植被和动物分布和地质构造等都有许多相似之处。这也是大陆漂移学说的证据之一。——著者

少近代褶皱山系，太古代（又称太古宙）① 基岩多处裸露。

津巴布韦的地质构造主要以太古宙为特征，这是一个重要的成矿期。太古宙的矿床，大部分属于层控或层状矿床，形成的矿产很丰富。主要有铁、金、镍、铬、铜、锌、稀有元素和一些非金属矿产等。按地质学讲，太古宙岩石的分布，一般可分为变质较深的麻粒岩—片麻岩区（又称高级变质区）和以绿岩带为代表的低级变质区。麻粒岩—片麻岩区的矿产，主要有铁矿和非金属矿床，以及少量铬、镍矿床等。绿岩带中矿产尤为丰富，其中铬、镍等主要产于下部的超镁铁岩流和侵入岩中，金、银、铜和锌产在中部的镁铁质和长英质火山岩之间，而稀有元素则是产于与花岗深成岩相伴的伟晶岩中。正是这样的特殊地质构造，使津巴布韦孕育了丰富的地下矿藏，成为非洲地下矿藏最为丰富的国家之一。

津巴布韦全境地表土层较浅，地下约65%的地质构造为古老岩石，其中46%由花岗岩组成。沙漠和砂岩地带约占全境的25%。大陆的其他部分主要由玄武岩、火山岩和沉积岩组成。由于地表浅，地面剥蚀较严重，除少数地区外，一般土层薄而贫瘠。与此同时，地表历经数百万年的侵蚀和冲刷使地下花岗岩等组织裸露地表，在很多地区形成十分壮观、独特的自然景观。

津巴布韦全境海拔由最低处的位于伦迪河（Lunde River）和萨比河（Sabi River，又称 Save River）流域的 162 米到最高点伊尼扬戈尼山（Mt. Inyangani）的 2594 米。全境海拔超过 600 米的地区约占 80%，海拔超过 1500 米地区约占 5%。全境南北两端两河流域地区（南面的林波波河、北面的赞比西河）地势较

---

① 地史时期最早的一个时代，属前寒武纪早期。这一时期形成的地（岩）层称太古宙。按广义的时间概念来说，它包括自地球形成至距今 25 亿年前为止，持续时间约 20 亿年。南部非洲太古宙构造运动止于 35 亿年前。太古宙是地下矿藏的重要成矿期。——著者

低，内陆地势由西南向东北逐渐走高，东部地区为全境的最高点，与东南非高原边缘相接。全境按地形特征基本可分为四个部分：

1. 东部高地（山区）地区：以山地和丘陵为主，津巴布韦主要山脉均绵延于东部边缘地带。这里的山脉或丘陵地带海拔多超过1800米。该地区沿莫桑比克边界的3条主要山脉有：东北部的尼扬戈山脉（Nyanga Mountains），其中伊尼扬戈尼山海拔2594米，是津巴布韦境内最高峰；东南部的契马尼马尼山脉（Chimanimani Mountains），其中的宾戈山（Mt Binga）海拔2440米；东部地区的中部、穆塔雷市东南与莫桑比克交界处的乌姆巴山脉（Bvumba Mountains 或 Vumba Mountains），该地区亦有数座海拔2000米左右的高山。这些山脉处在整个南部非洲高原的边缘地带，构成了东部山区。其地质构造主要是由古老的花岗岩、砂岩组成，地表形态相对简单。该地区人口稀少，气候条件凉爽湿润。

2. 高草原（Highveld，亦称高维尔[①]）地区：大部分地区海拔在1200～1500米之间，地势由西南向东北逐渐升高，穿越津巴布韦中心地区。这里地势微缓起伏，其间散布着一些岛山状丘陵，但主要部分位于东北部，与东部山区相连，其地形特点较为突出。高草原地区就像是津巴布韦的脊梁，成为其境内的主要分水岭。津巴布韦的多数河流发源于此，或向北流入赞比西河或向南流入林波波河。

3. 中草原（Middleveld，亦称中维尔）地区：主要集中在西北部和西南部，分布在高草原的两侧。一般海拔在900～1200米之间。该地区面积约占全国总面积的40%。

4. 低草原（Lowveld，亦称低维尔）地区：分布在中草原的外沿，地势平坦。低草原地区一般海拔在900米以下。这一地区

[①]　"维尔"（veld）一词源于荷兰语，原指南非草原或各种类型的草原开阔地带。——著者

包括两部分：一部分是北部赞比西河流域的狭长地带；另一部分是南部林波波河与萨比河流域之间的广阔地区。

四　河流与湖泊

巴布韦境内河流较多，河网密布。赞比西河流经津巴布韦、赞比亚两国并经莫桑比克入海，津巴布韦西部、北部和东北部地区的河流多为赞比西河支流，主要有桑嘎尼河（Shangani River）、马佐威河（Mazowe River）、马尼阿梅河（Manyame River）、姆亚泰河（Munyati River）、桑亚泰河（Sanyati River）、加瓦伊河（Gwayi River）等；林波波河（Limpopo River）是津巴布韦同南非的自然边界河；东南部的萨比河（Sabi River）和伦迪河（Lunde River）流经莫桑比克入海。上述河流的流量因降雨不均而变化很大，许多中小河流在旱季时流量很小，甚至断流。所以，总的来说这些河流均不利于航行和灌溉，只有赞比西河下游可以通航。

赞比西河（Zambezi River）　是非洲第四大河流，也是从非洲大陆流入印度洋的第一大河流，在当地通加语中的意思为"巨大的河流"。赞比西河发源于赞比亚西北部海拔约1500米的丘陵地带，距刚果河源头很近。刚果盆地和赞比西河盆地之间明显突起的高地成为非洲两条大河，即赞比西河与刚果河的自然分水岭。赞比西河上游的大部分流经赞比亚境内海拔约1000米的巴罗茨高原，经过安哥拉东部、纳米比亚西部和博茨瓦纳边境后进入津巴布韦，到达长130多公里的巴托卡峡谷（Batoka Canyon）时形成了著名的世界第一大瀑布——维多利亚瀑布，然后沿赞比亚与津巴布韦边境线穿越过卡里巴峡谷（Kariba Canyon）进入莫桑比克平原。此后，水流开始趋缓，成为非洲东南部主要的航运河道，最后注入印度洋。

赞比西河全长3540公里，向东流经安哥拉、赞比亚、纳米比亚、博茨瓦纳、津巴布韦、莫桑比克等6个非洲国家，流域面积约130万平方公里。干流河道中共有大小瀑布约72处，河流水能总蕴藏量约1.37亿千瓦。建于赞比西河位于津巴布韦的卡里巴水库和位于莫桑比克的卡波拉—巴萨水库（Cabora-Bassa）是撒哈拉以南非洲最大的水利工程。赞比西河中游大部分位于津巴布韦与赞比亚交界处，全长1000余公里，约占赞比西河长度的2/5。该段河流前段由于维多利亚瀑布所形成的巨大落差以及流经多为高原峡谷地区，水流湍急。20世纪50年代末60年代初在赞比西河上津巴布韦和赞比亚交界处建造起卡里巴水库，20世纪70年代末位于莫桑比克境内的卡波拉—巴萨水库建成蓄水后，赞比西河河水才得以充分地利用。目前卡里巴水库除用于农业灌溉之外还主要承担着津巴布韦和赞比亚的电力供应。

位于津巴布韦和赞比亚边界赞比西河上的维多利亚瀑布是世界第一大瀑布。常年在雨季时（一般为2～3月间），瀑布宽约为1700米，最大落差为128米。旱季时（一般为9～10月间）水量较少。据地理学家研究证实，此瀑布形成于1.5亿年前，由于地壳变动岩层发生断裂，断裂带横切赞比西河形成瀑布。水流陡然下泻形成的雨雾腾空而起，轰鸣之声不绝于耳。由于巨大的落差，此时的赞比西河好像一下子从地面消失，不见了踪影。

该瀑布于1855年11月17日由英国探险家利文斯敦在对赞比西河进行考察时首次发现并公之于世。他在感叹瀑布壮观和秀美时曾写道："这是在英国难得一见的美景，无人能想象出她的壮美，此前更没有一个欧洲人亲眼目睹。此等美景只有天使飞过时才能看到"。他后来以当时英国女王"维多利亚"的名字为之命名。但当地人则称该瀑布为"莫西奥图尼亚"（Mosi-oa Tunya），意为"声若雷鸣般的雨雾"。此瀑布已成为南部非洲最著名旅游景点之一，并于1989年被列入联合国教科文组织世界自然遗产名录。

林波波河（Limpopo River）　是南部非洲重要河流之一，全长约 1600 公里，是津巴布韦南部与南非的界河。界河总长度约 240 公里。林波波河流经博茨瓦纳、津巴布韦、南非、莫桑比克等国，注入印度洋。该河流流速缓慢。

萨比河（Sabi River）又称塞乌河（Save River）　发源于首都哈拉雷以南约 80 公里处，先向南，而后折返向东，流经莫桑比克，与伦迪河交汇后最终注入印度洋。萨比河流域的当地居民主要有西通加人和绍纳人。

姆亚泰河（Munyati River，又称 Umniati River）　发源于东马绍纳兰省，首都哈拉雷以南约 100 公里，流向东北。姆福瑞河（Mupfure River，又称 Umfuli）汇流其中后始被称作桑亚泰河（Sanyati River），流经 500 公里后注入卡里巴湖。

卡里巴湖（Lake Kariba）　是非洲第一大人工湖，位于赞比西河中游津巴布韦和赞比亚交界处，始建于 20 世纪 50 年代，60 年代初发电机组投入使用。水库坝长 579 米，坝高 128 米，是世界上最大的水库之一。库区占地约 5580 平方公里，蓄水面积约为 5400 平方公里，蓄水量 1850 亿立方米。水平面海拔 485 米，平均水深 29 米，最深处 97 米。目前库区渔业和航运业较发达。20 世纪 60 年代初投入使用的发电机组主要承担着津巴布韦和赞比亚铜带省的电力供应，发电机组的装机容量为 1320 兆瓦。

穆泰瑞奎湖（Lake Mutirikwe），旧称凯勒湖（Lake Kyle）　位于津巴布韦东南部，马辛戈市东南，是一个面积约为 90 平方公里的人工湖，是在穆泰瑞奎河（Mutirikwe River）上建坝而形成。多条河流注入该湖，其中包括姆贝韦河（Mbebvi River），马塔瑞河（Matare River），波科特克河（Pokoteke River），乌姆博因扬尼河（Umpopingani River），马库如米兹河（Makurumidzi River）和沙嘎舍河（Shagashe River）等，但这些河流的流量都较少。著名的大津巴布韦遗址就在附近。

五　气候

津巴布韦虽然地处热带地区，但由于地形地貌原因，气候特征呈现亚热带气候，全国近一半地区常年气候温和宜人。这里包括高草原地区和东部高地，以及中草原的部分地区。这里除偶尔出现干旱外，年均降雨量一般为 750 毫米左右。津巴布韦的气候依地势高低和季节变化而有所不同。一般来讲，津巴布韦大致可分为三个季节性气候期，即 4～7 月为干凉季节，气候干燥少雨，其中 6 月和 7 月最冷；8～11 月中旬为干热季节，气温为全年最高，其中 10～11 月份最热；11 月中旬至次年 3 月为干热和潮湿季节，全年降雨主要集中在这一季节。

津巴布韦最热月份（10～11 月）的平均气温约为 16℃～27℃，最冷的 6～7 月份的平均气温为 7℃～21℃。但由于地区的不同有所差异。其中高草原地区 10 月份的月平均气温约为 22℃，7 月份气温平均约为 13℃，地势高处昼夜温差明显。这一地区也是津巴布韦平均日照时间最长的地区。以同处该地区的哈拉雷和布拉瓦约两大城市为例，年均日照时间达到每天 8 小时[①]。位于赞比西河谷的低草原地区 10 月和 7 月份的月平均气温则分别约在 30℃ 和 20℃。由于地势较高，每年 5～9 月间，特别是最冷的 6 月和 7 月份大部分地区，尤其是海拔较高地区时常会受到来自东北部冷空气的侵袭偶尔出现霜冻，其他地区很少遭遇霜冻影响。

津巴布韦年均降雨量一般集中在 11 月至次年 3 月间，全境 40% 的面积降雨量在 700 毫米以上，东北部高草原地区年降雨量一般为 700～900 毫米，西部为 500～700 毫米。雨量最多的是东

---

① Jane's Information Group, *Jane's Sentinel Security Assessment-Southern Africa*, Jane's Information Group, 2007, p. 129.

部山区，一般可达 1000～1700 毫米，而降雨量最少的低草原地区，年均降雨量不足 400 毫米。全年约 90% 的降雨为雷阵雨，降雨时间短，雨量集中。中部偏东南地区有时会偶降小雨，降雨时间相对较长。从降雨量的平均值来看，一般情况下，最干旱的 7 月份全境降雨量平均约 1 毫米，而降雨量最多的 1 月份平均降雨量约为 196 毫米。

由于降雨量的不均衡及地区差异，津巴布韦约有 40% 的土地可以得到适时的雨水灌溉，适合多种农业和畜牧业经营，还有部分地区由于雨水不足影响农业种植和畜牧业生产。另有 3%～4% 的土地由于降雨量少的原因不适合农业生产。其中降雨量最多且少有霜冻的地区约占 2%，适合林木、水果以及畜牧养殖业生产，同时也可进行茶叶、咖啡和夏威夷果等多种种植业生产。雨量较多的地区约占 15%，适合大部分农业作物种植和畜牧业生产。降雨量中等地区约占 20%，农作物种植主要集中为玉米、棉花、烟草，以及牧草和其他一些经济作物的种植。另约有 38% 的地区降雨量较少，即便是在雨季也会出现旱情。这些地区以种植一些抗旱作物和畜牧业为主。其他地区由于降雨量极少，农业生产条件极为不利，畜牧业以自然放牧为主。

第二节　自然资源

一　矿产

津巴布韦是除石油和天然气资源外，矿产资源较为丰富的非洲国家之一。津巴布韦现已探明的矿产品种有 40 多种，包括金、铂、铜、镍、铬、铁、锂、锡、铌、铅、锌、铀、金刚砂、石棉、银、钴、钨、钽铁、高岭土、磷酸盐、硅石、云母、矾土、长石、石墨、石英以及多种宝石。在已探明的矿产品种中有 30 多种已进入商业化开采。其中黄金、铂金族、铬、煤等矿藏为津巴布韦最重要的矿产资源。其他矿产资源的储量及产量相对较小。津巴布韦大戴克（Great Dyke）地区为主要矿藏带。这是一条长约 550 公里，最宽处为 12 公里，由北部的高维尔地区一直向南到低维尔地区的蜿蜒狭长地带。这一地带呈东北西南走向，通贯津巴布韦中部。这一地区的地质构造大约形成于 25 亿年前，主要由镁铁质和超基性岩浆岩复合构成，横断太古宙津巴布韦克拉通地块（Craton，又称稳定地块）而形成。由于地质构造和化学成分的差异，该地区勘探和开采出多种贵重和稀有金属矿藏。这里的铂族金属矿藏仅次于南非，居世界第二位。这一地区边缘地带地质构造上所形成的沉积地块，成为津巴布韦煤炭的重要产地。津巴布韦有些矿产资源，例如早些年在北部地区发现的铀矿等，由于蕴藏分散，开采成本较高，以及近年来津巴布韦国内政治经济形势不稳等因素，尚未进行大规模的商业开采。21 世纪初，津巴布韦东部马兰戈（Marange）地区发现钻石矿藏，但由于尚未进入正规开采，致使违法开采和钻石走私现象严重泛滥。

　　黄金　津巴布韦最重要的矿产品之一，生产历史悠久。早在公元 6 世纪津巴布韦就开始开采金矿，1916 年开始引用现代技术生产黄金。早在欧洲人到来之前，津巴布韦就已有黄金出口贸易。英国殖民主义者入侵后开始掠夺这里的金矿。1905 年黄金产值达 200 万英镑，以后逐渐增长，1964 年黄金产量约 57.4 万盎司，创下历史最高纪录。1980 年独立时，黄金年产量为 36.7 万盎司[①]。据统计，独立后的 1981 年，津巴布韦共有金矿约 280 个，其中小型金矿约 260 个。小型金矿雇佣少量工人，主要靠人力开

---

① Christine Sylvester, *Zimbabwe：The Terrain of Contradictory Development*, Westview Press, Inc. 1991, p. 111.

采冶炼，生产水平较低、成本高、损耗严重。以白人为主的约20家大型金矿产量占了总产量的约85%。目前津巴布韦有注册金矿600多个，其中大中型金矿30多个，矿石开采量每年约75万吨。根据2005年统计数据，津巴布韦已探明的黄金储量约为1300万吨[1]。黄金产值一般约占所有矿产品产值的50%，年均产量约20吨，列非洲黄金生产国前五位，世界前20名。1999年黄金产量曾达27.1吨，为历史最高。2004年黄金产量为21.3吨，2005年为14吨，2006年为11吨[2]，且产量仍有下降趋势。2004年黄金出口值达到2.63亿美元，占当年矿产品出口总值的43.54%[3]。

镍　津巴布韦镍矿储量约76.1万吨[4]，年产量一般在1万吨左右。镍的产值曾仅次于黄金，在矿产品出口中占第二位，约占矿产品出口总值的12%。津巴布韦通常不出口镍矿石和半成品，只出口加工后的阴极镍（99%的镍板）。镍的大规模生产始于1969年，在此之前产量很少。独立初期，镍的产量较大，1980年为1.5万吨，1981年为1.3万吨。此后由于世界经济衰退，对镍的需求下降，产量锐减，1986年减为9700吨。1990年和1991年产量各为1.14万吨。2001~2005年，年均产量为8766吨，其中2004年产量最高，为9520吨。2003年、2004年镍的出口产值仅次于黄金，再次跃居矿产品出口第二位，分别为7700万美元和1.74亿美元[5]。2004年镍的出口值约占矿产品出口总值的28.8%[6]。津巴布韦镍的生产主要由南非英美公司、英国的里奥廷托公司和美国联合碳化公司控制。

① 根据中国驻津巴布韦使馆经济商务参赞处网站提供资料。
② EIU, *Country Profile-Zimbabwe*, 2006, p. 54.
③ EIU, *Country Profile-Zimbabwe*, 2006, pp. 53 – 54.
④ 根据中国驻津巴布韦使馆经济商务参赞处网站提供资料。
⑤ EIU, *Country Profile-Zimbabwe*, 2006, p. 55.
⑥ EIU, *Country Profile-Zimbabwe*, 2006, pp. 53 – 54.

镍矿的主要出产地位于大戴克矿带的姆泽瓦（Mdziwa）、德瑟维兰斯（Derseverance）、商加尼（Shangani）和埃扑克（Epoch）等矿区。

铂 津巴布韦拥有世界上第二大铂族金属矿藏，仅次于南非。铂族金属包括铂金、钯、铑、钌、铱以及锇，在汽车、高品质玻璃、手机、电视、电脑磁盘、石油精细工业以及珠宝工业等方面有重要应用。铂金矿的开发始于1969年。据2005年调查数字统计，津巴布韦已探明的铂金矿储量约为28亿吨，年采矿量约为239万吨[1]。2004年出口4.44万吨，创汇9600万美元，约占矿产品出口总值的15.89%[2]。2005年、2006年铂金产量略有提高，年产量分别达到4.8万吨和5万吨[3]。

石棉 津巴布韦石棉开采历史久远，1908年就开始生产，但直到20世纪20年代后，产量才有较大增加。第二次世界大战后，随着西方国家对石棉需求的增加，石棉出口值曾超过黄金，跃居矿产品出口的首位，这种情况持续到20世纪60年代末。独立后的1980年津巴布韦的石棉产量为25万吨，此后津巴布韦石棉的产量都没有超过这个水平。1987年为19.4万吨，1988年为18.7万吨，1990年石棉产量只有16万吨。2001～2005年的年均产量为13.56万吨。津巴布韦出产的石棉纤维长，质地优良，多输往美国和西欧各国。津巴布韦石棉主要产地分布在马沙瓦（Mashawa）、姆贝沦瓦（Mberengwa）、埃西戈迪尼（Esigodini）、菲拉布西（Filabusi）以及泽维沙瓦内（Zvishawane）等地。目前，石棉出口在津巴布韦矿产品出口总值中约占3%。

---

① 根据中国驻津巴布韦使馆经济商务参赞处网站提供资料。
② EIU, *Country Profile-Zimbabwe*, 2006, p.53.
③ EIU, *Country Profile-Zimbabwe*, 2006, p.54.

铬 津巴布韦铬矿的开采始于 20 世纪初，此后发展较快，成为津巴布韦重要出口矿产品之一。20 世纪 20 年代末，因受世界经济危机的影响产量一度下降。1957 年产量为 65 万吨，创历史最高水平。铬矿石主要用来冶炼高碳、低碳铬铁后出口。津巴布韦的铬矿产品在南部非洲与邻国南非形成激烈竞争。根据 2005 年的统计数据，津巴布韦铬矿按平均铬 203 含量 45% ~ 50% 计算，现总储量约 6.08 亿吨，年开采量平均 70 多万吨[1]，列世界第四位。1980 年独立时，铬矿年产量约为 55.2 万吨；1990 年为 57.3 万吨。2002 ~ 2006 年，津巴布韦铬矿的年均产量约 61.58 万吨[2]。铬矿主要分布在著名的大戴克矿带和南部地区的林波波矿带。津巴布韦的铬最早主要输往美国。津巴布韦加入洛美协定后，开始出口到欧盟各国。

煤 津巴布韦早在 19 世纪末就已发现煤矿，1903 年开始采掘。现已探明的津巴布韦煤炭蕴藏量约 270 亿吨，居非洲第一位[3]。其中优质炼焦煤 3.5 亿吨，主要位于北马塔贝莱兰省的万基（Hwange）、赞比西河谷和津巴布韦东南部地区。2002 ~ 2006 年年均产煤约 273.24 万吨[4]，出口产值约占矿业总产值的 0.42%。津巴布韦虽然有已开采的煤矿二十几家，但多数规模小，生产质量欠佳，仅有万基（Wankie）煤矿作为全国最大煤矿，多年来一直保持生产，其产量的 90% 供国内消费，其余出口赞比亚、肯尼亚和刚果（金）等国。津巴布韦 4 个火力发电厂，即哈拉雷发电厂、布拉瓦约发电厂、旺吉发电厂和穆尼亚提发电厂以及津巴布韦国家铁路局、津巴布韦钢铁公司等所需煤炭

---

① 根据中国驻津巴布韦使馆经济商务参赞处网站提供资料。
② EIU, *Country Profile-Zimbabwe*, 2006, p. 54.
③ 根据中国驻津巴布韦使馆经济商务参赞处网站提供资料。
④ EIU, *Country Profile-Zimbabwe*, 2006, p. 53.

能源供应均来自万基煤矿。

其他资源　津巴布韦其他矿产资源也较丰富，钻石矿储量约 1650 万吨、铁矿石储量约 300 亿吨、铜矿储量约 520 万吨。此外，煤层甲烷气储量列撒哈拉以南非洲地区首位。

二　森林

津巴布韦地处热带，但由于地势原因大致上属于热带稀树草原区域，因此热带森林资源匮乏，可资利用的原始森林资源有限。根据 20 世纪末的一项统计数字，津巴布韦林地覆盖面积约为 66%[①]，其中原有本土树种林地约 2577.1 万公顷，占 65.9%；人造林面积 15.6 万公顷，占 0.4%；热带雨林面积 1.15 万公顷，占 0.03%。现有林地主要集中分布在东部地区。树种以常青树木为主，松树、桉树、金合欢树等均有广泛种植。现有林地主要用来提供木材和薪材。津巴布韦现有工业用林面积约 11.5 万公顷，平均每年木材产量约 6.5 万立方米，其中软木 4.6 万立方米，硬木 1.9 万立方米。由于木柴是农村人口的主要能源，致使农村地区林业资源的滥砍滥伐现象突出，严重影响了津巴布韦林业的发展，加剧了对生态环境的破坏。另外，烤烟工业也正在消耗大量森林资源，以及森林火灾不断，更使津巴布韦林地面积在迅速减少。据联合国粮农组织有关研究表明，津巴布韦的林地面积近年来正以每年 0.6% 的速度，即每年约 7 万公顷的速度迅速减少[②]。目前，津巴布韦硬木原材料已经不能满足国内需求。2001 年津巴布韦政府曾颁布一项法规，旨在控制林业原木的出口，鼓励和推动高附加值的木材制成品的出口，以进一步保护森林资源和扩大出口创汇。2005 年津巴布韦政府林

[①]　E. M. Shumba, *A Brief on the Forestry Outlook Study*, FAO December 2007, p. 7.

[②]　E. M. Shumba, *A Brief on the Forestry Outlook Study*, FAO December 2007, p. 30.

业委员会决定要严格执行上述法令，严厉禁止未加工以及半加工的林业资源出口，特别是要严禁硬木原材料的出口。根据津巴布韦政府林业部门 2005 年的预测，在未来 10 年内津巴布韦将成为木材的净进口国。

三　动植物

巴布韦是保有动植物种群较多的非洲国家之一。根据现有调查资料统计，津巴布韦拥有约 189 种本土哺乳动物物种，包括狮、豹、长颈鹿、犀牛、大象、河马、野牛、斑马、鳄鱼、大羚羊、小羚羊、石羚、小苇羚、中羚羊、紫貂、獾猪和疣猪等。津巴布韦是美洲豹比较集中的地方，它们以蹄兔、狒狒以及其他比较小的动物为食。动物种群中的黑犀牛在津巴布韦也属于珍稀品种，它们受到动物保护部门的特殊保护。津巴布韦政府已经采取相应措施，如帮助犀牛种群迁徙到国家划定的保护区内，以避免偷猎者的猎杀。此外，由于大象种群的数量近些年来增长较快，一度引起对这一种群保护的质疑。1992 年津巴布韦动物保护机构就曾有人提出要将大象排除在濒危动物保护名列，提出可以适度捕杀以控制该种群的过度繁殖。对此国际动物保护组织并没有认同。尽管如此，近年来捕杀大象的事件频有发生。津巴布韦大约有 330 种鸟类的记载，其中包括 40 种猛禽，还有苍鹭、白鹭、鹈鹕等。这里还是非洲随处可见的黑鹰密度最高的地区之一。

津巴布韦高草原地区的植物主要为孔颖草。中草原地区植被以耐火植物和高大的多年生禾草及杂类草为主。低草原地区的植被在地势较高的地区有金合欢类树丛与孔颖草草地相间分布，在低地则多分布着孔颖草细草皮草、大戟科植物及其他肉质植物。

第三节　居民与宗教

一　人口

津巴布韦首次官方人口统计是在 1901 年的殖民地时期。当时的殖民统治者只是对白人移民进行了较为详细的人口普查，而对占人口总数绝大多数的当地黑人只是采取了估算方式。根据估算，当时当地黑人人口总数为 50 万人。1948 年统治当局使用抽样的方式第一次正式普查当地黑人人口，1962 年才做了真正意义上的当地人口普查工作。根据历史上历次人口统计数字，1930 年黑人人口首次超过 100 万人，1950 年超过 200 万人，20 世纪 50 年代末已经超过 300 万人。1969 年全国人口统计总数为 506.957 万人，其中黑人为 481.8 万人，白人为 22.8 万人，亚裔和有色人口为 2.35 万人[1]。

独立后，1982 年津巴布韦政府进行了独立以后第一次官方的人口普查工作。当时全国总人口为 7546071 人。1992 年人口统计数字达到 1040 万人，其中居住在 2500 人以上的城镇中的人口约占 29%，农村人口约占 71%（1969 年农村人口约占 80%），近 50% 的人口年龄在 15 岁以下。最近一次人口普查工作是在 2002 年，全国人口总数为 1160 万人。

根据 2008 年世界银行最新统计数字，津巴布韦人口总数为 1323 万人，年增长率（2005～2007 年平均值）约为 0.93%，2007 年人口增长率为 1.3%[2]。人口按肤色可分为四种，即黑人

---

[1] Steven C. Rubert & R. Kent Rasmussen, *Historical Dictionary of Zimbabwe*, Third Edition, The Scarecrow Press, London, 2001, p. 255.

[2] World Bank, World Development Indicators Database, September, 2008.

（当地人）、白人（欧洲人及其后裔）、有色人（混血人）和黄种人（亚洲人）。

黑人占人口总数的98%以上。多数居住在农村地区，但随着城市化进程加快，农村人口所占比例正在减少，目前约60%为农村人口，绝大部分为黑人。黑人主要是当地原有居民及其后裔。农村人口基本上依靠家庭农业维持生计，一些青壮年劳动力通常会到城镇打工或到大型商业农场做工，所得收入用以补贴家庭日常开支。

白人人口在20世纪70年代中期达到高峰，当时约有27.5万人[1]，主要生活在城镇地区的大型商业农场。白人主要是欧洲移民及其后裔，其中一小部分来自南非荷兰裔"阿非利卡人"。白人迁入津巴布韦曾有两个高峰期：第一次是第二次世界大战后，当时津巴布韦经济发展较快，吸引了大批白人资本家和技术人才涌入。第二次高峰出现在1974年葡萄牙政变后，从葡属非洲殖民地尤其是邻国莫桑比克迁入了不少白人。此后随着战乱和经济的不断衰退，白人人口不断外流。1980年独立时津巴布韦白人人口为22.3万人[2]，到2004年这一数字已减少为7万[3]。津巴布韦白人最初多持英国护照，1985年津巴布韦政府宣布取消双重国籍后，不少白人选择了津巴布韦国籍。选择津巴布韦国籍的白人可以充分享有公民权，保留外国国籍的白人受法律保护，但没有选举权和被选举权。如今，津巴布韦的白人占人口总数不足1%（约占总人口0.6%）[4]。

---

[1] EIU, *Country Report Zimbabwe*, 2005, p. 17.

[2] 何丽儿：《南部非洲的一颗明珠——津巴布韦》，当代世界出版社，1995，第11页。

[3] EIU, *Country Report Zimbabwe*, 2005, p. 17.

[4] Jane's Information Group, *Jane's Sentinel Security Assessment-Southern Africa*, Jane's Information Group, 2007, p. 114.

有色人主要是当地黑人与白人的混血儿，约占人口总数的0.3%；亚洲人以印度人及其后裔为主，约占人口总数的0.1%。在津巴布韦的华人20世纪90年代初仅有数百人，但目前已近2000人，在亚裔人群中增长较快。有色人和亚裔人多居住在城镇地区，以经营商业和餐饮业为主，同时也是技术工种和准技术工种劳动力的主要来源。

20世纪80~90年代，津巴布韦城市化趋势加快，城市人口以平均每年4%~5%的速度增加，到2003年城市人口已占到人口总数的约37%。目前人口密度约为每平方公里26人[①]。

二　民族

津巴布韦约占人口总数98%的黑人主要分为两大民族：绍纳族（Shona）和恩德贝莱族（Ndebale），另外还有一些如通加族（Tonga）等人数较少的民族。

绍纳族　亦称"马绍纳人"（Mashona），占津巴布韦人口的绝大多数，为国内第一大族。绍纳族总人口约为津巴布韦第二大族——恩德贝莱族人口的4倍，主要居住在津巴布韦东部、伦迪河以北地区。2003年，据估计绍纳族人口总数超过了900万人，已占到全国人口总数的约75%[②]。

广义上的绍纳族按照部族和语言大致可以分为6个主要分支：（1）南部地区的卡伦加（Karanga）人，主要分布在马辛戈省和中部省，约占40%；（2）中部地区的泽祖鲁（Zezuru）人，主要集居在中马绍纳兰省，约占31%；（3）东部地区的马尼卡（Manyika）人，主要集居在马尼卡兰省，约占10%；（4）东南

---

① 维基百科英文网：http：//www. en. Wikipedia. org。

② Jane's Information Group, *Jane's Sentinel Security Assessment-Southern Africa*, Jane's Information Group, 2007, p. 114.

部地区的恩达乌（Ndau）人，主要分布在马尼卡兰省和马辛戈省，约占7%；（5）主要生活在北部地区北马绍纳兰省的科雷科雷（Korekore）人，约占6%；（6）生活在中部和靠近博茨瓦纳附近地区与其他民族混杂相居的罗兹维（Rozvi）人[1]，约占3%。

上述分支中的恩达乌人由于其语言文化早期在很大程度上受到后来定居的恩贡尼（Nguni）人的影响，生活方式与当地一些小民族保留下来的酋长制生活方式极其相似。因此，他们更愿意将自己看作是有别于绍纳人的少数民族。而绍纳族人则将这两个小民族看作是绍纳族的一部分。在城市里，这种认同上的差异由于政治原因略显突出。

绍纳族属尼格罗人种班图类型，使用绍纳语，属尼日尔—科尔多凡语系东南班图语群，有用拉丁字母拼写的文字。绍纳人6大支系均有各自的主要方言，在各自方言的基础上又派生出约30种不同方言（一说共有60种方言），但都能互相听懂。其中泽祖鲁方言在首都哈拉雷较广泛使用，在广播电台节目中也有使用。

绍纳人多信奉万物有灵的原始宗教，少数人信奉基督教或天主教。绍纳人按家族世袭分成氏族群体，有各自的酋长和领地，从事传统上的农业和畜牧业生产。绍纳人仍保持有传统上的氏族图腾。每个氏族所崇拜的动物图腾不尽相同。这种动物是神圣不可侵犯的。例如以羚羊作为图腾的氏族认为羚羊是他们的保护神，不能打死，不能食其肉，否则就要被敲掉牙齿。氏族内部不可通婚，因为他们认为氏族内通婚的人将失去生育能力。

---

① 又称 Rozwi、Barcozwi、Varozvi 等。另有一说罗兹维人是卡兰加（Kalanga）人分支，历史上曾被恩德贝莱人所分隔。参见 Howard Simson，*Zimbabwe: A Country Study*，*Research Report No. 53*，Scandinavian Institute of African Studies-Uppsala，1979，p. 11。

　　绍纳人是津巴布韦最早的居民，曾创造过辉煌的"绍纳文明"，在津巴布韦历史的不同阶段都曾扮演过主要角色，成为津巴布韦历史的重要组成部分。早在公元 10～11 世纪，正在南迁过程中的班图人的一支就进入津巴布韦，逐渐分布在赞比西河和林波波河之间的高原地区定居下来。接着，绍纳族其他支系如罗兹维人和科雷科雷人等相继进入，并从津巴布韦中部高原逐渐向四面扩展。15 世纪前后，马尼卡人和恩达乌人等绍纳族支系也进入这一地区。13～17 世纪，绍纳人曾在津巴布韦建立著名的莫诺莫塔帕王国，其版图在最强盛时期曾远达现今的莫桑比克南部和博茨瓦纳东北部。当时的王国分为若干省，由国王的权臣统治，臣民用公牛交纳贡赋。考古学家在津巴布韦发现 200 多处文化遗迹，包括著名的大津巴布韦遗址，均表现出绍纳人的高度文明。早期绍纳人主要以农牧为生，并已掌握炼铁、炼金技术。17 世纪末至 18 世纪，绍纳族罗兹维人等各支派逐渐强大，并在各地方建立了自己的独立王国，统治了大部分津巴布韦地区，从此莫诺莫塔帕王国开始走向消亡。

　　1889 年英国殖民者侵入后，大批肥沃土地被掠夺，绍纳人被禁锢在贫瘠荒漠的保留地里，直到 20 世纪中叶，其经济文化发展仍十分迟缓。从 1896 年开始，绍纳人曾发动多次反英起义。20 世纪 60 年代以来，津巴布韦纷纷成立各种政治组织，展开反对白人种族主义统治的武装斗争。"津巴布韦非洲民族联盟"就是以绍纳人为主体组成的。至 1980 年，绍纳人与国内各族人民一起赢得了津巴布韦的独立。

　　恩德贝莱族　津巴布韦第二大民族，约占全国人口总数的 20%，2003 年人口总数将近 250 万人[1]，原亦称"马塔贝莱人"

---

①　Jane's Information Group, *Jane's Sentinel Security Assessment-Southern Africa*, Jane's Information Group, 2007, p. 116.

（Matabele），主要集居在西南部地区。他们原为19世纪初居住在现津巴布韦境内祖鲁（Zulu）族的一个分支，原主要讲恩贡尼语，现其语言已经与祖鲁语相互融合。历史上恩德贝莱人素以英勇善战著称，他们曾于19世纪初建立过以国王为首的中央集权制国家，称恩德贝莱王国，他们拥有自己的军队，并实行军事统治。王国建立后容纳和吸收了诸如恩贡尼族、索托族和一些绍纳族部落，人口数量迅速增加，这些外来自愿归属的人口一度占到恩德贝莱王国人口总数的约60%以上。19世纪末，恩德贝莱人所建立的王国走向衰败，直至消亡。但恩德贝莱人那种民族的认同感并没有因此消失，一直保持到今天。恩德贝莱王国建立初期人口数量只有数百人，19世纪30年代约2000人，19世纪末人口超过10万人，20世纪中期达到约30万人，津巴布韦独立前的20世纪70年代恩德贝莱人口的数量已经超过100万人。长期以来，恩德贝莱人与绍纳人相伴为邻，文化上多有融合。目前恩德贝莱人主要集居在布拉瓦约及附近地区。

恩德贝莱人家族中传统上丈夫享有绝对支配地位，长房长子享有继承权，一旦丈夫过世，其兄弟可以继承其妻子、子女以及所有财产。

通加族 大部分居住在津巴布韦西北部赞比西河谷地区，他们与居住在赞比亚南部地区的通加族为同一族体，总数100多万人，其中大部分仍居住在赞比亚境内。居住在津巴布韦境内的总人数约12万人。他们有自己的语言，称为通加语（Tonga）亦称西通加语（Citonga），有多种方言。根据考古发现，早在1000多年前通加人就已在该地区繁衍生息。早期他们以耕种、饲养牛羊和捕鱼为生，居住较为分散。19世纪早期，他们常常遭到周边民族的袭击和抢掠，但又少有反抗，多是逃之夭夭，择地而居。19世纪末至20世纪初他们的传统领地被英国南非公司占领，成为英国属地。白人占据了最好的土地，所有通加人被集中

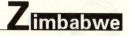

在由殖民者划定的三个土著保留地内。这里土地稀少且贫瘠不堪。为了维持生活，他们中的许多人只能被迫去为白人殖民者打工。20世纪50年代修建卡里巴水库时又有数以万计的通加人被迫迁移到自然条件更加恶劣的周边地区生活。这种状况直到津巴布韦独立后才有所改善。

津巴布韦还有些居住在边缘地区的少数民族，如居住在南部地区的索托人（Sotho）、居住在林波波河沿岸总数近10万的文达人（Venda）和东南部地区人数达数千的赫伦格韦人（Hlengwe），居住在东部和东北部地区的恩达乌—尚加安人（Ndau-Shangaan）、巴尔韦—通加人（Barwe-Tonga）、塔瓦拉人（Tavara）和奇昆达人（Chikunda）等。此外，还有一些在殖民地时期作为劳工移民从邻国莫桑比克和马拉维来的少数民族及其后裔。这些少数民族绝大部分仍属于班图语系民族，其人数总和不足总人口的5%。

三　语言

英语为津巴布韦正式官方语言。官方场合以及商业往来中以英语为主。绍纳语和恩德贝莱语被认为是准官方语言，在津巴布韦也有较广泛应用，尤其是当地人的日常交往多使用这两种语言。绍纳语和恩德贝莱语在津巴布韦成为除英语以外最主要的两大语系。前者是以南部非洲班图语系为基础发展起来的，有着丰富的词汇和成语，并已形成书写文字，有固定的语法。据说，绍纳语原是以集聚在马辛戈省的卡伦加人和多居住在大津巴布韦附近的泽祖鲁人的方言为基础发展起来的。在13世纪莫诺莫塔帕王国时，绍纳语就已基本形成了统一的语言，后经逐步发展，吸收和容纳了多种欧洲语言，并根据绍纳族多个分支发展成包括有几十种方言（有说共60种方言）的语言，应用十分广泛，方言间可以相互交流。恩德贝莱语源于祖鲁语，在西南部地区恩德贝莱人中有着广泛使用。上述两种语言主要是当地黑人使用的语言。英语和非洲荷兰语（Afrikaans）在津巴布韦白人中广泛使用。目前除英语外，绍纳语是学校中教授的主要语言课程。

四　宗教

**督教**　基督教是目前津巴布韦的主要宗教，有约60%的人口信奉基督教。津巴布韦基督教的传教活动最早始于 1561 年，当时有一位葡萄牙人试图在绍纳人中传播基督教。据说他是第一位来到津巴布韦的西方传教士，但最后以失败告终。17 世纪早期，新教和天主教传教士开始传播和普及基督教，但基督教的最终普及是 19 世纪末英国对津巴布韦实行殖民统治以后，这初步奠定了基督教在津巴布韦发展的基础。当时已有半数以上的人口信奉基督教或基督教与当地原始宗教融合在一起的宗教（虽称之为基督教，但其基本信仰和教义乃传统基督教和当地原始宗教相融合的产物），其余人口的大部分仍信奉当地的原始宗教。

20 世纪 30 年代，基督教在津巴布韦迅速传播，影响并吸引了当地黑人、白人等各社会阶层民众，势力逐渐扩大。津巴布韦的基督教传统上主要分为两大派别，一是罗马天主教派，另一个是盎格鲁派（英国派）。此外还有卫理公会教派等其他一些小的教派，以及非洲人独立的教派（20 世纪 60 年代后这些非洲教派称之为基督教新教）。20 世纪 50 年代后，天主教派占据了主导地位，在津巴布韦分布广泛。如同基督教的传播在非洲多数国家的情形一样，其基本教义往往与当地的传统信仰相结合，使之受众广泛。经过几十年的发展，津巴布韦基督教会在城乡地区特别是农村地区非常活跃，其通过建立学校、医院和培训中心，利用多种渠道进行传教活动。特别是一些教会学校的影响日益扩大，津巴布韦独立后第一届政府内阁中的大部分成员都是毕业于当时

的教会学校。独立之初的 20 世纪 80 年代，基督教传教队及各种各样的教堂已遍布城乡。有些教堂颇为讲究，看上去富丽堂皇，有些十分简陋，就像是一间茅草房。非洲人独立教派（上述基督教新教）通常是按照当地人的方式和习俗以及传统的宗教礼仪开展活动，使基督教在这里的发展更加具有当地特点，因此吸引了越来越多的基督教徒。各派教会办的各类教育、医疗等机构曾在一定程度上帮助政府解决了实际困难。特别是独立之初，这些机构在普及教育和提高医疗卫生水平方面起到了较大的作用，例如农村地区，除了政府对教育和医疗卫生等方面的投入外，教会机构也做了大量的工作。一些教会医院或诊所为当地人免费诊治疾病，为适龄儿童提供免费受教育机会，包括提供免费教材等，都对独立后津巴布韦的发展在一定程度上起到了积极作用。

传统宗教　津巴布韦信奉传统宗教的人口约占 40%，一些较边远地区的居民长期以来对基督教的渗透采取了抵制的态度，保持了原始宗教信仰。当地绍纳人信奉的传统宗教以马托博山的姆瓦里神（Mwari）崇拜为主。19 世纪末这一宗教已有些衰败，但随着英国殖民者的到来，以及连年出现的旱灾和蝗灾等自然灾害，原始宗教崇拜又恢复了活力。人们祈求姆瓦里神为他们驱除殖民者，解除灾难。这一宗教昭示人们，要消除灾难就要杀死那些白人，把白人从祖先的土地上赶出去，神灵就一定会帮助他们祛除旱灾和蝗灾。因此，在宗教领袖的号召下，最终导致了1896～1897 年津巴布韦历史上第一次民族起义，给当时的英国殖民者以沉重打击。虽然起义最终被英国殖民者镇压，但以宗教名义号召对殖民者的斗争为日后反对少数白人统治、争取民族独立的斗争产生了深远的影响。历史上绍纳人多从事农业活动，他们在神庙中供奉姆瓦里神，主要是祈求神雨天降，滋润万物，为农业耕作带来好收成。绍纳人的其他分支也有着同样的原始宗教崇拜，只是所崇拜的神灵有所不同，但都有降雨的"神功"。目前这些传统宗教特别是在广大农村地区依然信奉者众多。

伊斯兰教 津巴布韦伊斯兰教信徒约占总人口的 1%，主要来自马拉维和莫桑比克等邻近国家的非洲穆斯林，以及亚洲裔穆斯林。伊斯兰教的传入约在 14~15 世纪。当时正值津巴布韦莫诺莫塔帕王国鼎盛时期，由来自非洲东海岸的信奉伊斯兰教的阿拉伯商人到这里通商时而传入，一些当地人接受了伊斯兰教。但是直至 19 世纪末，伊斯兰教在这里几乎没有得到发展。20 世纪初，亚裔穆斯林和来自马拉维的穆斯林为伊斯兰教在津巴布韦的发展作出了很大贡献。他们开始创建清真寺、伊斯兰教学校和伊斯兰中心等。1927 年津巴布韦第一座清真寺出现在哈拉雷。如今全国各地有清真寺几十座。

犹太教 津巴布韦的犹太人社团信奉犹太教。犹太教在津巴布韦有较长的历史。最早到津巴布韦的犹太人来自英格兰，此后一些东欧地区的犹太人相继到来。早在 1849 年布拉瓦约就出现了犹太人教会，之后在一些大城市中也都出现了犹太人社团。最多的时候津巴布韦有犹太社团近千家。随后，居住在津巴布韦的犹太人不断移出，犹太社团数量也大幅减少。

除了上述宗教外，津巴布韦还有极少数人，多属亚裔人群，信仰印度教、佛教、东正教等。津巴布韦所有教派间很少因为信仰的差异而发生宗教冲突或摩擦，这一点在非洲国家中也是难能可贵的。

第四节　民俗与节假日

一　传统社会民俗

津巴布韦传统社会习俗主要是指当地黑人传统习俗。与大多数非洲国家相类似，津巴布韦传统社会习俗是以

作为主流的黑人社会为主。津巴布韦大多数黑人属绍纳族和恩德贝莱族两大民族，因此其传统社会习俗则以上述两民族为主。长期以来，当地黑人创造了辉煌的历史和文化，同时他们也继承和保留下来了属于自己的生活习惯和风俗。19世纪末开始，殖民主义者的到来在一定程度上破坏或影响了津巴布韦传统社会的继承和发展，但是未从根本上动摇津巴布韦传统社会那种民族的认同感。独立后的津巴布韦虽然不免受到社会进步所带来的生活方式等方面的影响，但是传统习俗仍在广大黑人中间不断延续，很多习俗只是更加迎合了现代社会发展的需要。特别是在城市中，人们的生活习惯、习俗包括服饰等已经有了不少的变化，传统习俗的概念也已淡化了许多。真正传统意义上的风俗习惯主要仍保留在广大农村地区。

婴儿的出生　在津巴布韦绍纳人中，没有比母亲的称号对于女人来讲更至关重要的了。因此，女人一旦怀孕将成为母亲，她和她腹中的胎儿就会受到特别的关注。孕妇不可食用带苦味和酸味的食品，她还必须要时刻注意自己的行动坐卧，绝不能去看那些不好的东西，如不能看到身体畸形的人，以免将来所生的孩子同样畸形。孕妇和其丈夫不能杀蛇，据说一旦杀死蛇，婴儿诞生后将天生成为盲童。孕妇还不能靠近牛栏和别人家的耕地，绍纳人相信孕妇将会给蓄养的牛或生长的作物带来厄运。孕妇临产前的一个月要与接生婆单独住在事先准备好的小屋中，不能与丈夫有任何接触，这个小屋一般选择在娘家所在的村子里。丈夫要事先把一些自己的衣服放到屋里，但在妻子分娩过程中这些衣服还要被扔出来，或最后由接生婆带走。人们期盼着孕妇生产顺利和新生命的到来，新生儿顺利诞生通常被认为是上天赐予的福分。如果孕妇分娩不顺利则也会认为是有老天爷的介入，也许是在什么地方惹怒了祖先。假设妇女与人通奸怀孕就会惹怒祖先遭到报应。这个孕妇分娩之前必须承认罪过，讲出其情夫是谁才能躲过

一劫，平安生产[1]。

　　婴儿出生的全部过程由接生婆处置，包括新生儿脐带的处理等。许多非洲人都对新生儿出生后脐带和胎盘的处置很重视，因为他们相信不论一个人能活多长久，也不论他走多远，他出生时胎盘掩埋的地方总能将他召唤回来。因此，津巴布韦的恩德贝莱人总是在婴儿降生后将胎盘和脐带就地掩埋。绍纳人虽然对此也很重视，但做法上却不尽相同。绍纳人的父亲在婴儿脐带还没有处理好之前不能看见孩子。在一些绍纳人中，新生儿完成沐浴和胎盘处置前尚未结婚的女孩也是不能见新生儿的。新生儿诞生后的起名，绍纳人不同的族群也不一样。一些是在婴儿出生几天后由父亲起名，也不举行什么仪式。一些则要选择在特定的时机起名，如一旦脐带与母体分离后就要给婴儿起名，但不举行特殊仪式。还有一些绍纳人习惯上一定要举行给婴儿取名的仪式。

　　婚嫁　在津巴布韦绍纳人眼中，婚嫁的重要意义在于生命和家族血缘的延续。他们把婚姻和生儿育女紧密联系在一起。女儿出嫁要根据情况向男方索要数量不等的牛作为彩礼。但是一旦结婚后女方不能生育，男方可以向女方家提出要求退还彩礼，或可以另娶。由于生育在婚姻中的重要性，当地人传统上是在结婚前就允许男人与未婚妻同居。如果经过一段时间同居后女方仍未怀孕，男方就有理由将女方退回娘家。此时，男方可以要回彩礼或可以要求女方将其他女儿许嫁。如果确定说不能生育的责任在男方，那么双方家庭就要经心选择一位男方的男性亲属与女方同居并使其受孕，而将来所生的子女名义上属于不能生育的丈夫所有。

　　津巴布韦当地青年男子求偶方式不尽相同，即使是在同一个民族中也是各种各样。一些人寻求配偶要告知叔叔，再由叔叔转

---

[1]　Oyekan Owomoyela, *Culture and Customs of Zimbabwe*, Greenwood Press, 2002, p. 112.

告其父亲。母亲则要酿酒待客，举行一个小型仪式宣布寻亲正式开始。母亲一旦选中女方，女方同意后，双方家庭就要开始共同筹划婚事。绍纳族科雷科雷人青年男子的求婚有别于此。他们是采取主动接触所中意的女孩，常常是送给女孩一件小物件表示心意。如果女孩接受了男孩送的东西就表示同意了。女孩会将此事告知母亲，由母亲再转告父亲。婚事的成否还要取决于女孩的父亲，如果他对男方或其家庭不满意则婚事难成，女方要将男方送的东西退还，以示拒绝。男方则要待女方家庭同意后才可告知自己的父母，如果男方父亲对女方或其家庭不满意，此桩婚事也是难成。在绍纳族中的泽祖鲁人中，男子一旦有了意中人，要由自己亲戚中的一位男性长者出面与女方父亲相见并带去一件男方信物，如手镯等。一般来讲，如果女方父亲接受了信物则表示其女将会嫁给男方为妻。

经过男女双方和双方家庭初步接触后，按照习惯准新郎要指定一个中间人代表他去做一些婚前的准备事宜。在绍纳族科雷科雷人中正式娶亲前还要经过几个步骤。例如准新娘的父亲要召开家族会议，其间要求男方中间人当场向准新娘的叔、伯和其他亲属出示男方的信物。然后女子的父亲要把信物让女孩的母亲过目，再要女儿当众表示接受男方信物。此后，女方父亲则会告知男方的中间人，邀请未来的女婿到本村来。当然，男女双方住到一起之前还要有一些其他的仪式。

受到邀请到女方村落里来的准新郎要由他的兄弟们陪同前往，每人还要带上一捆木炭作为礼物。送到女方村里后，他的兄弟就可以返回去了，准新郎独自留下。随后他要为未来的岳父母做3周的家务活，如早上负责生火、打扫庭院等。晚间与未婚妻的兄弟们同住。3周后，根据未来岳父的要求，他还要把自己家的亲戚招来女方家干一天活，如打扫庭院、为树松土、修整房屋等。这项工作从早上6点一直到下午3点。此后，女方家中杀猪

宰羊款待来宾表示感谢。随后男方来宾返回，新郎留下，这才算正式完婚。男方要与女方同住在女方村里直至女方怀有身孕后才能将妻子带回到男方家里。这种婚后与女方家同住的方式也是绍纳人最传统的婚姻习俗。

泽祖鲁人的婚俗略有不同。青年男女婚后并不住在女方家。男方一旦确定意中人后，他要派一个人代表自己带着牛和3个锄头来见女方父亲，他自己也来到女方村里给女方的母亲带来一些礼物并帮助未来岳母干家务。干家务的时间不做约定，男方可适时给未来的岳父再送去一把锄头，同时要求他允许将新娘带走。此时，新娘的母亲通常要给女儿一些食物和一小罐食油，然后新娘家的送亲队伍，一般要包括一位叔叔、亲属中的一位女性长者和新娘的至少一个妹妹，一同将新娘送往男方新人家中。在送亲队伍中，由娘家的叔叔打头阵，新娘尚未进村，他会大声宣布"新娘到！"这时男方村里的妇女们要出来迎接新娘。新娘要将脸面遮盖，双膝跪地。前来迎亲的妇女们要给新娘送上一些小礼物，请求她一露芳容。新娘会表现出极不情愿的样子，但最终会除去遮盖随迎亲人进村。新娘到男方家的第一夜要与娘家来送亲的家人同住。第二天清晨，送亲来的新娘的妹妹要拿出从家里带来的一罐清水，让新郎家的每一位亲属洗手。此后，婚嫁的全部仪式宣告结束，娘家的送亲人返回。

除了上述这些传统婚俗外，在一些民族中还有类似于"私奔"形式的婚俗和其他方式的婚俗。如在绍纳人中还有一种"私奔"婚俗：青年男女在一些聚会场合相识相爱并私订终身。双方在约定的日子里，男方带女方来到男方村里，然后男方会找个中间人带上一个锄头作为礼物来找女方父母。此人一般并不进村，在远处大声向人们道出事情原委，然后扔下礼物逃之夭夭。随后女方父母会派人将女儿从男方村里"抢夺"回来。但几天后女儿会再次私自跑回男方村里。男方的中间人会再次带礼物找到女方父亲，求得对婚事的应允。如果他同意这门婚事，双方将安排他到男方所居住的村里来共同商讨婚事的细节，包括男方将给多少头牛作为聘礼等。实际上这种类似于私奔的婚俗也并未摆脱传统上由父母做主的习俗，只是在形式上更多了几分男女间自由恋爱的成分。

津巴布韦传统社会中仍存在一夫多妻的婚姻制度，妻子的数目取决于男人家里的财产状况。但随着基督教和现代社会的影响，多妻的婚姻制度已经发生了很大变化。

如今的城市居民已经基本接受一夫一妻制的婚姻形式。一夫一妻的家庭已经逐渐替代了传统的一夫多妻的大家庭。但生活富裕的家庭仍有时出现一夫二妻甚至多妻的现象。虽然这种情况从非洲国家的传统习俗上看是正常的，但随着人们现代生活理念的不断加强，对当地人来说偶尔提及也会使人感到难为情。与此同时，在津巴布韦广大的农村地区对此种情况就习以为常。农村地区居民在婚姻关系和财产继承方面仍存在明显的原始社会遗风。农村地区仍是以血缘关系为基础组成的农村村社社会。其酋长或酋长领地下属各片头人在政治和经济上对当地居民具有很大的影响力，而宗教领导人（巫师）则在社会生活中对当地居民影响较大。在这种传统的村社社会中，妇女是农村生产中的主要力量。

丧葬习俗　在传统的非洲人眼中，死亡特别是由于年龄关系的正常死亡和死者生前有过子女的都有着重要意义。因为亡者构成了家族的先辈或祖辈，死者将对活着人的生活产生重大的影响，传统上人们认为死者的灵魂将时刻关注着在世亲属们的行为。因此，对于传统非洲社会来说，如果你把死亡只是看作生命的终结，只是一种生活方式上转变的话，那么死亡本身就没有那么可怕了。非洲人像重视一个生命诞生一样重视一个人的死亡，他们寄希望于死者能够带着平安祥和的灵魂成为家族先辈中的一员，能够继续在阴间为他们造福。由于传统宗教思想氛围十分浓厚，当地居

民相信神灵、崇拜祖先，他们认为有一种"自然精神"存在，相信祖先的精神，认为人死之后他们的灵魂仍在影响着世人。因此，葬礼仪式的举行不仅仅是为了故人，而且也是为了活着的人。

津巴布韦绍纳族人的传统丧葬仪式一般分成四个步骤，从下葬到死者财产分配仪式等，历时两年。第一是下葬仪式，人死后的24小时内，当地称"库韦嘎"（kuviga）；第二个仪式称作"穆哈拉佐"（muharadzo），在死者死后的一至两个月后举行；死者故去1~2年后要举行第三个仪式，当地称"库如瓦古瓦"（kurova guva），或者称为"库塔姆巴古瓦"（kutamba guva）；第三个仪式过后一天就要举办第四个仪式，称为"恩哈卡"（nhaka），即遗产分配仪式。

人死后24小时内要举行下葬仪式。首先由死者妻子或妻子们在一个侄子的帮助下将死者放在屋里一个铺好毯子的垫子上擦洗全身后将死者摆放好，身边放置一个盘子。死者亲属前来瞻仰，并向死者身边盘中放些零钱或首饰类的东西作为给死者的礼物，以求得死者保护。与此同时，死者的侄子和葬礼的主持人一起在傍晚时分要出去寻找下葬地点。确定下葬地点后，丧葬仪式主持人回来在其他三个人的帮助下将死者用一副担架抬往墓地下葬。送葬人群唱着圣歌一同前往。在去墓地途中，要三次将死者放在地上，死者的头要朝向原居住的村子。最后一次抬起来后，死者的头要指向墓地。墓地一般选择在离村子约1英里的地方，墓穴为3或4英尺见方，深约8英尺。丧葬主持人负责安放死者，然后由其他人掩埋墓穴。死者下葬后，墓穴边上要摆放死者生前盛洗澡用水的大锅、他曾饮酒用过的器皿、吃饭用过的木盘，还有他生前用过的枕头。此时死者的侄子、侄女走近墓穴，由侄子用死者曾饮酒的器皿将一些小米和水合在一起向墓穴中死者头顶撒去，同时祈祷神灵接受死者的灵魂。此后女人们开始哭泣，而男人们则双手拍击以示对死者送行。仪式结束后，人们返

回村里还要办丧葬筵席。

在津巴布韦，人们普遍相信死者下葬后，他的灵魂会从坟墓中走出来回到人间。因此，死者下葬后，人们在掩埋墓穴时要插一根长棍在墓中，待掩埋完毕后，插入墓中的棍子要露出坟墓。通常在几个月后，人们再次来到墓地将木棍小心抽出来，从而会在坟堆上留下一个洞，以便死者的灵魂可以从这个洞中出来。此后死者的亲属要仔细观察坟墓中留下的洞，看死者的灵魂是不是出来了。据说，死者的灵魂一旦从墓中出来亲属们就要开始着手准备"库如瓦古瓦"仪式，准备迎接死者的灵魂回家。

丧葬的第二个仪式被称作"穆哈拉佐"（muharadzo）。目前这一仪式主要是由死者的亲属前往墓地对死者进行祭拜。通常在死者下葬1~2个月后，家中的妇女们自己酿制啤酒，亲属们把酒带到墓前，洒些酒在坟墓上，同时亲属们与死者"共饮"。

"库如瓦古瓦"和"恩哈卡"是丧葬仪式的最后阶段，一般是在人死后的1~2年后举行。前者主要是欢迎和庆祝死者灵魂的回归。仪式开始的10天前，村子里的长者和死者的近亲就会召集在一起，告知他们已经准备好为死者招魂。死者的姐妹们也要开始准备为即将举行的仪式酿酒。死者的家里要为死者选一位亲属作为其灵魂的附体，一般情况下是由死者最小的儿子担当。但是如果这个儿子身体不好或患病，则会由当地巫师指定。仪式举行当夜，人们要载歌载舞前往墓地。次日清晨，人们要将带来的酒洒在墓地上，并告知死者他们已经准备好欢迎死者的灵魂回家。死者的一个孩子还要被指定继承其父的姓名，以此告慰死者。与此同时，死者家中也在举行仪式。死者最小的妹夫要杀一头牛，将牛肉烧烤后与煮熟的牛血请前来参加祭典的人们享用。同时人们还要观察盛放酒的陶罐上是不是有裂纹。如果陶罐上出现裂纹表示死者的灵魂不满意，如果没有裂纹则表示死者是幸福的。人们开始饮酒庆祝。还有一种检验死者灵魂是否满意的方式：死者的亲属来到牛栏内将酒浇到牛的头上，如果牛头抖动将酒甩开则表示死者的灵魂是满意的，否则亲属们会不断向牛头上浇酒，直到牛头甩动为止。得知死者灵魂得以真正安息后，聚集在一起的人们再次庆祝起来。

"恩哈卡"实际上是"库如瓦古瓦"仪式的继续，也是整个丧葬活动的终结。灵魂召回的次日，死者家中要处理死者身后的遗留事宜，包括财产的分配和遗孀再嫁的问题，以使所有相关的人们尽快恢复到正常生活。仪式中重要的一项程序是要死者的遗孀跳过一堆死者的遗物，如果被绊倒则意味着这个女人在丈夫死后曾与别人发生过性关系，如果她顺利地跳过去则说明她是"干净的"，并可以准备再嫁。传统上，该女子会同意安排其夫家的青年男子参加竞争求婚，迎娶她为妻。每一位求婚者要端着一碗水到该女子面前，如果她同意，就会把这碗水接过来，用碗里的水冲洗求婚者的双手。如果她将碗里的水泼掉则表示不同意这门婚事。该女子并不一定要再次嫁给死者家的人，她现在已经是一个自由的人，可以嫁给任何自己看中的人。还有些寡妇有时会选择由自己的儿子安排，也就是说以后她会在儿子的庇护下躲开那些她并不想要的男人的注意。

恩德贝莱人的丧葬仪式与绍纳族人很相似，但在形式上有些不同。当恩德贝莱人身患重病时，他的亲属、最小的儿子和至少一个兄弟要守候在病榻旁，时刻关注病情的发展并想办法寻求医治。传统上人们认为一个人生病是有魔鬼缠身，因此家人总是请巫师前来作法驱魔，以此来消除病痛。如果由病人的小儿子陪伴左右则被认为他的生命将会延续。如果经过家人多方努力，病人的病情仍不见好转，家人还会宰杀一头牛或是一只羊象征着被宰杀的牲畜已将死亡和病痛带走，以祈求病人转危为安。一旦病人不治而亡，先要由他的兄弟开始在一块没有开垦过的地上掘墓，随后其他人也要来帮忙。墓地一般取东西向位置。早先，死者的身体要用动物皮毛包裹，现在也可以用毯子包裹。如果死者曾为一家之主，他的尸体不能从屋门和院门抬出，要在屋子和院子的墙上分别开洞将死者抬出去，因为当地人认为这样的话他们的当家之人实际上并没有离开。送葬的队伍由男人们抬着死者走在前面，女人随后。像这样由于生病而非自然死亡的情况，一般人都要躲避撞见送葬的队伍，因为他们认为这是不吉利的事情。送葬的人们来到墓地后，死者的小儿子先要手持长矛向墓中劈刺，寓意着自己正在与死去的父亲将来会遇到的敌人进行战斗。死者下葬时男性向右侧卧，女性向左侧卧，同时死者生前的一些日常用品也要一起下葬掩埋。此后坟堆上面还要放一些带刺的树枝，以防动物对坟墓的破坏。

死者下葬完毕，送葬的人们回来后，死者的家中要宰杀一头牲畜。死者为男性的要宰杀一头牛，死者为女性的则要宰杀一只羊。人们将牛肉或羊肉烤食，但不能沾盐食用。用火将骨头烧成灰烬，然后与一种药混合在一起。在场的每个人都要喝上一大口，再将第二口吐掉。随后他们要到河边进行洗漱后离开。但是死者的小儿子和兄弟不能走，他们要在家过夜，要和几位女亲属或朋友准备参加次日上午举行的仪式。第二天一早，他们会来到墓地前观察，如果坟墓没有任何被动的痕迹可以说明死者是正常死亡，否则他们就要去查找原因并采取一些措施予以补救。

在当代社会中传统的津巴布韦人保持着落叶归根的思想。一个人远离家乡在外谋生，一旦身患重病面临死亡，他就会设法回到自己的出生地，在这里完成他生命的最后旅程。如果一个人未能在生前回归故里，而是客死他乡，那么他的家乡亲人们往往要等上甚至几年的时间，以确定他不会再回来了，这时再为死者举行葬礼，他们会将一只羊头埋入坟墓，预示着死者入土为安。

津巴布韦仍保持着酋长制度，特别体现在绍纳人和恩德贝莱人的传统社会中。绍纳族社会的酋长是按兄终弟继，然后再长房

长子的继承顺序；而在恩德贝莱族社会，酋长按父死子继的顺序。关于酋长资格的确认也常常引起纠纷，因为许多酋长一夫多妻、儿女成群，他们常常为继承权你争我夺。在这种传统的村社社会中，酋长负责所管辖的土地、产品和人民，负责分配土地，主持村社法庭的案件审理，与巫师共同主持祭祀（包括求雨仪式等）仪式。

服饰与社交礼仪 津巴布韦人民性情温和，注重礼仪，热情好客，民风淳朴。城市居民已经基本上融入了现代的生活方式。城市地区白领阶层总是西装革履，一般人群平时穿着较随便，多着西装或现代休闲装；女士多着休闲装，少数可见身着色彩艳丽的棉布制成的传统服装并配以漂亮的织物围在头上做成的头饰。但在出席正式场合时，男士一般会穿西装着领带，女士则多着非洲传统服装。

在农村地区，身着传统服装的妇女要多于城市，但是她们的穿戴多是传统与现代的结合。有时她们用一块漂亮的花布围作筒裙，上身则穿一件现代布料或针织面料的休闲服，头上或有传统头饰或无头饰。男士们目前绝大多数身着现代服装，上身以休闲西装或其他类休闲服为主，下着西裤。儿童服装以现代休闲服饰为主流，现代 T 恤衫穿着已经十分普遍。尽管服装服饰的非传统化在津巴布韦日趋盛行，但在这里尤其是农村地区的人们还可以常常看到最典型的传统服装服饰。你可以看到一位妙龄女子用一块非常漂亮的花布制成筒裙和一片抹胸穿戴在身上，有时头上还配有精心扎制的头饰，在黝黑发亮的皮肤的衬托下，呈现一幅美丽的非洲风情画面。

在各种不同社交场合，津巴布韦人注重礼仪、礼节，对待宾客热情友好，对长者尊敬谦让，在任何场合都注意"女士优先"的礼仪，以显示出男士的绅士风度。握手礼是最普遍的社交礼仪，表达双方的问候和致意。非常熟悉的朋友见面，通常会热情拥抱，行贴面亲吻礼。一般人群交往中，男士不可主动伸出手与女方握手，女方主动伸出手时男士方可响应。在与较为熟悉而且关系较为亲近的女士交往时，当女士主动伸出手时，男士可以伸出手去与对方握手，并可以亲吻对方右手手背，但不可发出声响。社交场合互致问候时，人们均使用比较美好的语言，如"你好"、"早晨好"、"请"、"谢谢"、"对不起"、"打扰啦"、"祝身体健康"、"保重"、"祝事业成功"、"祝玩得开心"等。在称谓方面，对男士多称"先生"，对女士多称"女士"、"夫人"或"小姐"。人们的称谓习惯上一般是同对方的姓名、职务或姓名加职务连起来称呼。对已婚妇女的称谓可以同其丈夫的姓、职务或姓加上职务连起来称呼。对那些不知道对方婚姻状况的女性可以称"女士"或"小姐"，但最好是与对方的职务连起来称呼。对有地位的男性贵宾和政府高官要称"阁下"，但一般要同对方的职务或者职务加上姓名连起来称呼。

津巴布韦一般家庭都有热情好客的习俗。到当地人家中做客也有送鲜花作为见面礼的习俗，可以表达对主人的一种美好情感。鲜花作为礼物一般是送给女主人或主人夫妇，但是鲜花只能交到女主人手中，切忌送给男主人，否则对方会不高兴，认为有损他的尊严。到津巴布韦人家中做客还可以带一瓶酒，如果你是外国客人也可以给主人带来一些异国的小礼品，主人也会非常高兴。在当地人家做客、用餐要客随主便，不可太过随意，引起主人的尴尬或不满。宾主聊天时不可无所顾忌地笑得前仰后合，更不可伸出舌头表示惊讶，当地人认为伸出舌头是侮辱人格的举动。席间饮酒切忌过量，甚至出现失态，这会被认为不懂礼数，对人不尊重。在当地广大农村人家中做客常常会显得更加平和与随意，外国客人的到来会使主人家感到很荣幸，他们也通常会要求客人与他们合影留念。客人也应准备些小礼物送给主人表示感谢。

民居与饮食　津巴布韦城市中的住房多为低层楼房，高层楼

房较少，二层、三层者较多。由于近年来城市化趋势越来越严重，大量人口涌入城市，使城市中的居住条件极度恶化，在一些地区已经出现贫民窟。城市边缘地区有一些砖瓦房，这些房子一般为砖混或土坯混合型建筑，连排建造，规划较为整齐，居住条件尚可，但缺少卫生设施。此外，城市边缘还有些高档公寓和别墅，这些都是有钱人的住所。广大农村地区人口的住房比较简陋，多为土坯垒成，由泥土和当地植物荆条或树叶混合封顶。房屋多呈圆形，间或也有些长方形屋，有的没有窗户。一般一家人在院里有 2~3 个这样的房子，面积都不大，大的约有 10 平方米，小的 4~5 平方米，这些房子有的住人有的储物，院落中人畜混杂，居住条件十分简陋。农村人做饭多在屋外就地起灶支锅，如今看其生活方式仍较为原始。

津巴布韦人通常以玉米为主食，其次是小麦和高粱等。副食有肉类和各种蔬菜。当地居民多保持着传统饮食习惯，但城市中饮食以西餐为时尚。津巴布韦人最传统的日常饮食莫过于用玉米面做成的被称为"卜塔"（Bota）和"撒哑"（Sadza）的食物。前者是用玉米面熬制成稠粥，有时加入一些黄油、牛奶或与果酱和花生等同食，一般用作早餐。后者常常用来作晚餐，很多人也用作午餐。实际上这一食品就是将"卜塔"熬得更稠，已经熬成了玉米面饽饽，作为主食佐以肉类（有时还可以有些鱼类）、豆类或蔬菜用餐。肉类等其他佐餐食品需要另行烹制。除了玉米之外，津巴布韦人食用小麦一般是将小麦磨成面粉后，用来烤制面包等食品。木薯、芋头等根块植物也常常作为农村地区居民的主食。农村地区居民，一般是在自家院落中就地起灶，架锅烧饭。在依地势挖好的灶台上架上瓦锅，下面用柴燃火，锅内放入玉米面熬制成稠粥，再佐以蔬菜为食。肉食以烧烤为主。城市中居民除了传统的烹调饮食外，基本上已经接受西餐的饮食习惯和方式。面包、牛奶以及西式和传统肉类烹调方式相融合。

　　津巴布韦人在一些家庭聚会或重要吉庆场合，例如婚礼、毕业典礼、传统节假日等一般采取聚餐的方式都是要杀牛宰羊（很少用猪肉）。肉类的烹饪方式大多采用烧烤。近些年来，由于经济衰退，粮食等食品供应紧张，多数津巴布韦人传统的饮食方式和习惯正在悄然发生变化。

二　公共节假日

1月

1 日：新年（New Year's Day）。

4 月 6 日：耶稣遇难日（Good Friday）。

4 月 9 日（星期一）：复活节（Easter）。

4 月 18 日：独立日（Independence Day）。

5 月 1 日：劳动节（Workers' Day）。

5 月 25 日：非洲日（Africa Day）。

8 月 11 日：英雄日（Heroes' Day）。

8 月 12 日：武装力量日（Defence Forces Day）。

12 月 22 日：国家团结日（National Unity Day）。

12 月 25～26 日：圣诞节（Christmas Day）。

许多公司在圣诞节/新年期间要放长假 1～2 周。

津巴布韦的一般工作时间：

星期一到星期五：早 8:00 到下午 4:00/4:30/5:00/6:00；

星期六：政府部门不办公，商业企业上午营业；

星期日：一些零售企业上午营业。

津巴布韦银行业的工作时间：

星期一到星期五（星期三除外）：早 8:00 到下午 3:00；

星期三：早 8:00 到下午 1:00；

星期六：早 8:00 到中午 11:30；

星期日：不营业。

第二章

历　史

　　津巴布韦历史的发展进程同多数撒哈拉以南非洲国家一样，具有辉煌的历史和文化。公元 19 世纪之前，从远古直到近代，津巴布韦曾经历了令他们骄傲的历史进程。但近代由于受到殖民主义者的入侵，其社会发展轨迹遭到扭曲。随着 19 世纪末英国殖民者的到来，津巴布韦跌入了殖民地的深渊。在历经一个多世纪与殖民统治者不屈不挠的斗争后，1980 年 4 月 18 日，津巴布韦终于结束了殖民统治成为一个独立的国家。津巴布韦人民政治上、经济上获得了新生，走上了独立自主的发展道路。

第一节　古代简史

　　津巴布韦人类进化和社会发展史，一般是根据近代考古和人类学家对非洲大陆及津巴布韦的考古发现所得出的。考古发掘证明，津巴布韦这块土地，早已是大型动物和最早人类繁衍生息之所。自 20 世纪 70 年代以后，津巴布韦北部地区多次考古发现恐龙化石。据 1992 年的一项考古发掘报告，在津巴布韦北部的赞比西河河谷发掘出一只长 1.5 米的恐龙腿骨化石，从恐龙腿骨化石的长度推测，生活在史前的这只恐龙可能长约 20 米、重数吨。考古报告证实，这只恐龙是生活在距今 2 亿年至 6500 万年之间的巨型恐龙，充分说明津巴布韦这块土地上哺乳动物繁衍历史之长久①。

人类在这里的出现，可以追溯到距今 100 万年至 70 万年之间。联合国教科文组织编写的《非洲通史》认为，当时南部非洲出现一种比较粗壮的、脑容量较大的直立人，而这些直立人很可能是南部非洲阿舍利文化的祖先②。随着原始人类的不断进化，到了晚石器时代，津巴布韦出现了以从事狩猎和采集为生的最早人类原始居民——科伊桑人（Khoisan）。科伊桑人亦被统称为桑人（又称闪人），还一度被称为"布须曼人"（Bushmen）。此后，取而代之的是迁徙而来讲绍纳语的班图人，在生产力的不断发展和变化中成为创造津巴布韦历史的主人。

一　旧石器时代（距今约 10 万~8 万年）

根据在南部非洲，包括津巴布韦的圭洛丘陵以及赞比西河与林波波河分界处的洛查德地区，数百处原始文化遗址中发掘出的许多阿舍利石器③证实，旧石器时代阿舍利文化在该地区已经逐步形成。当地可以直立行走的人类已开始就地取材，制造石器工具。当时的石器以石斧和形状不一的砍砸器为主，制作粗糙、体积大。但这些石器已经比此前在东非地区发掘

① 1993 年 1 月 3 日《人民日报》，第 7 版。
② 联合国教科文组织：《非洲通史》第一卷，1985，第 367 页。
③ 阿舍利型石器是以手斧为主的一类石器，时间跨度为距今 170 万到 25 万年之间，在全球多个大洲都有发现。这类石器最初发现于法国的阿舍利（法国北部亚眠市郊圣阿舍尔）地区，并由此得名。这些石器一般被认为是由直立行走的原始人制造的，用于切割动物的肉、砍削木材、加工植物等。以这一时期典型石器为代表的被称之为"阿舍利文化"。许多学者认为，阿舍利文化最早发源于非洲，是由晚期猿人第二次从非洲迁入欧洲时带去的。——著者

出的奥杜韦石器①在打凿技术上有了明显进步。从已发掘的石器工具看，津巴布韦最早发现的是一枚9万年前的双尖头石器工具。因此可以认为，当时这里的原始人类已经步入旧石器时代，与东南部非洲地区原始人类的进化和发展在形态上和时间上相对吻合。

这些被发掘的原始人类遗址有着共同的特点：广泛分布在原野、森林和草原上；均靠近水源，有树木可遮阴，有水果可采食，有动物群聚集可狩猎；发掘出的动物化石中，既有大型动物化石，如象、河马、长颈鹿等，也有一些较小的动物化石。这充分说明，当时居住在津巴布韦代表阿舍利文化的原始人类已经开始成群聚居，进行狩猎和采集果实，并随季节迁移住所。他们通常成群结队从事狩猎活动，栖息在进行狩猎的河流或湖泊旁边，追踪狩猎对象。他们利用粗制的石斧猎杀动物并将它们剥皮；也用石斧掘取根块植物或采摘野果充饥。他们还使用砍砸器砍削树枝，用来搭建栖身之所。

二　中石器时代（距今约4万~1万年）

人类进入中石器时代是以石刀和石片工具为主要特征。石器工具的制作不断进步，石器工具更加精良，证明了人类的大脑进化和更加聪明。然而，津巴布韦同一般的以石片和石刀工具为中石器时代的主要标志不同，取代阿舍利文化的是重型工具——尖凿、石核斧、石砍刀和石核刮削器。这一时期的文化称桑戈文化。在发掘出的中期石器遗址中，石器工具制造的原料种类很多，有石髓、砾岩、石英岩和石英等。

一般说来，从考古发掘出的属于中石器时代的动物化石种类

---

① 据1959年考古学家在东非坦桑尼亚奥杜韦地区发掘出的距今约300万年原始人（早期猿人，亦称"能人"）制作的石器而得名。——著者

似乎比阿舍利遗址的种类要多得多。但是，动物骨骼化石依旧各种各样、五花八门，因为当时原始人类所制造和掌握的石器工具还不能做到有选择的狩猎。

三 新石器时代（距今 1 万年前至公元 2 世纪）

约在 1 万年前至公元 2 世纪，津巴布韦进入新石器时代。根据考古发掘出的大量的石器表明，这一时期石器工具的体积变得更小、更精细。这与考古学家和历史学家们称新石器时代为细石器时代的结论是一致的。例如，在津巴布韦马托博山发掘出月牙形细石器 9 件，小石刀 5 件，骨制及牙制工具 12 件等。这些工具的体积都很小，而且比以前的工具明显精细了许多。同时，随着生产工具的改进和生产技能的提高，当时的人类也开始慢慢懂得装饰。例如，在马托博山还发掘出 2 件穿孔的龟甲和 2 件蚝壳饰物，说明当时的津巴布韦人已经开始爱美和懂得如何打扮自己。这也证明当时人类的生活正在不断改善。在后来发现的岩画中有人物佩戴饰物的描绘也能说明这一点。

除了考古发掘之外，1928～1930 年间，德国考古学家利奥·弗罗本纽斯在津巴布韦几个地方发现了大量保存完好的岩石壁画。这些岩画为人们研究津巴布韦新石器时代提供了难得的素材。根据岩画所描绘的生产场景和生活状况，历史学家们认为这是当时居住在南部非洲的科伊桑人（布须曼人）生活的真实写照[①]。这些岩画都是画在花岗岩或者是石洞的内墙上，因而得以

---

① 20 世纪初叶，考古学家在南部非洲许多国家，如津巴布韦、纳米比亚、南非、博茨瓦纳、赞比亚等国，均发现大量内容和形式相类似的岩画。研究结果证明，岩画的主人即早于班图人之前，当时广泛居住在该地区，以狩猎和采集为生的科伊桑人。参见 Steven C. Rubert & R. Kent Rasmussen, *Historical Dictionary of Zimbabwe*, Third Edition, The Scarecrow Press, London, 2001, p. 288。

保存至今。岩画使用的颜色是用矿物原料砸碎而成的红色、黄色、棕色、黑色和白色，只是没有蓝色和绿色，画面和色彩协调。有些岩画高达数米，其中许多壁画虽已失去原来的光泽和色彩，但是它们技巧之高超，题材之广泛，使当代人叹为观止。岩画题材多种多样：既有劳动场面和生活场面，又有神话故事；既包括室内，又包括旷野；既有动物，又有植物；既有世俗生活，又有宗教仪式。岩画画面气氛安逸闲静，人物、动物线条简单生动。这些岩画中没有战争的描述，反映出那时的津巴布韦人过着平和的生活。

这些保存完好的壁画粗略地展示出一幅当时人类生活的真实画卷。一是当时的人类仍以采集和狩猎为主要生活内容。津巴布韦的岩画比南部非洲其他国家的岩画更多地描述人类采集的状况。他们不仅采集小动物如昆虫、蚯蚓、蜗牛之类充饥，采集的植物品种也很多，反复出现的有面包树、洋槐、橘子和南瓜。岩画中描绘的植物从外形到结构都相当逼真，这是由于人们要食用这些植物的根、茎或叶子，因而对它们的各部分组织都很熟悉之故。岩画中描绘的狩猎对象主要是羚羊，还有鸟类和鱼类，甚至连蜜蜂也没有遗漏。此外，在发现有岩画的山洞中，往往会发掘出土各类动物的骨骼，其中有大象、犀牛、斑马、野牛、长颈鹿、狒狒、狮子、豺狼、刺猬等。这说明当时存在的动物物种已经很多，而这些动物都可以作为当时人类的部分食物。但是在津巴布韦所发现的岩画中都没有出现牛，这证明当时人类并未开始农业活动，更不懂得用牛。壁画中人们狩猎的工具虽仍然主要是石器，但已经开始使用弓和箭，极少用矛。弓箭的使用也是新石器时代工具进化的主要标志之一。二是在所发现的岩画中很少有描绘单个人的场面，这同当时的生产力低下的状况是一致的。因为人们只有依靠集体的采集和狩猎，才能抵御自然界的各种侵害，同时说明当时的人类仍是群居。在生产和生活场景的人物描绘中，男人都没有占据特殊的地位，证明当时并没有进入父权社会。此外，岩画中有相当数量是描述求神、求雨或其他自然崇拜场景，或记述死人葬礼仪式等场面。还有，岩画里的人都没有正面的脸部描绘，只有一个轮廓，而且人们都是全身裸露，身体的各个部分，包括生殖器官都描绘得极为清楚。有学者认为，岩画之所以避免描绘人脸，是因为当时人的迷信，担心"画了面相人就着了魔"，是不吉利的。这些神话故事情节、原始拜物教信仰及类似于宗教的仪式，与后来班图人的口头传说和原始宗教有着特定的联系。

四　早铁器时代（公元 2 ~ 9 世纪）

大约从公元 2 ~ 9 世纪起，班图人取代了科伊桑人占领了津巴布韦高原。从石器时代到铁器时代，人类社会经历了重大的飞跃。津巴布韦早铁器时代是以从刚果河盆地陆续迁移来的班图人为代表。促使他们向外迁徙的主要原因，一是班图人企图找到铁和盐，他们不满足于食用从羊粪和灰烬中提炼出的盐。二是班图人征服自然的能力有限。班图人传统上从事农牧业生产，他们的活动范围就是村庄周围约 50 公里的地域，频繁的种植和放牧使土地肥力很快消耗殆尽，生态环境不断恶化。班图人只好在雨季结束，收获了庄稼后，赶着畜群，带着粮食、工具，向外迁徙去寻找新的生存地域。他们一般日行 5 公里，10 天后定居到一个离老家约 50 公里的新地方，建造房屋、放牧耕作。5 年后不得不继续迁徙。这样 10 年就可迁移约 100 公里，1 个世纪就是 1000 公里。他们在迁徙过程中，经常因争夺土地、牧场和牲畜发生部落战争，后来的赶走先到的，进而加快了迁徙速度，形成一浪高过一浪的大迁徙。在津巴布韦，创造早铁器时代文明的班图人同新石器时代的科伊桑人有着明显的区别，他们以更进步的生产力和生产方式推动着津巴布韦原始社会的

飞跃式发展①。

第一，早铁器时代的班图人已经懂得种植和畜牧，也就是说他们已经开始发展起农业和畜牧业，而不像科伊桑人那样只靠狩猎和采集为生。考古学家在津巴布韦东北部伊尼扬加的考古发掘中发现了小米和南瓜的种子，以及在豹山出土的豇豆种子，证明早铁器时代的人类已经开始种植农作物。津巴布韦早铁器时代家畜的遗骸在发掘中普遍可见，特别是绵羊和山羊的骨骼。但是只在西南部才发现牛的骨骸，因此估计牛是从西部引进的。就总体而论，发掘出的家畜骨骸数量逐步增加，野生动物骨骸相对减少，证明当时的人类正从狩猎和采集逐步转向农业和畜牧业生产。

第二，早铁器时代的班图人已经开始使用铁器工具并开始冶炼铁矿，同科伊桑人只使用细石器明显不同。在多处遗址考古发掘中出土了铁矿渣、铁制工具、铜、锡等金属，以及海贝壳和玻

---

① 究竟是谁创造了津巴布韦的早铁器文化？对此历史学家与考古学家曾争论不休。迄今为止的主流派认为这些文化是由班图人的迁徙而带入的，其理由有三。第一，津巴布韦早铁时代文化同先前的文化截然不同，而且找不出过渡的文化形态，例如陶器。而从建筑、冶炼、农牧业等方面的技巧看，都能说明在传入津巴布韦之前，这种早铁器文化已经充分发展。第二，在津巴布韦的这种早铁器文化同北部赞比亚、马拉维的早铁器文化同出一辙，又同更北部的埃塞俄比亚、肯尼亚和坦桑尼亚的班图文化相一致。第三，从语言和体型的角度看，津巴布韦早铁器时代的人也属于班图人。而另一种相反的意见则认为津巴布韦新石器时代的科伊桑人吸收了班图人的农牧业和制铁技术，创造了津巴布韦的早铁器时代文化。但他们终究不能否认班图文化传入津巴布韦的事实。因此，津巴布韦国内外学者，大体上都赞同津巴布韦早铁器文化源出班图人的看法。何丽儿：《南部非洲的一颗明珠——津巴布韦》，当代世界出版社，1995，第26～27页。至于班图人到来后，科伊桑人哪里去了，经历史学家们研究、考证，认为在班图人到来后，大部分科伊桑人被同化，部分经现在的津巴布韦向南迁徙。Steven C. Rubert & R. Kent Rasmussen, *Historical Dictionary of Zimbabwe*, Third Edition, The Scarecrow Press, London, 2001, p. 140.

璃珠等非当地物产。说明当时的人类已经开始使用铁器，同时与外界已经有了直接或间接的物物交换关系。铁器的使用无疑会大大促进生产力的发展，推动了与外界的往来。历史学家认为，这种物品的交换起初只在村落与村落之间进行。可能是缺铁地区的村落以山羊、绵羊之类换取铁矿石，以便在本地炼制出铁器工具，也可能是产盐的村落以盐换铁。但公元 8 世纪，东非海岸曾出现了一个名叫曼达的贸易货栈，地处内陆的津巴布韦人开始从河里淘出金沙，设陷阱围捕大象拔取象牙来与之交换珠子和布匹等物品，逐渐形成了与外界的物品交流。

第三，早铁器时代的班图人会制陶。在津巴布韦发掘出不少属于早铁器时代的陶器。这些广泛发掘出被称为"戈科雷梅陶器"的特征是体宽、有颈、口部加厚、边缘上有梳状斜纹花饰。这是最具代表性的津巴布韦早铁器时期的陶器。此后，陶器的制作有所发展，据说后来在东北部发掘出的陶器制作上更加精美，外观上更加光滑，装饰上更加漂亮。后期的陶器已采用赤铁矿和石墨着色，但制作上与前期陶器有许多共同点。

第四，早铁器时代的班图人已营建房屋居住，不同于科伊桑人的择地而居。在津巴布韦曾发现早铁器时代的村落遗址多处，并发现木石结构的建筑遗址。村落外用石墙和木栅栏围住。石头建筑在早铁器时代的津巴布韦极为普遍，但规模较晚铁器时期小得多，建筑水平也较低下。

五　晚铁器时代（公元 10 ~ 11 世纪）

大约到公元 10 ~ 11 世纪之间，津巴布韦进入晚铁器时代。创造津巴布韦晚铁器文明的是属班图族的绍纳人，考古学家和历史学家们对此已有共识。然而，对这些绍纳人来自何处则有不同说法。1984 年津巴布韦档案馆出版的权威著作《津巴布韦史诗》基本上采用了考古和历史学家们趋于认同的津巴布韦史学家的观点①。他们认为，这些绍纳人在数个世纪班图人迁徙中分别来自南方和北方，即一支来自林波波河以南，另一支来自刚果盆地。从南方迁入的时间大约是公元 900 年，而从北方迁入的时间约是在公元 1100 年。早期的陶器文化可分为三支，其中一支延续发展成为南、北两支，另一支发展于中部地区，第三支是在北部和东部地区。早期陶器文化在不同地域发展，但所形成的早期绍纳文化却有着共同特点，即他们当时都开采铁矿，使用风箱和熔铁炉炼铁，制造铁锄和铁斧；他们都住在山顶上用竹竿和其他材料搭建的茅屋里；他们既狩猎又放牧，除饲养山羊和绵羊外，还用木材、偶尔用石头建栏养牛；他们所制作的陶器的质量与形状均不同于早铁器时代，已开始制造陶制小人像等。另外也有观点认为，这些属班图族的绍纳人是从北方（大约现今坦桑尼亚附近）迁入津巴布韦的，然后在不同地域早期陶器文化的基础上形成早期绍纳文化雏形，奠定了绍纳文化和文明发展的基础。还有一种观点则认为，原当地的科伊桑人在吸收了班图人带来的文化后，创造了津巴布韦的早铁器时代文化，但此种说法已鲜有认同。无论如何，学者们对公元 10 世纪开始，居住在津巴布韦的多数人属于讲绍纳语的班图人这点已经没有分歧，晚铁器时代文化同早铁器文化一脉相承。

第二节　欧洲殖民者到来之前津巴布韦诸王国的兴衰（公元 10～19 世纪）

欧洲殖民主义者到来之前的津巴布韦的历史，多是根据考古发掘和口头传说，直至 16 世纪葡萄牙殖民主义

---

① 何丽儿：《南部非洲的一颗明珠——津巴布韦》，当代世界出版社，1995，第 26～35 页。

者入侵东非至津巴布韦时，才开始有了文字记载。从 20 世纪初开始，人类考古学家和历史学家在考古发掘和研究这段历史方面做了大量的工作，纠正了在相当长一段时间内对所谓非洲文化和文明并不属于非洲的谬误，呈现给世人一幅较为清晰和真实的非洲历史和文明的画卷。曾被称作津巴布韦原著民的绍纳人，在长达数个世纪中，同后来的恩德贝莱族等其他民族一起曾经创造了辉煌的历史和津巴布韦人引以为豪的文化，也曾建立过统一集权的国家，虽然这些国家最终由于种种原因走向衰败。

由于人类社会的发展，以及生产力和生产关系的变化。津巴布韦历史上曾先后出现过许多政治实体，其中一些又分成规模不等的中小实体，其中有些实体势力范围很小。势力最大的、由绍纳人建立的政治实体主要有 4 个：一是位于高原南部、存在于 12～15 世纪的津巴布韦国；二是北方的穆塔帕国（约 1420～1884 年）；三是位于高原西南部、存在于 15 世纪末至 17 世纪末、以卡米为中心的托尔瓦国；四是继托尔瓦存在到 1860 年的昌加米腊国。关于津巴布韦和托尔瓦国，可靠的文字材料不多，然而昌加米腊和穆塔帕国，已有充分材料证明当时已发展成政治制度完备、具有一定经济实力、幅员辽阔的王国。除此以外，历史上由津巴布韦以南地区迁移而来的恩德贝莱人，也曾建立过活跃一时的恩德贝莱国。

一 津巴布韦王国（公元 12 世纪初～15 世纪末）

从 19 世纪中叶开始，对津巴布韦的古代石头建筑遗迹的考古发现和历史研究引起了世人的关注。不同时期发掘出的这种石头建筑遗址全国共 200 多处。其中最著名的是位于马辛戈省的大津巴布韦遗址。早在 10 世纪，著名的阿拉伯旅行家马苏迪就在其著作《黄金草原与宝石矿藏》中提到过它。1506 年，葡萄牙人迪奥哥·德·阿拉伯索瓦在给葡萄牙国王的信中也提到了这些古代石头建筑，并称之为"非人力所及，而为神工鬼斧之作"。1868年，当地猎人亚当·伦德斯也是偶然发现了大津巴布韦遗址。但所有这些都没能引起考古学家和历史学家以及世人的注意。1871年，德国地质学家卡尔·茅赫（Karl Mauch）到达此地，并断定这个遗址很明显是远古时代人类文明的杰作。他于1872年首次将他的发现和研究公之于世，从而引发了一股大津巴布韦遗址的考古发掘和历史文化研究的热潮。大津巴布韦遗址正是历史上津巴布韦王国的政治、经济和文化中心，也是当地最早期的国际贸易往来中心。

　　大津巴布韦遗址位于中部高原南部，现马辛戈市东南约29公里处，总面积近40公顷，由三部分石头建筑组成。第一部分遗址建在北部的一座小山丘上，称卫城。卫城要比其他遗址高出约100米，由错落的围墙和自然岩石围成多个不同的地域。一个区域有一个自然开口，据说声音在此可以产生共鸣，一直传递到山下。人们推测这里或许有原始宗教中用来传递神的旨意的用途。在某种宗教仪式上，由此传出的声音让下面所有的人能够听到。因此这里也许曾作为当时人们向神灵祭拜、祈求神灵保佑和帮助的圣坛或祭祀中心。第二部分是离卫城偏南方向600米处的内城。这是坐落在小山下平地上的椭圆形建筑物遗迹。建筑物由略显弯曲的石墙围成。围墙成梯形状，长250米，外墙最高处约10米，底部宽厚约5米，顶部宽厚约2.5米。内城中间是由一些断墙分隔成的若干院落。内城外墙的正北、东北和西南建有3个门洞，与外部相通。据说这座内城遗迹，在殖民主义者入侵前是撒哈拉以南非洲最大的建筑物。第三部分是在卫城与内城之间的一片广阔的谷地上散落着的一些低矮的石头建筑遗迹。所有这些建筑物都是用当地的花岗岩石块堆砌而成。其中第一、二部分水平最高，石头拼缝横竖有条，不施灰浆却十分结实。通道、壁龛、入口、平台等，都是就地在花岗石上一点一点地凿出来的，而且两处建筑物里都有鸟状的徽记和皂石雕物，体现出当时人们高超的建筑艺术和欣赏水平。

从对大津巴布韦遗址的考古发掘和研究来看，有些人认为它最早可能修建于公元 2 ~ 4 世纪。还有人推断其建造的年代应该在 9 世纪。当时居住在这里的是来自北方并且已会制作铁器的班图人的一支。后来，另一支班图族绍纳人迁移到津巴布韦中部后，占据了大津巴布韦，并于 11 ~ 12 世纪时对大津巴布韦进行了大规模改建，使其成为绍纳人津巴布韦国家的首都所在地。总而言之，大津巴布韦遗迹主体建筑是由早铁器时代属班图族的绍纳人的一支在 11 ~ 12 世纪时开始建造的这一观点已经被普遍接受①。此外，认为非洲人没有能力也不可能建造大津巴布韦遗址这样的建筑，以及非洲人不可能创造出这样的文明等殖民主义和种族主义者的观点，曾在相当长的时间里甚嚣尘上。但随着时间的推移和大量的考古发掘以及历史研究证实，这些谬论也早已不攻自破。

考古学家和历史学家们认为，随着"石城"建筑的出现，以及生产力的不断发展和人口的逐渐增加，大津巴布韦已经成为当时津巴布韦王国的统治中心、对外交往中心和宗教中心。考古发掘和历史研究表明，大津巴布韦遗址内城原为统治者上层和王后及嫔妃们的居住地，而在谷地中低矮的石头建筑遗迹中居住的曾是那些职位较低的官员。此外，大津巴布韦遗址周边地区也曾发现过的上百处散落的石头建筑遗迹，则是当时津巴布韦王国百姓们的居所。目前对当时津巴布韦王国的国家机器构成和运行尚无更可靠的资料，但可以肯定当时的统治者们会接受臣民纳贡，以维持对当时数以千计的臣民的统治。

---

① Steven C. Rubert & R. Kent Rasmussen, *Historical Dictionary of Zimbabwe*, Third Edition, The Scarecrow Press, London, 2001, p. 372.

考古学家和历史学家们对于津巴布韦国家的起源曾有过三种假设：其一是"宗教起源说"，即认为绍纳人进入津巴布韦高原后，不仅引进采矿术又推广养牛，而且带来了对祖先的崇拜。津巴布韦统治者控制着这种宗教崇拜的最高权力，成了神与百姓沟通的中间人，他们为祭祖而修建石头房子。他们将这种宗教上的优势逐渐转化成政治优势，进而建立起国家。其二是"贸易起源说"，认为津巴布韦国家起源于贸易。因为当时在东非沿岸由阿拉伯人垄断的贸易迅速发展，并已扩展到非洲内地。津巴布韦国家的建立是与外部进行黄金贸易所产生的过剩财富的结果。酋长们通常控制着全部的对外贸易，贸易所产生的过剩财富也就可能全部集中在酋长的手里，这种高度集中的财富就会导致一个严密的国家体系的产生和发展。当时津巴布韦内部黄金和铜器的生产激增，而东非沿岸由阿拉伯人垄断的贸易也大大发展，统治者们利用进出口贸易大量增加自己的财富，并组织劳动力来建造大津巴布韦作为国家的中心。其三是认为津巴布韦的来源应从它本身已发展的农牧业去寻找根源。当时绍纳人的主要经济形式是密集型游牧经济，同时农业经济也相应发展。这就在客观上保障了大量人口的聚居并可能在此长久地居住下来，从而在该地域形成了国家并建立了首都。虽然三种假说从不同侧面试图揭示津巴布韦国家的起源，但均失之偏颇。津巴布韦国家的形成是多种因素综合作用的结果，这一观点已得到广泛认可。

1984年津巴布韦档案馆出版的最具权威性的著作《津巴布韦史诗》综合了当时国内外学者的研究成果，指出津巴布韦国家源于由早期利奥帕特的科普杰文化（又称豹山文化）发展起来的古曼耶陶器文化①，而创造古曼耶文化的一个绍纳王朝——

---

① 即班图族绍纳人始于早铁器时代的陶器文化发展到后期所形成的绍纳文化。——著者

津巴布韦王国，以内部发展起来的农牧业为基础，逐步操纵与控制内地与沿海的贸易，并创建了大津巴布韦，形成了绍纳古王国津巴布韦的中心。当时的绍纳人由于发明了冶炼和铁器制作，使生产力得以发展，同时依靠当地气候温和、雨量充沛、牧场广阔等优势，农业和畜牧业经济发展很快，并开始以牛羊作为日常用品的交换物。随后当地物品，如兽皮、象牙、金属，包括黄金的物品交易越来越多。最后黄金成为当时对外交换的主要物品。由东非海岸经物物贸易而来的珠子、布匹、饰品、波斯毯，包括中国的青花瓷器等来自世界许多地方的物品不断涌入。通过商品贸易而产生的新的财富对原有的经济产生了深刻的影响。因为通过黄金或其他商品贸易所得到的财富的增长，要远远快于生产力依旧十分低下的农牧业经济的增长。虽然大津巴布韦附近并非黄金和其他金属的主要产区，但它处于贸易通道之上。因此掌握和控制这一重要贸易通道成为统治者集聚财富的重要手段。这正是津巴布韦王国最终形成的重要原因。

考古学家的考古发现和历史学家的研究表明，津巴布韦王国的鼎盛时期是在14世纪，所辖范围西自现今博茨瓦纳境内，东至莫桑比克，南自林波波河向北延伸至今马绍纳兰省的北部。从考古发掘来看，当时津巴布韦的绍纳人已经能够熔炼和制造黄金、铜、青铜和铁器。他们已经使用带把的铁锄和铁斧为主要农、牧业工具。而且这些锄头的叶形锄板都经过双面锤炼，呈现出典型的绍纳铁匠特色。考古发掘出这一时期大量的牲畜骨说明，当时的畜牧业也比较发达，已经可以通过饲养牲畜向人们提供肉食品。这一时期的考古发现还包括纺织用的纺锤，说明当时的绍纳人已能纺织。另外从黄金及青铜手镯等饰物的发现说明当时人们在日常生活之余已经懂得装饰并制造装饰品。在大津巴布韦遗址发掘中出土的大量的当时经过商品贸易得来的舶来品，以及陶制酒器，说明当时的统治者们已经将财富集聚在他们手中，

生活已相当奢侈，而且可以看出当时贫富间的差距已经相当明显。

　　大约在 1450 年，津巴布韦王国走向衰败。大津巴布韦也逐渐失去了作为王国中心的地位。最早有学者认为，津巴布韦王国的衰败是由于葡萄牙人从莫桑比克的入侵，迫使其走向灭亡，或是由于穆塔帕王国的不断扩张，使其失去了领地。但是津巴布韦史学界却从其内部分析了其衰败的根源，即存在了近 300 年的津巴布韦王国衰落的根本原因在于人口的剧烈膨胀，造成了土地、食物、燃料等短缺和牧场的匮乏，生存面临着严重的挑战。大津巴布韦作为王国的中心所在，其人口过分集中，迫使妇女们要到越来越远的地区从事农业劳动，近处很难再找到适合农业生产的地方。因此，这种局面注定了津巴布韦王国的衰落和大津巴布韦的灭亡。实际上到了 15 世纪末至 16 世纪初，大津巴布韦已经被遗弃，当地人已经迁移他乡了。因为从考古发掘来看，在公元 1500 年前后的地层没有新的发现。绍纳文化的中心转向西南部的卡米地区。大津巴布韦被人们渐渐忘记，只有建造大津巴布韦古城者的后裔，仍然生活在它的印迹里。今天，这个世界上唯一一个以考古发掘古迹而命名的国家随时提醒并向人们展示着她那灿烂和辉煌的昨天！

　　二　穆塔帕王国（约 1420～1884）

　　穆塔帕王国曾经有过很多名字，如蒙胡穆塔帕（Munhumutapa）、姆瓦纳穆塔帕（Mwanamutapa）、姆温妮穆塔帕（MweneMutapa）等，葡萄牙人则称其为莫诺莫塔帕（Monomotapa）。为统一称呼，津巴布韦独立后，历史学家一般都取这些称呼的后半部分，即穆塔帕。穆塔帕国家曾是南部非洲历史上最著名的王国之一。

　　据说，穆塔帕王国是一个名为穆托塔·尼亚西姆巴（Mutota Nyatsimba）的原南部地区绍纳王朝君主的儿子，在现津巴布韦北部地区建立起来的。传说原来的那个绍纳王国曾是津巴布韦国的一部分，后随着津巴布韦国的衰亡而终结。1420～1430 年前后，穆托塔带领着众人从当时行将灭亡的津巴布韦国独立出来，打败了原住民，占领了北部赞比西河南岸流域地区的大片土地，被绍纳人誉称为蒙胡穆塔帕（Munhumutapa），即"探索者"，或"征服者"。后来他的儿子穆托塔·尼扬赫韦（Mutota Nyanhehwe）继任王位后将穆塔帕作为国号[1]。此后的穆塔帕王国不断壮大，影响所及包括整个津巴布韦全境，其版图向东扩展到现今的莫桑比克的大部分地区，直至印度洋[2]。穆塔帕王国一直延续了 400 多年，极盛时期是在公元 15 世纪中叶至 16 世纪，曾为当时赤道以南非洲地区最大的王国之一。16～17 世纪以后，穆塔帕王国内部的个别省开始另立山头，出现一些小的独立王国。这些小国仍臣属于穆塔帕，要向穆塔帕王国贡赋，有时这些小王国的首领还会将自己的女儿作为贡赋晋献给穆塔帕，以保持一种联姻关系，使得其独立王国的地位得以保障。但是这些小王国的首领们一旦认为其实力不断壮大，试图摆脱穆塔帕控制时，他们也会拒绝贡赋，还不时为争夺主权同穆塔帕发生战争。

虽然穆塔帕王国的经济发展同津巴布韦王国相类似，以农业、畜牧业和对外贸易作为经济的三大支柱。但穆塔帕王国的农业和畜牧业在全国范围内都已很发达。在金属冶炼和纺织技术等方面也都比津巴布韦王国前进了一大步。

当时的农业生产方式采用刀耕火种和广种薄收等极为简单的耕作方式，但粮食作物的种植已相当普遍。除了当时在津巴布韦高原尚未引进玉米种植外，广泛种植的粮食作物包括粟、高粱、

[1] Steven C. Rubert & R. Kent Rasmussen, *Historical Dictionary of Zimbabwe*, Third Edition, The Scarecrow Press, London, 2001, p. 206.
[2] 廷德尔：《中非史》，上海人民出版社，1976，第 52 页。

稻米、甘薯等。此外，穆塔帕王国已有棉花种植。棉花的主要产地在赞比西河谷地区。据说，穆塔帕王国在劳动和农业生产中普遍实行互助，崇尚平等和平均，一旦有人"冒富"则会遭到非议和敌视，甚至招来杀身之祸。畜牧业以养牛为主，山羊、绵羊、猪和鸡等畜禽饲养也很普遍。牛的饲养主要限于高原地带，其他地区因萃萃蝇的危害不适宜养牛。所饲养的牛有两个品种，东北部地区的牛个头较小、西南部地区的牛个头大。曾有一个葡萄牙人在1648年描写说："（莫诺莫塔帕）的牛如此之大，以至于人们须站着挤奶。"由此可见当地牛的个头之大。当地居民饲养的牲畜除用作食物外，他们还以公牛向国家交纳赋税，同时也以此与外界进行商品交换。

穆塔帕王国当时的金属冶炼技术日趋成熟。在金属冶炼中他们已经开始普遍使用土制的风箱，并且已能够制成铜锡或铜铅合金。铁的冶炼已达到相当高的水平，以至于当时的葡萄牙人曾把这里的铁输出到印度去造枪。

穆塔帕王国在纺织技术方面也有了较大发展。人们除了已经掌握了用棉花纺线织布外，他们还掌握了利用树皮作为纺织原料的技术。

生产力的发展和人民生活的殷实促进了物品的交换和对外贸易的形成。但是穆塔帕王国内部商品的交换一直不很发达，只是在个别地方曾出现过一些市场，物品的交换也仅限于生产资料和日常用品。当时的穆塔帕王国一直没有形成一种人们一致公认的货币。因此，黄金、铜、铁等金属和一些其他物品都曾充当过商品的等价物。而当地人往往认为牛比黄金更为重要，他们宁要牛也不要黄金。黄金等产品只是在对外贸易中才显现出其重要作用。

穆塔帕王国对外贸易的主要对象是葡萄牙人。葡萄牙人早在到达非洲东海岸前就开始觊觎来自非洲内地的黄金。早期他们是通过与阿拉伯商人交易黄金，并逐渐控制了由非洲东海岸向外输出的贸易渠道，但他们很快认识到只有找到非洲内地黄金的原产地才能实现其利润的最大化。因此，他们沿赞比西河而上来到津巴布韦，也就是当时的穆塔帕王国。最早到达这里的是一个叫安东尼奥·费尔南德斯（Antonio Fernandez）的葡萄牙人[①]。他于1511 年到达穆塔帕王国后，花了约 4 年的时间进行考察，然后向葡萄牙国王呈交了一份报告，对当时正处于兴盛时期的穆塔帕国家的政治、经济、社会等状况进行了全面描述。这个国家的国力和财富给他留下了极深刻的印象。他还对当地最朴素的商品交易方式进行了描绘：当地人会将用来交换物品的铜锭放在岸边，卖主要将所支付的商品放在旁边。如果当地人对所支付的商品不满意，他们不会将物品取走，直至对方将商品逐次增加到他们认为满意的数量为止。这种较原始和颇为简单的交易方式，以及当地人尚未完全认识到的黄金、铜、铁等价值使葡萄牙人看到了巨大的商机。在费尔南德斯之后，最早的一批葡萄牙商人开始往来于穆塔帕王国与东非沿岸之间。16 世纪 30 年代，葡萄牙人开始逐步取代原来由穆斯林人所控制的商业网点。最初，葡萄牙人同穆塔帕王国采取直接贸易形式，即直接带来一些用毛或亚麻织成的衣服或玻璃珠子等物品换回穆塔帕的黄金、铜、象牙等物品。但这种方式为时不长，葡萄牙人就像东非沿岸的阿拉伯商人一样，直接从穆塔帕出口黄金、象牙等物品，运到东印度换取香料，再将香料运到葡萄牙本土。到 18 世纪，奴隶贩卖已取代了黄金和象牙，成为赞比西河流域最主要的出口商品。当时葡萄牙商人武装深入内陆进行抢掠，甚至到了 1842 年葡萄牙政府正式废除奴隶买卖之后，某些葡萄牙官员仍在继续从事奴隶贸易[②]。

---

① Steven C. Rubert & R. Kent Rasmussen, *Historical Dictionary of Zimbabwe*, Third Edition, The Scarecrow Press, London, 2001, p. 255.

② 廷德尔：《中非史》，上海人民出版社，1976，第 88 页。

穆塔帕王国的对外贸易以出口黄金、象牙、铜去换取来自东印度的丝绸、棉布、玻璃珠等为主。根据有关材料，在英国殖民主义者入侵前，每年平均出口黄金约 500 公斤，占出口商品的第一位。居出口第二位的是象牙，仅 1552 年一年就有约 5000 头大象被杀戮。据相关材料介绍，1758 年象牙出口约 23.5 万公斤，1762 年出口 14.1 万~16.5 万公斤，1806 年出口 4.7 万公斤。居出口第三位的是铜，据估计数字，1762 年约 4.6 万公斤①。

在穆塔帕王国中国王享有绝对权威，他既是政治领袖，又兼宗教与军事首领。国家下辖若干省，权臣充任各省省长。穆塔帕王位的继承制度经历了几次变化。最初一般都是由国王的长子继承王位。后来逐渐变成王位首先要传给国王的兄弟，然后才传给长房的儿子。根据葡萄牙人 1635 年的记载，当时穆塔帕王宫下设若干机构，包括王宫总督府、特种卫队、宫廷秘密警察、国王卫队、乐府、巫术、医务机构等，还设有一个守门大将军。到 18 世纪时，王宫里还增加了一个负责财政的部门。

穆塔帕国王可以拥有众多妻子。在这些妻子中，最重要的有3 个。一个是国王真正的妻子，即正宫王后。她不负责什么具体事务，只是陪伴国王左右。一个妻子通常要由国王指派负责与葡萄牙人的联络工作。葡萄牙人要见穆塔帕国王，必先通过她。还有一个妻子要充当穆塔帕与当地穆斯林之间的调解人，遇到有关问题由她出面调停。国王其他的妻子也并不承担什么特别任务。国王所有的妻子都拥有自己的土地和臣民。国王死后，这些妻子要根据穆塔帕流行"兄终弟继"的婚姻制度，由国王的弟弟继承为妻。当时除了王室外，平民的婚姻制度亦如此。

穆塔帕王国的臣民要缴纳贡赋。缴纳的实物贡赋以牛为主。

---

① 廷德尔：《中非史》，上海人民出版社，1976，第 80 页。

劳役同样可以作为臣民贡赋方式的一种。此外，凡是要晋见穆塔帕国王或其妻子的人，也都要带上贡礼。葡萄牙人一般带些衣服类的东西，当地人传统上要带上牛、羊或织的土布，如果实在穷得一无所有，还可以带上一袋土加上一捆稻草作为礼物。穆塔帕王国还规定，臣民们在开采金矿时，必须向国王缴纳实物贡赋，数量相当于头一份开采出的黄金的一半。劳役贡赋则更会重得多。据 1552 年葡萄牙人的报道，臣民和士兵每月必须为王室服劳役 7 天。国王和其王室的土地全靠臣民的劳役耕种。实物和劳役贡赋是穆塔帕王室收入的主要来源。

穆塔帕国王率领着一支庞大精锐的军队。这支军队有很强的战斗力，曾多次打败葡萄牙人。那些王亲国戚们也拥有自己的军队，而且为争夺王位尽量扩张兵力。这也成为穆塔帕王国内讧不止的主要原因。18 世纪以后，穆塔帕国家大部分逐渐从高原迁到赞比西河流域后，各省独立王国中私人军队的数量越来越多，致使国家内部的矛盾和冲突愈演愈烈。

穆塔帕王国从建立走向衰亡大致经历了三个阶段。

15 世纪初到 17 世纪初约 200 年间是穆塔帕王国由建立到逐步兴盛的时期。此间，穆塔帕王国的农业、畜牧业，以及冶炼、纺织和对外贸易均有了不同程度的发展，政治制度已较完善，军事力量不断强大。16 世纪初，穆塔帕王国基本完成了领土的扩张。当时的行政辖区已达 6 个省，版图广阔，包括津巴布韦高原和赞比西河流域的广大区域。当时来到这里的葡萄牙人也不得不俯首称臣，向国王缴纳贡税。尽管如此，穆塔帕王国并没有实现对所有管辖地的绝对控制权。因为一些地方酋长也曾建立起自己的王朝，并非完全听命于穆塔帕。此外，穆塔帕南部两个省的省级官员也试图摆脱其控制，一度成为当时穆塔帕王国统治者的心腹大患。

16 世纪 30 年代始，葡萄牙人在这里逐步建立起一些开展对外贸易的商业网点和葡萄牙人的居住区。16 世纪 50 年代末，葡萄牙人实力不断强大，使原有的穆斯林的商业活动急剧萎缩。1560 年末，葡萄牙耶稣会修士贡卡洛·达·希尔维拉（Goncalo da Silveira）来到穆塔帕王宫开始传教活动。当时年轻的穆塔帕国王尼戈莫（Negomo）对希尔维拉较为欣赏，认为他完全不像那些葡萄牙商人们那样贪婪。仅仅在一个月后，尼戈莫就皈依了基督教，成为第一位信奉基督教的国王①。他的母亲也随后入教。不久，穆塔帕王国中还有不少人相继入教，其中也包括一些上层人物。希尔维拉传教活动的成功引起当地穆斯林商人的反感，他们伙同王宫内的巫医一起向穆塔帕国王进谗言，污蔑希尔维拉是个男巫，是葡萄牙人派来的奸细，指责他阴谋篡夺穆塔帕的王位。1561 年 3 月，穆塔帕国王尼戈莫下令处死了希尔维拉。

数年之后的 1569 年葡萄牙以希尔维拉被杀为借口，武装入侵穆塔帕王国。其真正目的是要占领那里的黄金出产地，以便更加肆无忌惮地掠夺黄金和进一步控制当地同沿海的贸易。当时任葡萄牙远征军司令的是弗朗西斯科·巴雷托（Francisco Barreto）。他率领的一支约 2000 人的葡萄牙军队在沿海地区浪费了许多时间后，才向内陆进发。1572 年葡萄牙军队到达赞比西河流域时，军队中由于多种原因所导致的减员已相当严重。葡萄牙军队同当地的绍纳族通加人两度交战，均未能顺利抵达穆塔帕王国中心地区，只好无功而返。葡萄牙军统帅巴雷托在返回东非海岸的途中染疾而亡。葡萄牙对穆塔帕王国的第一次远征以失败告终。1574 ~ 1575 年间，葡萄牙派遣瓦斯科·霍门（Vasco Homem）为统帅，开始对穆塔帕王国的第二次武装入侵，但最终又告失败。虽然葡萄牙两次武装入侵穆塔帕王国均以失败告

① Steven C. Rubert & R. Kent Rasmussen, *Historical Dictionary of Zimbabwe*, Third Edition, The Scarecrow Press, London, 2001, p. 231.

终，但是实际上在葡萄牙军队的两次入侵中，穆塔帕都与葡萄牙人达成了某种默契。因为当时的穆塔帕国王正受到内部通加人反叛的困扰，他试图借助葡萄牙人的力量平息叛逆，作为回报他同意葡萄牙人享有当时已不再其控制之下的最东部的马尼卡兰省（Manicaland）和东南部的古鲁胡斯瓦（Guruhuswa）地区矿产的开采权。尽管如此，葡萄牙人的两次入侵并没有占到多大便宜，只是为穆塔帕国王暂时保持住了东部地区一度的安宁，同时他们在当地继续增加葡萄牙人对外贸易的商业网点，使原有的穆斯林商人受到进一步打压。此间穆塔帕的对外贸易迅速发展，葡萄牙人不得不继续对穆塔帕缴纳贡赋。

17世纪初至19世纪中约150年的时间是穆塔帕王国逐渐走向衰落的阶段。17世纪后，穆塔帕王国统治阶层内部内讧不断，而葡萄牙人乘虚而入，利用矛盾加紧渗透，葡萄牙人在那里的影响越来越大，曾掌握了穆塔帕王国实际上的控制权。穆塔帕的王国统治极度削弱，国家内部的矛盾成为王国走向衰落以及葡萄牙人大举介入的最主要原因。最初，穆塔帕国王加希·鲁塞拉（Gatsi Rusere）统治时期（1589～1623）曾派叔叔去抵抗来自北方马拉维人的入侵，并取得了胜利。此后，昏庸的鲁塞拉竟把他处死，遂引起其叔家族的反叛[①]。鲁塞拉国王试图借助葡萄牙人的力量平息反叛，保住自己的王位，这无疑给葡萄牙人插手提供了良机。一波未平一波又起，另一股反叛势力自立为王并将鲁塞拉赶出王宫。在此情况下，鲁塞拉被迫于1607年8月1日同葡萄牙人迪奥戈·西莫斯·马迪拉（Diogo Simoes Madeira）签约，以出让所有开矿权来换取葡萄牙军队的帮助。1609年鲁塞拉夺回了王位。

---

① 何丽儿：《南部非洲的一颗明珠——津巴布韦》，当代世界出版社，1995，第41页。

穆塔帕国王马乌拉二世（Mavura Ⅱ Mhande）在位期间（1629～1652）又同葡萄牙人签订了一份丧权辱国的条约，使葡萄牙人更加堂而皇之地在穆塔帕为所欲为，成为穆塔帕王国事实上的统治者。该条约的主要内容包括：穆塔帕国王称臣于葡萄牙国王；葡萄牙人可以随意进入穆塔帕的矿山和土地；葡萄牙传教士可以在此自由传教；葡萄牙人停止向穆塔帕国缴纳贡税；禁止穆斯林进入穆塔帕等。借助着这一条约，大批葡萄牙人相继涌入穆塔帕国，他们以各种名义强占或"封赏"大片土地，建立起国中之国。他们除了拥有大片土地外，还拥有大量军队，以保障他们的既得利益，防止当地人的反抗。此时的穆塔帕已经是名存实亡。

为了摆脱葡萄牙人的控制重建穆塔帕国，1663 年继承王位的穆孔布韦国王（Kambarapasu Mukombwe）开始与葡萄牙人展开周旋。他在表面上仍装出对葡萄牙人一副恭顺的样子，实际上暗地里积极组织臣民对抗葡萄牙人，如不给葡萄牙人开矿、不替葡萄牙人种地等。一旦有机会，他还以各种理由收回葡萄牙人所占的土地。对内他采取了权力高度集中的措施，以避免过去由于权力分散所造成的内耗过多。另据传说，穆孔布韦还致力于穆塔帕王国中心地区的重建。由于多年内战和葡萄牙人的入侵，这些中心地区本已变得十分萧条。为了使这些地方重新繁荣，穆孔布韦将中心地区的土地分给自己的亲属，同时他还将大量从境外迁入的移民安置在这些地区。就在他重建国家极力摆脱葡萄牙人控制之时，当地瘟疫流行。大部分葡萄牙人为躲避瘟疫离开穆塔帕王国，这对穆孔布韦驱赶葡萄牙人创造了契机。葡萄牙人的离开使其影响大大降低。17 世纪末，葡萄牙人曾卷土重来，企图夺回对穆塔帕王国的控制权，当时穆塔帕和南部地区正在兴起的昌加米腊国（Changamire）联手对葡萄牙人宣战。葡萄牙人遭到了沉重打击，损失惨重。此时的穆塔帕王国虽然赶走了葡萄牙人，恢复了国家的独立，但是其综合国力已大不如前。此后相当长的时间内因继承王位而发生的内战屡见不鲜，王权的更迭和变化很快，政治、经济的发展受到严重影响致使王国逐步走向衰败。

到了18世纪后，各个地方建立起的独立王国，实际上已经与穆塔帕平起平坐。穆塔帕王国失去了对这些地区的控制权，使得其所管辖的疆域不断萎缩。原作为国家中心的津巴布韦高原地区丧失殆尽，穆塔帕不得不选择迁移至赞比西河流域，最终又迁移至现莫桑比克境内的泰特省。由于穆塔帕王国中心迁移出津巴布韦高原，畜牧业生产受到极大影响。而王室的收入主要靠农业维持。因此这一时期穆塔帕王国使用大量奴隶从事农业生产，同时依靠入赘婚姻招收男劳动力来解决农业劳动力短缺问题。

19世纪中叶后穆塔帕王国逐渐走向灭亡。19世纪20～30年代，已经迁移到赞比西河流域的穆塔帕王国遭遇到严重旱灾，国家赖以生存的农业损失惨重，统治阶层分崩离析。此后，原班图人后裔恩贡尼人（Nguni）曾入侵穆塔帕，对穆塔帕王国的政治经济造成破坏。但是促使穆塔帕王国最终灭亡的真正原因还是由于葡萄牙人的再次入侵。当时葡萄牙人开始与英国、德国等国在南部非洲争夺地盘。葡萄牙殖民政府大肆鼓动其国民在赞比西河流域抢占土地。虽然经过不断的抗争，但那时的穆塔帕王国已经没有能力来阻止这些新的占领者。葡萄牙人武装占领了穆塔帕首都，迫使国王同意将土地以"租让"的形式赋予葡萄牙人权力。之后，穆塔帕人民对葡萄牙人进行了多次武装反抗，有的国王在战斗中阵亡，但这些反抗都以失败告终。最后一个穆塔帕国王战败后对葡萄牙俯首称臣。穆塔帕王国被葡萄牙殖民者彻底瓜分，从而结束了长达约400年的王国历史。

三 托尔瓦王国（Torwa，1450～1683）

关 于托尔瓦国家的起源，史学界最初有一种说法认为，托尔瓦王国的创建者是其北部穆塔帕王国的创建者穆托塔的亲戚，托尔瓦王国最早就是穆塔帕王国的附属国。20世纪后期，随着口头传说的收集、文字材料的整理，以及考古学的发展和津巴布韦古代史研究的深入，考古界和史学界得出了人们普遍认可的结论，即以卡米（Khami）文化为中心的位于西南部的托尔瓦王国直接起源于津巴布韦王国。因为，就物质文化而言，卡米文化在形式上与大津巴布韦文化十分相近，而与穆塔帕文化却没有直接的联系。卡米地区的自然条件较好，所以长期以来就有人在那里居住，但在那里形成中心大约是1410年之后。原先卡米是津巴布韦王国西部的一个重要居民点，随着大津巴布韦的衰落，人口逐渐西移，到15世纪中期后，卡米取代了大津巴布韦成为托尔瓦王国的首都。

津巴布韦王国向西扩张后，大津巴布韦文化也很快传入西南部地区，其最具特点的是石头建筑的形式和风格。据考古学家和历史学家们的研究表明，这一最具典型意义的卡米文化的代表显然是从大津巴布韦传过来的，并在原有的基础上又有创新和发展。卡米文化继承了大津巴布韦石头建筑的基本方法和造型样式，但有所发展。卡米文化的建筑风格通常也是用天然花岗岩作围墙，墙内为泥屋。但与大津巴布韦有所不同的是，他们先要用石块砌成一个平台，然后再在平台上建屋。而且他们通常会考虑在石头围墙上作出装饰造型。从考古发掘出的15世纪早期卡米遗址中的石头建筑来看，许多房屋的石围墙有装饰的图案，其中镂空花纹是围墙装饰图案中的一种。另外，遗址考古中发现一些石头建筑有暗道，据推测这很可能是从大津巴布韦房子的外墙发展而来的。这里发掘出的陶器总的形状同大津巴布韦发掘出的陶器相似，只是陶器的颈部一般更高，更加精巧，且有色彩明丽的镶边条纹或方格形花纹，而这些花纹图案在大津巴布韦的陶罐中都没有。因此，卡米文化时期的陶器在风格和修饰上已较津巴布韦王国有所发展。由此可见，卡米文化在建筑术、陶器和城市设计等方面都同大津巴布韦文化一脉相承。建筑术与制陶术的发展反映出托尔瓦王国的经济发展水平又比津巴布韦王国前进了一步。但是，托尔瓦王国所辖的范围比津巴布韦王国要小得多，作为首都的卡米也比大津巴布韦小得多。

托尔瓦王国以农业和畜牧业作为国家的经济命脉，畜牧业中养牛在社会经济中起着十分重要的作用。黄金的生产和对外贸易在经济中也占有极其重要的地位。从对托尔瓦王国中心城市卡米遗址发掘中，金属工具、象牙和骨头雕刻以及棉布等均有出土，说明当时托尔瓦王国已经能够制造这些物品。另据有关考古资料记载，出土的托尔瓦棉布要比当时从印度进口的棉布质量还好。从对建筑遗址的发掘和对出土陶器制品的研究可以看出，当时的托尔瓦王国已存在较明显的贫富悬殊。当时托尔瓦王国的统治者们居住在卡米河谷旁边的山上，从那里可俯瞰全城的景色。这些遗址石头围墙上不仅有精致的雕花装饰，而且其整体的建筑规模远远胜过大津巴布韦遗迹。可以想象修建时曾花费了大量的劳动力。在这个供统治阶层居住的王宫内，出土的文物包括来自葡萄牙、印度、地中海以及中国的瓷器，证明那时的统治者利用权力纵情地享用着通过易货贸易而来的进口货。此外，绝大多数制作精美的陶器也都是在这里出土的，这些陶器比从其他地方出土的陶器要讲究得多。由于卡米一带出产黄金，托尔瓦王国的统治者们便常通过阿拉伯商人以黄金和象牙换取来自东非沿岸的玻璃珠子和衣服等，同东非沿海地区维持着频繁的贸易关系。

虽然托尔瓦王国有 200 多年的历史，但是人们对它的了解很少。16 世纪之前，当时正在穆塔帕王国的葡萄牙人，甚至也不知道津巴布韦高原上还有这样一个王国存在。直到来自北方的罗兹维人与穆塔帕王国发生交战，托尔瓦国王出兵援助罗兹维时，葡萄牙人才对当时这个国家虽小但实力强大的托尔瓦有所耳闻。尽管如此，在以后葡萄牙人记载这一段历史时也只是提到它是南

部非洲的一个国家，那里出产黄金和饲养牛，仅此而已。

17世纪40年代后，托尔瓦王国开始衰落。原因之一是王室为争夺王位而发生内讧，进而爆发内战，外部势力乘虚而入。当时托尔瓦国王的弟弟不满其兄的统治，企图篡夺王位，他与一个和国王有仇，但经济实力强大的穆斯林商人通过联姻而结盟，一同将国王驱逐。国王不甘心失败，他得到了企图扩大自己势力范围的葡萄牙富商迪亚斯·贝约强有力的军事支持，重新杀回故都，恢复了统治。恰在此时，贝约被毒杀，葡萄牙军队随即撤回，托尔瓦王国重新陷入内乱。托尔瓦首都卡米在内战中被大火烧毁，只留下了石头围墙遗址。这就给北部昌加米腊王国的南下提供了有利时机。原因之二是随着葡萄牙在东非沿海势力的不断扩张，讲绍纳语的穆斯林商人被打压到内地，从而控制了托尔瓦王国的对外贸易，引起托尔瓦统治者的强烈不满。托尔瓦国王借机杀戮了许多穆斯林商人，这引起了经济组织的混乱，造成了巨大的损失，削弱了国家赖以存在的经济基础。随后托尔瓦被迫向东迁都至德洛德洛（Dhlo Dhlo），原国家中心卡米遭到废弃。内战的消耗、国家经济结构的瓦解充分暴露出托尔瓦王国统治力量的极度衰弱。因此，1683年当昌加米腊王国挥师南下时，几乎不费吹灰之力就占领了托尔瓦王国，同时占领者还采取各种手段对托尔瓦人进行安抚，最终将他们成功地整合进自己的统治范围。至此托尔瓦王国彻底消亡。

四 昌加米腊王国（Changamire，1490～1866）

昌加米腊王朝原是穆塔帕王国的一部分，原踞津巴布韦东北部。15世纪80年代，一个叫作昌加（Changa）的地方酋长举行反对穆塔帕的武装叛乱。1490年在一次战斗中他杀死了当时的穆塔帕国王，随后自封为王，称为"昌加米腊"。1494年，被杀死的穆塔帕国王之子报了杀父之仇，杀死了昌加，夺回了王位。昌加之子为防止穆塔帕报复随后向南迁居，同时保持了昌加米腊的王号①。16 世纪上半叶，昌加米腊又同穆塔帕和葡萄牙人发生冲突，仍以失败告终，此后沉寂约 150 年之久。

　　大约到 17 世纪 80 年代后，昌加米腊重新崛起，它联合了附近一些绍纳部族，力量不断壮大。昌加米腊采取军事手段以武力扩张领土。新兴的昌加米腊版图已介于穆塔帕与托尔瓦之间。这时其军事行动开始引起了东北部地区葡萄牙人的注意。1683 年，昌加米腊以武力征服了西南部的托尔瓦王国。之后，昌加米腊建都于托尔瓦王国后来的首都德洛德洛。17 世纪 90 年代，当时昌加米腊军队在一个名叫东博（Dombo）的人统率下不时地向穆塔帕、马尼卡及其他地区发起进攻。据传说，东博出身低微，但十分精明能干，率军有方。1693 年，昌加米腊受穆塔帕国王穆孔布韦的游说，同穆塔帕军队联手大败葡萄牙人。当年 11 月，联军攻陷了葡萄牙人集结的一个据点杀死那里所有的葡萄牙人。当时，葡萄牙人还担心昌加米腊会攻打葡萄牙人的其他据点，然而，昌加米腊却把矛头转向津巴布韦东部的绍纳小国，1695 年攻克了马尼卡。当时昌加米腊军队入侵马尼卡后，那里的葡萄牙人不得不向昌加米腊纳贡。昌加米腊以它强大的军力威胁着整个东部海岸，使葡萄牙人认定昌加米腊是他们的致命敌人，甚至谈虎色变。因昌加米腊人特别能打仗，葡萄牙人就给他们起了个绰号叫"罗兹维人"，原意为"摧毁者"的意思。凡在昌加米腊王国直接或间接统治下的人一律被称为罗兹维人②。昌加米腊王国在历史上有时也会被称作"罗兹维王国"。此后相当长的一段时

　　① Steven C. Rubert & R. Kent Rasmussen, *Historical Dictionary of Zimbabwe*, Third Edition, The Scarecrow Press, London, 2001, p. 49.

　　② Steven C. Rubert & R. Kent Rasmussen, *Historical Dictionary of Zimbabwe*, Third Edition, The Scarecrow Press, London, 2001, p. 49.

间里，昌加米腊王国直接或通过地方的部落酋长间接地控制了津巴布韦的大部分地区。

昌加米腊王国依靠军队对上述地区实行严密的控制。昌加米腊军队的战斗力很强，据说当时拥有数千名士兵，武器装备精良，纪律严明。军队的武器包括斧头、弓箭和圆形盾。其主要军事力量部署在首都德洛德洛附近地区。17世纪时，昌加米腊部队的兵源主要来自津巴布韦东北部地区，而到18世纪中，大部分士兵则来自西南部地区。

昌加米腊王国实行政教合一的政治制度，国王被称为曼波（mambo）。人们认为，曼波是由神的指派来统领绍纳人的。因此，昌加米腊国家的历代国王神圣不可侵犯。据说为了显示这种神圣，国王出巡时都要由人抬着，他的身体和衣服的任何部分都不能着地。国王具有绝对的权威。

昌加米腊王国经济主要依靠大规模的养牛业。当时的采金业已较前大大衰落，因而同沿海的贸易也不很发达。此外，昌加米腊王国还依靠葡萄牙人和其他绍纳小部族的贡赋来维持。

当时的昌加米腊王国同样出现了石头建筑，但那里的石头建筑范围不大，比起大津巴布韦和托尔瓦王国的石头建筑没有太多的创新之处，只是在围墙的装饰方面有了明显进步，一般的围墙都饰有花纹图案。

值得注意的是，昌加米腊边境上的伊尼安加地区，还普遍发现了用石头筑成的梯田和山腰上用于水利灌溉的水渠系统。这些非常独特的建筑技术在当时已是很了不起的了。此外，该地区民居遗址发掘中还发现了居民住的茅屋下有用石头围成的地窖，用于饲养牲畜，这说明当时以家庭为单位的牲畜养殖业也已出现。

18世纪末至19世纪初，由于特大的旱灾以及昌加米腊王室为争夺王位而发生的内战大大削弱了国家的实力。同时，昌加米腊国家也受到津巴布韦各部族迁徙过程中穿越其境内对其进行骚扰或袭击所带来的严重影响。这都在很大程度上加速了昌加米腊王国的崩溃，其中最致命的打击是恩贡尼人自林波波河南部的入侵。

恩贡尼人是晚铁器时代班图人的后裔，原来居住在林波波河以南德拉肯斯堡山地区，以畜牧为生。18世纪时，恩贡尼人需要寻找和控制更多的草场，以满足畜牧业发展的需求。于是他们各部族之间联合起来，形成了两个较大的强有力的军事集团，开始了对周边地区的侵占和掠夺。他们先后数次入侵昌加米腊王国，掠夺财富和牛群，给昌加米腊王国造成了巨大损失。而此时昌加米腊王室内部正因为王位之争打得不可开交，各王族自行其是，难以形成一致对外的抵抗力量。虽然一些地区反抗恩贡尼人入侵的战争断断续续持续了好多年，但终因势力单薄而以失败告终。同恩贡尼先后入侵昌加米腊的还有恩德贝莱人，他们吸纳了许多恩贡尼人参加，并采取各个击破战略，逐渐瓦解了当地的抵抗运动。1866年，恩德贝莱人获得了最终的胜利，完全占领和控制了昌加米腊王国。昌加米腊王国至此而亡。

五 恩德贝莱王国（1821～1894）

恩德贝莱王国最早于1821年建立于南非。当时一个名叫穆兹利卡齐（Mzilikazi）的人带领约500个亲戚从祖鲁国中跑出来自立为王[1]。最初他们没有固定的疆域，流动性很强。他们沿袭了祖鲁人英勇善战、纪律严明和强大的团队意识，凭借武力到处出击，先后占领了一些当地弱小部族的领地。在不停的征讨和迁徙过程中，他们将当地的一些人收归己有，如许多讲索托语的当地人和恩贡尼人都自愿归顺了恩德贝莱王国，

---

[1] Steven C. Rubert & R. Kent Rasmussen, *Historical Dictionary of Zimbabwe*, Third Edition, The Scarecrow Press, London, 2001, p. 225.

致使其人口迅速增长。1823～1827年间，随着人口的增加和所占地盘的扩大，恩德贝莱王国试图在沃尔河（Vaal River）中游地区建立一个长久的栖息地。但是由于当地一些小部落的阻止始终没能实现。最终，他们是在现今南非比勒陀利亚周边地区找到了一个较为安全的地方。他们以那里为基地，继续着以领土扩张、占领和掠夺为目的的武装行动。其间，他们的武装触角曾波及现今的博茨瓦纳和津巴布韦。

当时南非祖鲁国唯恐恩德贝莱王国实力不断扩大后对其造成威胁，出动军队对恩德贝莱人实行了多次清剿。恩德贝莱王国不得不因此于1837年之后向北迁移。他们先是来到博茨瓦纳东部，在那里又分成两支，其中一支在卡利菲（Kaliphi）的率领下径直来到现今津巴布韦的马塔贝莱兰（Matabeleland）地区，并在那里建立了恩德贝莱人的永久性据点。另外一支队伍在穆兹利卡齐的带领下继续向北进发，他们约于一年后的1839年年中又返回到马塔贝莱兰，与前一支队伍再度会合。穆兹利卡齐恢复王位。此后，恩德贝莱人仍沿用祖鲁王国的军事政治组织和机构。

到达津巴布韦后的恩德贝莱人，在以绍纳人为主的马塔贝莱兰地区建立据点后，仍没有停止武力扩张和占领，其影响所及遍布周边绍纳人聚居的广大地区。当时恩德贝莱王国的中心地区估计有1万平方公里，地处现布拉瓦约周边地区，但如果包括周围被其征服的其他一些部落，恩德贝莱王国当时的实际控制地区要更大些。利用北部昌加米腊王国内乱之机，恩德贝莱人轻而易举取得了昌加米腊王国的控制权，使该国灭亡，而恩德贝莱王国就此更加强大起来。此后，对恩德贝莱人统治造成威胁的，主要是来自西南部地区讲索托语的一些小部族。虽然恩德贝莱人没能实现对周围所有绍纳人的控制，但绍纳人对恩德贝莱王国也没有造成什么威胁。

1868年穆兹利卡齐国王去世后曾留下一段真空，直至1870

年洛本古拉（Lobengula）继承王位。洛本古拉继位后面临着来自内外的双重压力和挑战。来自王室的他的三个兄弟先后企图推翻洛本古拉并取而代之。由于他们的企图得到了部分军队的支持，因此爆发了内战。最终洛本古拉国王依仗大多数支持他的军事首领的帮助，打败了叛军，取得了内战的胜利，巩固了自己的统治地位。洛本古拉国王在战争中杀死了与其争夺王位的兄弟，并处死了许多叛军首领。但是，无论如何，内战在很大程度上削弱了恩德贝莱王国的实力。与此同时，来自欧洲的列强对恩德贝莱王国同样造成威胁。作为南部非洲最后几个王国之一的恩德贝莱王国，当时已经控制了津巴布韦近一半的疆土，这直接影响到欧洲列强的实际利益，恩德贝莱王国也因此成为英国人、葡萄牙人、荷兰人的眼中钉。他们大有将恩德贝莱国家置于死地的意图，因此，恩德贝莱王国承受着巨大的外部压力。

在长达 70 多年的恩德贝莱王国历史中，恩德贝莱王国一直是一个高度集中的军事化国家。每到旱季，成年男子都要参加王国的军事行动，作为战士对外出击。王国对他们实行军事体制管理，要求士兵对国王绝对忠诚。他们的职责是对内负责维护秩序，对外抵抗入侵。由士兵组成的军团平时为王室种植农作物、养牛以及充当劳役，作战时不准带粮食和铺盖，只准带牲口取奶，其余生活必需品要靠在战争中夺取，以此种方式激励战士们英勇作战。战争中夺来的牲畜和俘虏以及其他物品，作为战利品依次进行分配。首先要分配给作战中的有功之臣，其次要分一些战利品作为国王的私人财产，最后所剩下的绝大部分战利品要收缴国库，由国王按需要分与百姓。恩德贝莱国王拥有绝对的权威，他集军事、经济、司法、宗教等权力于一身。国王被神化，传说他不仅能造雨、医病，还具有御敌于国门之外的魔力。每当收获季节，恩德贝莱国家要举行祭祀仪式，国王站在制高点检阅士兵和王室的牛群，然后亲自带头跳丰收舞，接着要吃头一把收

获下来的果实，祭祀仪式后每个军团都将部分收获物送往王室。

除国王本人享有至高无上的权力之外，王族成员组成统治国家的核心集团，国王王位的竞争者均出自王室成员。但王后们不得干政，违者轻则流放，重则处死。国王为了遴选继承人，铲除异己，常常会对王室成员大开杀戒，这更加剧了王室内部王位之争的腥风血雨。因王位继承问题而引起的内讧，甚至血腥的杀戮又给了外国殖民者以可乘之机。

恩德贝莱国家是自给型经济，农业的谷物种植主要为满足日常生活的需求。畜牧养牛业占据特殊重要的地位。牛是财富和身份的象征。拥有牛数量的多寡可以决定一个人在社会中的地位。牛还可以作为结婚时的彩礼。在日常生活中，牛作为食用的不多。

恩德贝莱人农业实行轮耕制，以家庭为生产单位。人们种植的谷物主要有谷子、高粱和玉米，烟草及棉花种植也很普遍。当时恩德贝莱王国土地充足，男人负担最繁重的田间劳动，但打谷由妇女承担。收获之后，人们一般将谷物贮存在地窖里，最长可以存放两三年。王室的田地由普通百姓耕作，这也是恩德贝莱人服劳役的主要方式。

除农牧业外，制铁和狩猎在恩德贝莱经济中有着重要作用。到 18 世纪 40 年代，恩德贝莱人本身制铁的知识不多，技术不够，主要依靠罗兹维人和卡兰加人从事制铁劳作。狩猎则是恩德贝莱人的传统特长。

据有关研究表明，恩德贝莱王国的内部商品交换不是很发达，但存在一定的对外贸易。当时恩德贝莱王国主要出口的商品有象牙、黄金和牛等，输入的商品以服装、毛毯和其他生活日用品等为主，同时进口的还包括枪支、铜、铁和兽皮等物品。象牙的出口价格低得惊人，据说当时出口三四千磅重的象牙才可以换回一支枪或一匹马。

另外值得一提的是，恩德贝莱王国与当时同时存在的绍纳人的社会有着明显的区别。绍纳人基本上是保持着以国家或社团为中心从事农牧业生产的社会形态，经济生活的地域性特征比较突出。恩德贝莱人则是以频繁的武装袭击，到其他地区掠夺牲畜和人员为特点，以此作为维持和满足其经济发展以及巩固政权的重要手段之一。这种武装行动主要有三个目的。其一通过对所占领地区的居民采取安抚和驯化手段，将他们整合在自己的统治之下，扩大人力和军事资源。掠夺来的牲畜用来增加国内财富，巩固经济基础。这一目的在恩德贝莱王国初期表现得最为明显。其二通过征服周边其他部落，要将那里变成向王国缴纳贡赋和提供劳役的地区，同时这些地区还可以作为王国与外界潜在敌人之间的缓冲地带，可以更好地保护王国的中心所在地。其三是为了讨伐那些对王国不忠或不能俯首听命的部落，以入侵或掠夺等武力方式对这些部落进行惩罚。总之，恩德贝莱人对其他民族的侵掠，既有其传统生活方式的需求，但更重要的是其统治者为了维护王国政权和统治。

19 世纪末，随着英国殖民主义者罗德斯（Cecil Rhodes）率领的英国南非公司（BSAC）入侵并占领马绍纳兰以后，恩德贝莱人就开始了与殖民主义者顽强的斗争。19 世纪 90 年代初（1893 年）恩德贝莱人举行了历史上著名的反英武装起义，但遭到英国人镇压。最后恩德贝莱人被英国人赶到他们所划定的土著保留区内。恩德贝莱王国因此而消亡，成为一段人们记忆中的历史。

第三节　英国殖民主义者入侵和南罗得西亚种族主义的统治

葡萄牙人早在 15 世纪就来到非洲，也是最早来到津巴布韦的欧洲人。葡萄牙人很早就企图通过控制非洲内

地通往东非海岸的贸易通道，进而达到控制津巴布韦的目的。但是最终未能如愿。19 世纪下半叶，欧洲列强海外扩张的步伐迅速加快，非洲大陆成为他们主要的瓜分对象。为了实现对南部非洲国家的争夺，英国、德国和葡萄牙等国制订了瓜分非洲的计划。英国试图要将其势力范围扩大到"两开一线"，即从南非的开普至埃及的开罗。德国要连接德属东、西非洲，即现今的坦桑尼亚和纳米比亚地区。葡萄牙企图要将现今的安哥拉至印度洋沿岸的莫桑比克一线作为其控制区。而津巴布韦正地处于这些欧洲列强瓜分非洲计划的中心地带，因此他们的利益胶着在一起，形成了错综复杂的矛盾关系。欧洲列强在这里展开了激烈的争夺。英国凭借着已在南非建立起的殖民地为后盾，以强大的经济和军事实力为基础捷足先登，使津巴布韦陷入英国殖民主义者的统治之下。

一 《拉德租让书》

1888 年 10 月 30 日，英国殖民主义者塞西尔·罗德斯当地的代理人同时也是合伙人查尔斯·拉德（Charles Dunell Rudd）与另外两人，一个叫汤普森（F. R. Thompson），另一个叫马圭拉（J. R. Maguire）的英国人骗取了当时恩德贝莱国王洛本古拉的信任，与洛本古拉国王签署了一份当地矿产开采权租让协议，史称《拉德租让书》（Rudd Concession）。该协议当时是有两个版本，即一个是英文书写的版本，另一个是口头翻译的当地语版本。当时担任翻译的是英国传教士查尔斯·赫尔姆（Charles D. Helm），他作为见证人同时也在英文书写版本上签字。由于洛本古拉国王不识英文，后来在得知该协议的内容两个版本大相径庭后，宣布废除《拉德租让书》，声明此租约无效。他在当时英国人在南非办的报纸上揭露了事情的真相，对英国人的欺骗行为表示抗议。英国当局对此不予理睬，并且日后仍以此作为其进行殖民统治的依据。

该协议的英文书写版本称，恩德贝莱王国将所管辖地的矿产开采权全部租让给罗德斯集团，英国人有权否决以后其他恩德贝莱王国的任何租让权。作为交换的条件，英国人每月向洛本古拉国王支付 100 英镑，同时向恩德贝莱王国提供 1000 支步枪和 1 万发子弹，以及提供武装汽艇一艘或 500 英镑现金①。而在口头翻译版本中，除了英国人所要提供的物品与英文版本相同外，其他条款均有很大出入。口头翻译版本告知洛本古拉国王的是，英国人只会有很少的人在有限的地区进行矿产开采，他们绝不开采任何靠近居民的土地，并接受恩德贝莱国家法律的约束等。但是所有这些在英文的书写版本中只字未提。

英国殖民主义者罗德斯集团诱骗洛本古拉签署《拉德租让书》的主要目的有两个：其一是要防止其他欧洲列强再度染指该地区，防止这些国家对该地区的继续渗透。因为此前葡萄牙人在赞比西河流域尚有部分控制权，此外德国人支持的布尔人与恩德贝莱王国也曾签署过部分地区矿产开采的租让权。这些都使英国人感到惶恐不安。所以他们要以签署协议的形式来保证今后对该地区的控制权乃至所有权，不能让嘴边上的肥肉任由别人抢了去。其二是英国此时已经在南非的开普地区建立了殖民地，而开普殖民地要向北扩展，就一定要打开马塔贝莱兰和马绍纳兰的大门。《拉德租让书》正是开启英国殖民地向北推进之门的钥匙，为日后的殖民统治和经济掠夺奠定基础。1865 年和 1866 年，马绍纳兰和马塔贝莱兰先后发现了金矿，更加促使殖民主义者要尽早下手抢夺这块土地。

---

① Steven C. Rubert & R. Kent Rasmussen, *Historical Dictionary of Zimbabwe*, Third Edition, The Scarecrow Press, London, 2001, p. 284.

津巴布韦

二 英国南非公司的入侵

《拉德租让书》的签署促成了英国南非公司的建立和英国人向北推进的步伐。1889 年 10 月 29 日，英国维多利亚女王即以《拉德租让书》为依据向以罗德斯为首的英国南非公司颁发了特许状，赋予英国南非公司在马绍纳兰和马塔贝莱兰地区行使领土、土地、财产等统治权和司法权以及为保护公司利益而行使武力的权利。此外，公司有权制定法令及保有军队与警察，可以成立银行，修筑铁路、电车轨道、船坞等。此项特许为期 25 年（1915 年又延期 10 年）。从表面上看，英国南非公司入侵津巴布韦似乎有了名正言顺的理由。

出生于英格兰的塞西尔·罗德斯成为英国殖民主义者入侵津巴布韦的急先锋。他于 1870 年来到南非，不久后靠南非的金伯利钻石矿发家。此后，他创办了德贝尔矿业公司，在南非掠夺了大量的钻石和黄金资源，同时为后来的殖民扩张积累了雄厚的资本。1890 年，以罗德斯为首的英国南非公司派遣一支命名为"拓荒队"的武装队伍 212 人，由 500 名武装骑警护送，从贝专纳兰①（现博茨瓦纳）东部出发，入侵津巴布韦。当时英国南非公司是用标明赃物分配的办法来招募侵略者，即"每人可得 15 处金矿以及 3000 英亩土地"②。入侵的英军首先把矛头对准军事力量较弱的绍纳人。英国入侵者于 1890 年 6 月 27 日出发，9 月 12～29 日就比较顺利地占领了现今津巴布韦首都哈拉雷地区，并以当时英国首相索尔兹伯里的名字命名。这支"拓荒队"在入侵马绍纳兰的过程中，几乎没有遇到绍纳人什么抵抗，但遭到

① 1885 年，经殖民主义者罗德斯请求，英国政府宣布贝专纳兰（今博茨瓦纳）为英国保护国。——著者
② 何丽儿：《南部非洲的一颗明珠——津巴布韦》，当代世界出版社，1995，第 63 页。

82

布尔人的干扰。因为此前布尔人已经从当地酋长那里取得了土地的"租让权"，在听到英国南非公司入侵的消息后，继而派兵企图抢先占领马绍纳兰。但布尔人的军队很快就被南非公司部队击溃。英国南非公司很快取得了对该地区的控制权。

英国南非公司占领马绍纳兰之后，恩德贝莱王国国王洛本古拉曾先后两次发出抗议信，谴责他们的侵略行径。同时，洛本古拉为了避免他所统治的马塔贝莱兰遭受同样境遇，就想办法试图利用英国和德国之间的矛盾保护自己。1891 年 11 月 17 日，洛本古拉与德国投机商爱德华·利伯特（Edward Amendes Lippert）签订一项协议（史称"利伯特租约"，Lippert Concession）。该协议规定，恩德贝莱王国承认利伯特在赞比西河和林波波河之间享有建立农庄、城市、牧场等土地专利权，为期 100 年。而这一地区也正是英国公司已经宣布占为己有的地盘。洛本古拉国王想借机挑起英、德双方的争执。但是他没有想到的是，几个月后英国南非公司出高价收买了利伯特租约中的所有权①。利伯特同洛本古拉国王签约时只支付了 2400 英镑，而罗德斯的英国南非公司却以价值 300 万英镑的公司股份支付给利伯特。洛本古拉国王落得竹篮打水一场空的下场。英国人取得该地区土地特许权后，自认为对其占领有了更合法的依据，对于日后的殖民统治更加有恃无恐。

罗德斯的南非公司名义上享有了利伯特租约所赋予的权力后，开始阴谋策划消灭恩德贝莱武装力量，以实现对这一地区实际上的控制。促使罗德斯实现这一阴谋的重要原因之一是最初罗德斯的南非公司在占领马绍纳兰后，声称那里将会发现第二个大金矿。此消息一出，英国南非公司的股票猛涨。但事与愿违，当在马绍纳兰根本没有发现更多金矿的消息传出后，致使南非公司

---

① Steven C. Rubert & R. Kent Rasmussen, *Historical Dictionary of Zimbabwe*, Third Edition, The Scarecrow Press, London, 2001, p. 152.

的股票狂跌不止。此外，马绍纳兰恶劣的生活条件，使入侵的殖民者常常抱怨，造成了军心不稳。罗德斯的南非公司此时正面临着严重的政治和经济危机。1891年，罗德斯不得不亲自来到马绍纳兰进行安抚。他认为，要摆脱目前危机的唯一出路就是征服恩德贝莱人，取得对马塔贝莱兰的实际控制权。

1893年7月，罗德斯英国南非公司当时驻马绍纳兰的行政长官斯塔尔·詹姆森（L. S. Jameson）借口恩德贝莱人逾越了马塔贝莱兰同马绍纳兰的"边界线"，勒令他们一小时内退出。这完全是蓄意的挑衅，因为人数众多的恩德贝莱军队根本不可能在一小时内完成调动。英国南非公司就此开枪，杀害了大约50名恩德贝莱战士。南非公司反诬恩德贝莱人首先发动袭击，并以此为借口，准备大规模武装入侵马塔贝莱兰。南非公司再次用标明分赃的办法来招募侵略者，声称每一个入侵士兵可获6000英亩土地、20处黄金开采地，以及洛本古拉国王的一半牲畜①。同年10月，南非公司的军队，其中包括1000多名欧洲人、约500名被强征的非洲人，分三路进攻恩德贝莱军队。侵略军凭借优良的武器装备，气势汹汹地扑向手持长矛、盾牌的恩德贝莱战士。自此，恩德贝莱人的抗英战争正式开始。

此次恩德贝莱人的抗英战争持续了近4个月的时间，战争场面十分惨烈。虽然恩德贝莱抗英部队在人数上占有明显优势，但面对英国骑兵和杀伤力很强的枪炮，最终未能挽回失败的结局。英军逼近首都时，恩德贝莱人烧毁了布拉瓦约，洛本古拉国王率余部向北逃亡。11月4日，布拉瓦约沦陷。恩德贝莱军队在西北部和南部仍旧坚持抵抗。

1894年初，洛本古拉国王在逃亡途中不幸病死。7月18日，

---

① 何丽儿：《南部非洲的一颗明珠——津巴布韦》，当代世界出版社，1995，第63页。

英政府颁布枢密院敕令，使南非公司对马塔贝莱兰的占领合法化。1895 年 5 月，殖民政府以罗德斯的名字，将马塔贝莱兰和马绍纳兰以及赞比西河北部领土命名为罗得西亚。两年以后，罗得西亚分成南、北两部分，马塔贝莱兰和马绍纳兰被称为南罗得西亚，即今天的津巴布韦。赞比西河北部领土被称为北罗得西亚，即今天的赞比亚。

三 英国南非公司的殖民统治

（一）野蛮的占领与抢掠

英国南非公司在南罗得西亚取得所谓的合法地位后，开始了更加残酷的掠夺、奴役和殖民政策，使得津巴布韦人民遭受到殖民主义和白人种族主义的双重统治和压迫，坠入了灾难的深渊。

英国南非公司以欺骗和强盗掠夺的方式，通过武力侵占了整个津巴布韦地区后，开始开发矿业、投资兴建铁路等基础设施。但不久后，他们发现那里虽然矿藏丰富，但并不像原来传说的那样是黄金的国度，他们的"黄金梦"一度破灭。与此同时，他们发现这里有相当可观的农业发展潜力。于是，英国南非公司在控制了所有矿产资源的开采权后，开始逐步转向发展农业，试图以此弥补矿业开发的不足。因此，土地的占有对这些殖民者来说变得越发重要。他们以所谓调整全境土地的名义，进一步加紧掠夺非洲人的耕地和牧场，同时把当地非洲人驱赶到他们建立的所谓土著保留地。据有关资料显示，南非公司占领津巴布韦后几年的时间里，原当地非洲人被夺走的土地约占到全境土地的1/6，其中包括蕴藏丰富矿产资源的土地。到了 20 世纪 20 年代时，白人殖民主义者通过掠夺而来的土地已占到津巴布韦全境的约1/3。值得注意的是，经过所谓的"土地调整"，白人所占据的土地几乎都是土质肥沃、水源充足和交通便利的地区。而这些地区本来是非洲当地居民生产活动和社会生活的中心。殖民主义者划定的土著保留地，大多土质贫瘠、水源条件差、地处偏僻，往往不适宜农耕和放牧。

殖民主义者在掠夺土地的同时，还抢走当地人大部分的牲畜。当时牲畜在当地非洲人生活中一直占有重要地位，它们既是财产的主要标志，又是日常食品和奶类的重要来源。当时牲畜在名义上属于国王所有，但由当地老百姓照料。南非公司以没收为名，将恩德贝莱人和绍纳人的牲畜一并抢走。有关资料显示，英国人占领马塔贝莱兰后 3 年内，当地居民牛的存栏数只剩下原有数量的约1/5。

英国南非公司在占领津巴布韦的初期，为了开发矿产资源，殖民者采取了强制摊派劳力等措施，规定当地人必须要用支付劳役的形式支付部分赋税。殖民当局迫使当地部落头人派遣青壮年男子到白人的矿山做工，出卖廉价劳动力。白人矿主对黑人的打骂、体罚已是司空见惯。

殖民主义者正是依靠上述这些手段对当地非洲人民进行抢占、掠夺、剥削和压榨，逐步完成了日后所谓津巴布韦白人经济上带血腥的原始积累。

殖民统治建立之日即是非洲人民开始反抗之时。津巴布韦人民反抗英国殖民主义的斗争对此作出了有力的诠释。

（二）英勇不屈的抗英斗争

殖民主义者到来后，津巴布韦人民就从来没有停止过反抗殖民统治的斗争。虽然 1893 年恩德贝莱人最早举行的反英武装斗争遭到失败，但 1896～1897 年津巴布韦人民的反英大起义却震惊了世界，并在津巴布韦的历史上占有着重要地位。津巴布韦人民称这次反英起义为"第一次奇穆伦加"①。若干年之后，殖民

---

① "奇穆伦加"（Chimurenga）为绍纳语，意思是"抵抗"或"起义"。以后的反对白人种族主义的武装斗争被称为"第二次奇穆伦加"。——著者

主义者对此仍然谈虎色变，心有余悸。这次反英大起义被看作非洲殖民地历史上最早期、规模最大和影响最广泛的一次反对殖民统治的斗争，也是整个非洲历史上最成功的抵抗欧洲人入侵的尝试之一①。这次武装起义动员了当时津巴布韦各民族大部分的人参战，给予了白人殖民主义者以沉重打击，消灭了 1/10 的白人殖民者，致使英国南非公司到了崩溃边缘。但是，在起义过程中一些恩德贝莱人和绍纳人的部落并没有参加进来，反而帮助殖民者镇压自己的同胞，个别忠于殖民政府的酋长也在其中起了极坏的作用。

此次事件的真正起因，首先是当地各族人民对英国殖民主义者的掠夺、抢占和欺压已经到了不堪忍受的地步。当地人民强烈要求赶走入侵者，夺回本来属于自己的安定生活。其次是当时津巴布韦境内发生了严重旱灾、牛瘟和蝗虫灾害。当地非洲人认为这些灾害都是那些欧洲占领者带来的。再加上为了防止牛瘟蔓延，英国人到处射杀牲畜，招致民怨沸腾，更激起了对殖民主义者的仇恨。再次是恩德贝莱人虽然此前经历了反英斗争的失败，但是武装力量没有受到根本损失，并相对保留下一些力量。与此同时，英国南非公司由于抽调兵力去对付南非的布尔人，造成军力空虚，为这次武装大起义提供了有利时机。

恩德贝莱人和绍纳人以及其他民族在津巴布韦境内各地相继揭竿而起，对英国殖民主义者形成夹击之势。殖民主义者面对突如其来的武装起义始料未及，没有准备，只好仓皇应对，因此战争初期损失惨重。当时的这次武装大起义主要分作两大战场，即恩德贝莱人抗英战场和绍纳人抗英战场。

我们首先来看恩德贝莱人的抗英战场。战争始于 1896 年 3

---

① Steven C. Rubert & R. Kent Rasmussen, *Historical Dictionary of Zimbabwe*, Third Edition, The Scarecrow Press, London, 2001, p. 268.

月底。战争初期，恩德贝莱战士首先采取攻势，仅在数天之内，起义就迅速蔓延到整个马塔贝莱兰的北部地区，起义者到处袭击白人的商店、矿山，杀死100多名白人，在边远地区的白人几乎无一幸免。起义军还夺回被南非公司夺走的牲畜，圈养在马托博山等地。一些非洲籍警察也参加了起义队伍。起义军势如破竹，仅不到一个月的时间，相继控制了除布拉瓦约等三个据点之外的广大乡镇地区。4月下旬，起义军集结在布拉瓦约周围，密切监视着殖民者的动向，伺机向白人殖民主义者发起最后进攻。但是，起义军并没能一鼓作气攻陷布拉瓦约。一段时间的对峙状态，使敌人有了喘息之机。5月中旬，英国殖民政府由南非增派的数百名援军到达，6月2日英国殖民当局任命弗雷德里克·卡林顿（Frederick Carrington）将军为英军总指挥，兵分三路开始向起义军发起反攻，形势很快出现逆转。恩德贝莱起义军由此转为被动，双方展开激烈交战。起义军战士虽英勇顽强，但终因武器装备与敌方悬殊太大不得不节节败退，许多起义军向英军投降。最后起义军几乎到了弹尽粮绝的地步，武装起义濒临失败。

7～8月间，越来越多的起义军战士退守到马托博山上。英军切断了起义军粮食供应，造成起义军处境极为困难，使其内部在战与降的问题上发生分歧。但多数起义战士仍旧坚持战斗，利用山区险峻的地形，与英军展开周旋，使英军的武器优势不能很好发挥作用，并击退了英军多次围攻，打死英国官兵多名。起义军所采取的游击战术给英军造成很大的麻烦。在久攻不下的情况下，罗德斯和英国南非公司的其他领导人，试图寻求一条和平谈判的道路。因为战事久拖不决使英军的财力和人员损失消耗巨大。白人殖民主义者担心如果战事继续拖延，南非公司将不堪重负，甚至破产。起义军方面也因困难重重，很难支撑下去，也有意与殖民者进行谈判。因此，8月21日罗德斯同恩德贝莱起义军首领进行了首次谈判。直至10月中旬，双方共进行了四轮谈判。最后英国南非公司一方面作出让步的姿态，同意解散除警察队伍以外的其他武装队伍，另一方面采取招安策略，承认起义军首领们的地位并由英国殖民当局发给薪俸，供应食物和粮种等。随后大部分恩德贝莱起义军首领和士兵接受了南非公司的条件，同意放下武器。但仍有一小部分起义军人员反对投降，主张继续战斗。10～12月间，除了马塔贝莱兰少部分地区双方时有零星交火外，大部分地区已经停火。到了12月份，当时登上王位仅半年的恩德贝莱王国国王尼亚曼达向殖民主义者投降，标志着恩德贝莱人武装起义的结束。

绍纳人抗英战场的形成略晚些，大致的时间是在1896年6月。当时绍纳人在当地酋长和宗教领袖的率领下，从马绍纳兰东、西和中部同时起兵，战火很快蔓延至整个马绍纳兰。英军在忙于对付恩德贝莱起义军的同时，突然遭到意想不到的袭击，感到手足无措，短时间内损失惨重，一周内有100多人丧生。起义军拦腰切断了由索尔兹伯里向东和向西的交通要道，使白人殖民主义者的后援供应出现危机。殖民主义者感到了恐慌和震惊。他们错误地估计了形势，原以为曾受到过恩德贝莱人侵略和奴役的绍纳人，在恩德贝莱人抗英起义中会站在英国人一边，结果却完全出乎殖民主义者的意料。绍纳人的起义使殖民军不得不陷入两线作战、腹背受敌的困境。绍纳人利用当地有利的地形，同样采取游击战的方式，埋伏在岩洞或丛林中向殖民主义者发起袭击，在几次较大的战斗中取得了胜利。但此时，恩德贝莱人却放弃了武装，加上英国援军的到来使绍纳起义军很快陷入不利的处境。英军掉转头来集中力量镇压绍纳人起义，并同样采取软硬兼施和威逼利诱等手段，很快瓦解了起义军的攻势，多数起义军首领被俘或投降，但他们最终都被殖民主义者处死。一些首领拒绝投降，率领残部逃往外地坚持战斗。还有部分起义军与那些拒绝投降的恩德贝莱人联合起来，坚持抗英斗争到最后。由于双方实力

过于悬殊，抗英武装起义于 1897 年 10 月最终宣告失败。

津巴布韦人民第一次大规模的抗击殖民主义者的武装起义虽然失败了，但是津巴布韦人民抗击殖民主义者所进行的英勇和顽强的斗争，以及在战争中所涌现出来的英雄事迹被世人广泛传颂，也为日后津巴布韦的民族解放斗争树立了光辉的榜样。

以英国南非公司为代表的殖民主义者，从这次津巴布韦人民的武装起义中汲取了教训，开始改变其统治策略。他们在马塔贝莱兰，开始采取绥靖政策，收买当地军事首领及部族酋长作为其统治的工具。在马绍纳兰，殖民主义者大批杀害领导起义的部族首领，同时对忠顺于英国的部族首领予以举荐和任用。

（三）英国南非公司统治的终结

英国南非公司在镇压了津巴布韦人民的武装起义之后，开始着手殖民统治制度的建设。它已经从最初的带有商业色彩的公司，彻头彻尾地变成了一个殖民统治集团。1898 年 10 月 20 日，英国政府在这里开始推行立法会议（Legislative Council）制度，并于次年 5 月召开了第一次会议。会议由 4 名选出的非官方委员和 5 名由英国南非公司指派的官方委员组成。来自英国南非公司的行政长官担任执行委员会主席。此外，另有一名没有投票权的英国专员列席会议。立法会议成立之后，当地的白人移民要求增加非官方委员名额的呼声从来没有停止过，他们的要求也引起了殖民当局的重视。到 1908 年时，立法会议中所选出的非官方委员已占到多数席位，但是他们的权限却受到严格的限制。尽管如此，在南非公司实行殖民统治期间，立法会议在立法方面仍起到一定作用。

第一次世界大战爆发后，人们已经意识到英国南非公司对南罗得西亚的统治将不会长久。对于南罗得西亚的未来，可供选择的道路只有两条：第一条路是与南非合并，成为南非的一部分。第二条路是成立由少数白人统治的自治政府。

1908 年，查尔斯·科夫兰（Charles Coghlan）① 作为一名没有投票权的代表，出席了南非全国联盟大会。当看到南非正在制订统一四个殖民地的计划时，他和其他南罗得西亚的政治家们感到，南罗得西亚与南非的合并或许是必然趋势。但是他们考虑到南罗得西亚欧洲人社团很小，如果被纳入南非所制定的框架内则会处于不利的地位，所以他们没有马上作出决定，而是采取了观望的态度试图等待更好的时机到来。10 年后，当英国南非公司对南罗得西亚统治行将结束时，与南非合并这一主张被再度提出。英国南非公司和当地的企业主赞同与南非合并，还有少数白人移民也组成了"罗得西亚统一联合会"（Rhodesia Unionist Association）。南罗得西亚的主要资本财团对于建立一个完全自治政府在经济上的可行性上表示出极大的疑虑。他们担心一旦民选自治政府成立，他们将面临破产的威胁。他们认为只有同南非合并才有出路。

时任南非总理的简·斯穆茨（Jan Smuts）极力推动南罗得西亚与南非的合并。据说他还私下里许诺，承诺为查尔斯·科夫兰在内阁中安排职位。1922 年，斯穆茨公布了对南罗得西亚的优惠条件，包括给予省级地位和享有充分的地方自治权、安排尽可能多的国会议员席位、提供发展基金、预留政府公务员职位等。

然而，此时"责任政府协会"（Responsible Government Association）② 成立，提出了建立责任政府，即民选政府的主张。

---

① 查尔斯·科夫兰生于1863 年 6 月 24 日，死于1927 年 8 月 28 日。南罗得西亚白人政府第一任总理。他于1900 年来到布拉瓦约，以争取和保护白人移民特别是矿工的权利而著称。1908 年他被选为立法会议委员，不久后成为立法会议中非官方委员的领袖。——著者

② 该组织后来被称为"罗得西亚责任政府党"（Rhodesian Resposible Government Party），1923 年末，改称为"罗得西亚党"（Rhodesian Party）。——著者

这时的查尔斯·科夫兰也已放弃原有的初衷，坚定了建立自治政府的立场。他随后加入该组织，并被推选为协会主席和主要发言人。这对建立自治政府的主张起到了积极的推动作用。他们不断向英国政府施压，要求英国政府制定有关民选政府宪法。该组织的主张得到越来越多的白人移民的支持。在1922年的立法会议选举中，该组织占有13个席位中的12席。因为非洲人并不看好所谓与南非合并的主张，所以建立自治政府的主张实际上也没有遇到有组织的非洲人的反对。多数白人移民反对合并，他们和有色人支持建立自治政府的主张。因为他们担心一旦与南非合并，在南非阿非利卡人（非裔荷兰人）统治下，当地非洲的劳动力会流向南非，南非白人中的穷人又会大量涌入。此外高额的税收、与南非工会之间的麻烦等都是他们的担心所在。

1922年10月27日，在南罗得西亚举行的公决中，支持建立民选自治政府的票数为8774票，支持合并的票数为5989票[1]。当然，所谓"民选自治政府"其实就是少数白人统治的殖民政府，因为当时占人口绝大多数的黑人有权参加公投的人数最多也就60人。南罗得西亚内部的合并派最终没能战胜自治派。1923年9月，南罗得西亚正式宣布成为英国殖民地，英国南非公司对津巴布韦30年的统治就此终结。10月1日，查尔斯·科夫兰就任首届政府总理，一个新的由白人统治的殖民政府正式成立，立法大会（Legislative Assembly）取代了原有的立法会议。英国政府要求新成立的殖民政府要向英国皇室支付200万英镑，用于公共事务和尚未转让的土地补偿费，同时英国皇室要向英国南非公司支付375万英镑[2]，用于补偿其在南、北罗得西亚的利益损

[1] Steven C. Rubert & R. Kent Rasmussen, *Historical Dictionary of Zimbabwe*, Third Edition, The Scarecrow Press, London, 2001, p. 268.
[2] Steven C. Rubert & R. Kent Rasmussen, *Historical Dictionary of Zimbabwe*, Third Edition, The Scarecrow Press, London, 2001, p. 268.

失。英国南非公司在那里只保留了原有的矿产开采权。根据
1923 年宪法，南罗得西亚政府有权调动军队而无须英国政府批
准，南罗得西亚总理可同其他英联邦国家一起参加会议。

第四节　白人种族制度下的津巴布韦

少数白人统治下的南罗得西亚自治殖民政府建立伊始，
为了维护殖民主义者的利益，极力推行殖民主义和种
族主义制度。在一度甚嚣尘上的"非洲人是劣等民族"谬论鼓
噪下，殖民当局更是利用其手中的权力，不择手段地对非洲人采
取更加严厉的盘剥、欺压、歧视政策。国家的资源和财富被殖民
主义者据为己有，文化受到摧残，人民受到不公正的待遇。殖民
主义者还常常将他们罪恶行径披上貌似合法的外衣。在殖民主义
和种族主义的统治下，津巴布韦人民在灾难中饱受煎熬。

一　白人移民的大量涌入

虽然欧洲人来到津巴布韦最早是在 15～18 世纪，但是
由于当时人数少没有能在政治和经济上形成对津巴布
韦的控制。直到 19 世纪末，英国南非公司的入侵，开始出现大
量的欧洲移民迁移到津巴布韦，并逐步形成了欧洲人在政治和经
济上的主导地位。

以罗德斯为首的英国南非公司当时宣传这里盛产黄金，因而
吸引了大批白人迁到津巴布韦。他们到这里后主要从事采矿业。
当时在这里定居下来的欧洲人不足千人。他们算是真正迁移到津
巴布韦来的第一批欧洲移民。

随后，来到这里的欧洲人发现此地的黄金并非如此富有，而
农业资源却出乎预料的丰富。因此，许多欧洲人将目光转向农
业，试图以发展农业捞回此前对采矿业基础设施的投入。与此同

时，这里蕴藏着丰富的农业资源的消息，再次吸引了大量欧洲人的到来。当时来自欧洲的移民主要来自英国。还有许多白人移民是来自南非的布尔人。他们在英布战争中被英军打败，不甘受制于英国人，纷纷先后北迁来到津巴布韦。从每10年欧洲移民数字的变化可以看出，直至第二次世界大战，欧洲白人移民的数量增长很快：1891年时，这里的欧洲人总数约有1500人，1901年上升到1.1万人，1911年时的人数达到2.36万人，1923年的数字为3.5万人，1931年为4.99万人，1941年为6.9万人①。这50年来到津巴布韦的欧洲移民人数，每10年平均增长约为175%。这是一次较大规模的欧洲移民潮。

第二次世界大战之后，又一次掀起从欧洲特别是从英国到津巴布韦移民的浪潮。这次移民潮的原因，首先是二战中南罗得西亚经济发展所带来的吸引力。其次是1948年南非国民党上台后所实行的种族隔离和国家控制措施使南非的一些白人不愿意接受，因此纷纷由南非迁到这里。二战后的1946年，津巴布韦欧洲移民人数为8.24万人，1951年达到13.6万人，1959年为20万人。20世纪60年代上半叶，受当时遍布非洲大陆的民族解放运动影响，欧洲移民人口增长速度有所减慢，60年代后期恢复增长。到1969年时，欧洲白人数量为22.83万人，其中41%是在当地出生的欧洲人的后裔②。此后，1974年葡萄牙发生改变后，安哥拉和莫桑比克获得独立，这时在安哥拉和莫桑比克两国的欧洲白人又大量迁移过来。

---

① Steven C. Rubert & R. Kent Rasmussen, *Historical Dictionary of Zimbabwe-Third Edition*, The Scarecrow Press, London, 2001, p. 85; Howard Simson: *Zimbabwe: A Country Study*, *Research Report No. 53*, Scandinavian Institute of African Studies-Uppsala, 1979, p. 11.

② Steven C. Rubert & R. Kent Rasmussen, *Historical Dictionary of Zimbabwe-Third Edition*, The Scarecrow Press, London, 2001, p. 85.

经过几次较大的欧洲移民浪潮之后，南罗得西亚欧洲移民的基本构成是：英裔占据首位，其次是阿非利卡人、犹太人和希腊人。随着津巴布韦欧洲白人移民社团的逐渐形成，少数白人统治的殖民政府自然而然成了他们的集中代表，成为维护他们的政治、经济权益的代言人。对于占人口绝大多数的广大黑人政治上、经济上的权利和利益，殖民当局置若罔闻。因此，大量欧洲白人移民的到来，给津巴布韦人民带来的是资源、财富的流失以及人权的丧失殆尽。殖民主义者利用手中权力，常常以立法的形式强行推行其种族主义政策。20 世纪 30 年代，殖民当局甚至要效仿南非，在这里用法律形式实行种族隔离。但由于南罗得西亚白人人口的比例远不如南非高，所以没能像南非一样实行种族隔离制度，但是白人移民政府却接二连三地颁布充斥着种族隔离内容的法令，其中最重要的有 1930 年的《土地分配法》（Land Apportionment Act）和 1934 年的《工业调解法》（Industrial Conciliation Act）。前者规定按南非种族隔离原则占有土地，白人占有约全国一半的土地。后者规定非洲人不算雇员，不许组织工会和罢工，更不能担任技术工种。这些带有明显殖民主义和种族歧视色彩的"法令"，为欧洲白人移民经济的发展开启了方便之门，对当地广大非洲人民造成了重大伤害，使他们不得不从一开始就为争取政治权利和经济权利与白人移民进行着各种形式的抗争。

二　土地掠夺和占有的合法化

毫无疑问，欧洲白人移民到来后，无论是从发展采矿业还是从发展农业来看，都面临着与当地非洲人争夺土地占有权的斗争。而白人移民占领和拥有津巴布韦的土地正是从野蛮的掠夺开始的。欧洲殖民主义者的到来掀开了津巴布韦土地沦丧、人民遭奴役的辛酸历史。

　　上面提到过，19 世纪末以英国殖民主义者罗德斯为首的英国南非公司的入侵是白人移民大规模掠夺和侵占津巴布韦土地的开始。他们从最初为矿业开采而侵占土地，到后来为发展农业而掠夺土地，野蛮霸占了津巴布韦约 1/3 的土地。当地非洲人被驱赶到由殖民者划定的保留区内生活。到 1913 年时，殖民主义者为当地非洲人所划定的所谓"保留地"已经有大大小小小 100 多块。随着欧洲移民数量的逐渐增长，英国南非公司之后的白人殖民政权，为保护欧洲移民的利益，使他们占有的土地披上合法的外衣，试图以立法的形式来确认其土地侵占的合法性。

　　1925 年，英国政府派遣前坦喀尼卡首席法官莫瑞斯·卡特（Morris Carter）率领一个土地问题调查团，对当时南罗得西亚的土地问题进行调查。该调查团被称为莫瑞斯·卡特调查团（Morris Carter Commission）。该调查团的主要任务是就 1925 年之前南罗得西亚尚未分配的约 45% 的土地，提出应如何进行分配的方案。据说当时他们对从事农业生产的 200 个欧洲人和 1700 个非洲人进行了调查。根据 1926 年出笼的该项调查结果，欧洲人非常迫切的"希望用法律的形式把他们和非洲农民的土地隔离开"。此项调查还指出，当地的许多非洲人表示"在获得更多土地的同时，也愿意接受与白人隔离的原则"[1]。这份具有明显种族主义色彩、迎合白人殖民当局的报告，建议在几乎不增加当地非洲人土地份额的前提下，以种族隔离方式划分土地。殖民当局采纳了该项调查报告的建议，提出了按照种族隔离的原则分配全国土地的方案。他们认为这一方案的提出，是基于"当地非洲的文明程度低下，因此数代人之内在土地占有方面非洲人都不可能与白人享有同等权利"。这一毫不掩饰的殖民

---

① Steven C. Rubert & R. Kent Rasmussen, *Historical Dictionary of Zimbabwe*, Third Edition, The Scarecrow Press, London, 2001, p. 194.

主义和种族主义论点促使殖民当局制定了《土地分配法》（Land Apportionment Act）。该法于 1929 年被提交到南罗得西亚立法大会，并于 1930 年获得立法大会通过，1931 年正式开始施行。

该《土地分配法》规定，将欧洲人占有的土地由原来的约占总面积的 1/3 扩大到占全国总面积的 50.8%，原土著保留区的土地被限定在占全国总面积的 22.4%，原住民可购买区域的土地占 7.7%，另外没有划定的土地占 18.4%。根据规定，非洲人只能在所划定的"购买区"内购买或租赁土地，而人数比非洲人少得多的欧洲人则可以在大得多的欧洲人区域购买土地。此外，该法令同时限定居住在欧洲人土地上的非洲人，6 年之内必须要迁往所划定的土著保留区。这一法令的出台，使白人殖民主义者在这里找到了自己的"圣经"，奠定了白人种族主义统治的基石。从此以后欧洲殖民主义者堂而皇之地占据了津巴布韦土地肥沃、交通便利的地区，而非洲人则被迫迁到土质低劣、干旱偏僻的地区。

1941 年，在《土地分配法》的一次修订中，将土地分配的规定扩大到城镇地区。法律规定，非洲人只有在城镇中居住的权利，而不能享有土地的占有权。第二次世界大战后，殖民当局又对该法令进行了修改和补充。由于保留地内的土地日渐不足，殖民当局不得不建立特殊土著区，以增加非洲人土地的公共占有。此后，这些土地与原有的保留地被统一界定为"部落托管地"（Tribal Trust Lands）。

此间，欧洲白人移民利用"法律"所赋予占有土地的优势很快发展起商业化农场。为了进一步发展和扩大其生产和经营规模，1951 年，殖民当局颁布了一项《土著人土地管理法》（Native Land Husbandry Act）。该法令 1955 年正式推行时被称作《土著保留地的使用与良好管理条令》（Native Reserves Land

Utilization and Good Husbandry Bill）。该法令的目的一是要改进保留地的保留方式；二是为了农业发展需要，适度控制牲畜放牧的存栏数。但其中最重要的内容是要将"部落托管地"的土地由原来的非洲人公共（村舍）占有形式改为单个家庭占有，以迫使当地农民由传统种植转向经济作物种植，要求他们要按照所谓"有效合理"的原则使用土地。该法令规定当局对那些经营不善，也就是说对那些按照他们的标准没能"有效合理"使用土地的农户可强迫其出卖土地。这一规定在客观上给那些欧洲白人移民经营的农场扩大地产和经营规模提供了法律依据。与此同时，广大当地非洲人靠自然经济赖以生存的空间变得越来越小。许多非洲人不得不出让土地。失去土地后，他们或流落到城镇，或被迫成为白人移民廉价的雇佣劳动者。该项法令的实施虽然在客观上对提高农业生产率起到了一定的推动作用，使农民有条件去接受和采用一些较先进的技术，尝试改变传统的耕作方法，但是实际上，这一超出了当地农业发展现状的做法，使广大非洲农民传统的农业生产遭到破坏，使他们的生活无以为计。而同时欧洲白人移民土地的占有量因此不断增加，促使欧洲移民经营的大型商业农场不断扩大。该项法令遭到非洲各阶层人士的普遍反对，到1961年时被迫废止。

殖民当局1969年颁布宪法的同时，又出台了一项《土地占有法》（Land Tenure Act），取代了1930年的《土地分配法》。但这仍是一项按种族隔离原则占有土地的法令。该法令规定欧洲人可以利用非洲人地区建立工业中心，而非洲人则绝对不能在欧洲人地区占有土地。此法颁布后，白人种族主义者常常利用该法令将非洲当地居民判定为"擅自占地者"，把他们驱逐出自己的家园，甚至用推土机将整个非洲人的村庄夷为平地。20世纪60～70年代，随着南部非洲民族独立和民族解放运动的不断兴起，这一地区的形势急剧变化。当时的白人政权为维护其统治不得不对该法令作了修订。1977 年 3 月，当时的众议院通过决议，允许某些非洲人进入当地欧洲人地区。该法令在 1979 年 1 月由穆佐雷瓦为首的过渡政府废除。

总而言之，殖民当局千方百计采取各种立法形式，对非洲人所固有的土地进行貌似合理的"分配"和侵占，是其殖民主义和种族歧视政策的真实体现。在非洲人民强烈的反对下，殖民主义者虽然对相关的法律法令进行过修改，但维护欧洲白人移民利益的初衷从未改变，因而种族歧视政策下所推行的土地占有形式没有发生改变，致使白人移民占有一半以上土地面积的格局没有根本改变。因此土地问题也就自然成为长期以来黑人与白人之间矛盾的焦点。

三 中非联邦

1953 ~ 1963 年，以南罗得西亚白人殖民主义者为首的三国，即南罗得西亚（现津巴布韦）、北罗得西亚（现赞比亚）和尼亚萨兰（现马拉维）组成中非联邦（Central African Federation，CAF），亦被称作罗得西亚和尼亚萨兰联邦（Federation of Rhodesia and Nyasaland）。当时南罗得西亚是中非联邦三国中经济最发达的国家，而北罗得西亚（今赞比亚）和尼亚萨兰（今马拉维）则成为它的工业品市场和廉价劳动力的供应场所。

中非联邦的建立最早起源于南、北罗得西亚统一的主张。第一次世界大战后，当时北罗得西亚发现了储量丰富的铜矿，南罗得西亚殖民当局认为，实现与北罗得西亚的统一将会利用它的资源，大大促进其经济的发展。与此同时，北罗得西亚殖民主义者寄希望于实现统一后可以进一步摆脱英国的控制，更大程度上实现自治。但是，当时北罗得西亚的非洲人极力反对"两罗"的统一主张，迫使英国政府和南、北罗得西亚的殖民当局也不得不暂时放弃了统一的设想。1944 年 10 月，英国政府为了加强和促进南、北罗得西亚和尼亚萨兰 3 个殖民地间的相互合作，成立了由南罗得西亚任主席国的中非议会（Central African Council）。议会自 1945 年 6 月始，每年举行两次例会。议会的各项决策虽不带有强制性，但各国立法机构在议会的各项决策建议下实现了航空、运输、气象、统计数据和档案资料服务的一体化，而且还就修建卡里巴水库的可行性进行调查并成立了专门委员会。中非议会同时也为日后中非联邦的建立，在组织框架上奠定了基础。

第二次世界大战后，以古夫里·胡金斯（Godfrey Martin Huggins）① 任总理的南罗得西亚政府将原有的"两罗"统一发展成为联邦的理念，即一种较松散的联盟形式。随后，来自北罗得西亚的罗伊·维尔恩斯基（Roy Raphael Welensky）② 同时成为建立联邦的积极倡导者。

南罗得西亚殖民政府所主导建立中非联邦的初衷，首先是出于经济上的考虑。他们希望能够借助北罗得西亚丰富的铜矿资源使得经济更具多样性，实力更加雄厚，同时可以吸引更多来自南非的投资。北罗得西亚则更多地考虑利用南罗得西亚白人的统治影响，阻止黑人民族独立运动在北罗得西亚的发展，进而保护白人的统治地位。1948～1953 年间，南、北罗得西亚政府就建立中非联邦的问题与英国政府举行了多次协商会议。1951 年英国保守党上台后，英国政府才接受了这一计划，但坚持中非联邦的建立要包括尼亚萨兰。当时尼亚萨兰对于联邦的作用也只是提供移民劳工而已。北罗得西亚的非洲人强烈反对联邦的建立，因为

---

① 南罗得西亚白人政府第四任总理，中非联邦第一任总理（1953～1956 年）。——著者
② 曾担任北罗得西亚工会领导人。1938 年当选为北罗得西亚立法议会成员，1947 年称为立法议会非官方委员领袖。1953 年后入阁中非联邦，后任中非联邦副总理。1956 年 11 月接替古夫里·胡金斯任中非联邦总理。——著者

他们担心这样会落入南罗得西亚白人的统治控制之下。南罗得西亚大多数非洲人认为，联邦的建立会进一步加强白人的统治。还有许多人不愿意看到，联邦建立后与南非会形成更加紧密的联盟关系。英国政府不顾非洲人的反对，1953 年 3 月由国会通过了联邦宪法。4 月 9 日，南罗得西亚当局就此举行公投，以 25580 比 14929 的票数获得通过①。公投中只有几百个非洲人参加了投票。英国政府于当年 8 月 1 日正式批准成立中非联邦，10 月联邦政府正式开始运行。

中非联邦时期成为南罗得西亚经济增长较快的时期之一。其中最主要的原因是，20 世纪 50 年代中期，铜的国际市场价格猛涨，刺激了北罗得西亚铜矿产品的大量出口，带动了中非联邦经济的增长，其中南罗得西亚成为最大的受益者。20 世纪 50 年代末，来自北罗得西亚反对联邦的呼声愈来愈强烈，60 年代初，北罗得西亚和尼亚萨兰各自的民选政府成立。1962 年 12 月，英国政府同意两国脱离中非联邦，不久后两国即行脱离联邦。1963 年底，中非联邦正式解体。

四 史密斯政权统治下的津巴布韦

1964 年 4 月 13 日，伊恩·史密斯（Ian Douglas Smith）出任南罗得西亚政府第八任总理。为保障白人统治下取得真正独立的地位，史密斯刚一上台就一方面严厉镇压当时正在不断兴起的黑人民族独立和解放运动，另一方面又与英国政府谈判，试图得到英国对南罗得西亚要摆脱英国控制、取得独立地位的支持。上台后不久，史密斯即下令逮捕了恩科莫和其他民族解放运动的领导人。当年 9 月史密斯赴英与英国政府就制宪问题

---

① Steven C. Rubert & R. Kent Rasmussen, *Historical Dictionary of Zimbabwe*, Third Edition, The Scarecrow Press, London, 2001, p. 88.

进行谈判。随后，史密斯在 10 月份召集了一次约有 600 个非洲部落酋长和长老参加的会议，讨论南罗得西亚的独立问题，以此来说服英国政府，证明非洲人也是支持独立的。史密斯政权为了避免遭到支持民族独立和解放的非洲人的反对，保证会议的顺利举行，采取了严厉的安保措施，会场周围派了大量军队实行了封锁。会议自 10 月 21～26 日举行，最终宣布接受史密斯政府关于脱离英国宣布独立的主张。11 月间，欧洲移民就此问题也进行了公决投票。1965 年 5 月 7 日，为了加强对其殖民政府的掌控能力，史密斯宣布进行新一轮大选。大选中，史密斯所在的罗得西亚阵线党（Rhodesian Front, RF)① 占据了欧洲人所有的 50 个席位。史密斯当局与英国政府的谈判于当年 10 月破裂，11 月史密斯签署 "单方面独立宣言"。南罗得西亚正式脱离英国管制，成为欧洲白人统治的、独立的 "罗得西亚"。

史密斯政权单方面宣布独立，招致国际社会的强烈谴责。英国率先对罗得西亚实行经济制裁，切断了对其投资和出口的渠道，禁止进口罗得西亚的食糖和烟草。此后不久，英国禁止从南罗得西亚进口商品目录中又增加了铬、铁、铜、石棉等商品。与此同时，联合国安理会作出决议，要求成员国对罗得西亚不予支持和不予承认，并对其开始实施经济制裁。制裁措施包括要求成员国 "自觉自愿" 抵制进口罗得西亚的商品，不向其出售原油等。由于罗得西亚石油全部依赖进口，所以阻止石油输入被看作是对其经济制裁的重要手段。1966 年 3 月，英国政府对经印度洋莫桑比克海峡前往罗得西亚运送石油的船只实行了严厉封锁。

---

① 罗得西亚阵线党（Rhodesian Front, RF）最早成立于 1962 年 3 月，是第一个具有广泛欧洲移民基础的政党。其宗旨是维护白人移民利益并排除外部对移民政府的控制，主张 "罗得西亚至上"。该党实力强大，曾在多次立法大会选举中占据白人多数席位。1984 年 7 月更名为 "津巴布韦保守联盟党"（Conservation Alliance of Zimbabwe）。——著者

4 月，联合国安理会授权英国政府，在必要的时候可以使用武力，以阻止对罗得西亚的石油输入。

联合国要求成员国实行"自觉自愿"的制裁措施并未达到预期效果。因此，联合国大会敦促安理会采取更加强硬手段对罗得西亚实施制裁。1966 年 12 月 16 日，安理会通过决议对罗得西亚实施"第二阶段"的制裁措施，对罗得西亚部分产品实行强制性禁止进口。此后，安理会于 1968 年 5 月又启动了"第三阶段"对罗得西亚全面强制性制裁。

尽管如此，国际社会对罗得西亚的制裁仍然没有达到预期效果。罗得西亚经济总体上并没有因为国际社会的制裁而有所衰弱。其原因之一是在当时南非和葡萄牙殖民主义者的协助下，罗得西亚得以逃避制裁，主要西方大国也或明或暗地违反联合国对罗得西亚的制裁规定。其间，南非、葡属莫桑比克和安哥拉成为罗得西亚大部分出口商品的中转地。这些国家摇身一变成为罗得西亚商品的原产地国，进口这些商品的国家既名正言顺又不违反联合国有关制裁的规定。那些当时的非联合国成员国，如瑞士、德国等国也在继续与罗得西亚进行合法的贸易往来。同时还有许多国家，特别是日本也在暗地里与罗得西亚进行贸易。1971 年尼克松执政期间，美国国会公然通过相关法案，违反联合国有关制裁的规定，允许从罗得西亚进口铬、镍、铝、石棉等战略物资。1972 年美国从罗得西亚进口的上述物资总额就达到 1330 万美元；1975 年，罗得西亚铬出口到美国的总值达到 4500 万美元；1976 年，罗得西亚出口到美国的金属矿产品，据估计已经达到美国进口总量的 17% 左右[1]。另据联合国 1972 年的一项报告显示，罗得西亚出口商品的 1/3 ~ 1/2 到了应有责任对罗得西

---

① Steven C. Rubert & R. Kent Rasmussen, *Historical Dictionary of Zimbabwe*, Third Edition The Scarecrow Press, London, 2001, p. 41.

亚采取制裁的成员国①。与此同时，西方资本继续流入罗得西亚，1966～1976 年间流入罗得西亚的外资大约 3.5 亿美元②。由于以上这些原因，遭到制裁后一向依赖出口和外资的罗得西亚经济不仅没有被窒息，相反却迅速增长。1972 年罗得西亚的出口总值已恢复到制裁前的水平。1965～1974 年间，国内生产总值平均每年增长约 7%。另外一个原因是国际社会对罗得西亚的制裁，在很大程度上推动和刺激了其国内制造业的快速发展，促使其很快开始实施进口替代战略并实现了工业生产的多样化。由于缺少竞争，制造业产品很快占领国内市场，消费带动了生产。20 世纪 60～70 年代棉纺织业、钢铁产品以及其他一些中间工业部门很快发展起来，而此前这些行业均由外国公司所把持。制造业的发展和国内市场的拓宽，使其产值在 1974 年已占到国内生产总值的 1/4，跃居国内生产总值的首位。同其他非洲国家不同，罗得西亚没有制订经济发展计划，它的控制措施主要表现在大量增加国家投资；国家接管进出口业务；国家控制外汇；国家加强对钢铁、铁路、电力以及如下销售机构，如谷物、奶类销售等的控制。这些政策都在很大程度上缓解了国际社会对罗得西亚进行制裁的压力。

20 世纪 70 年代中后期，葡属莫桑比克和安哥拉相继获得了独立，罗得西亚失去了以往的贸易通道，只能依靠南非。此外，由于国内非洲民族独立和民族解放运动，以及世界石油危机的影响，罗得西亚经济急剧滑坡，白人移民和资本外流日益严重。在政治与经济以及国内、国外的多重压力下，罗得西亚殖民当局被迫走上了谈判桌，并最终交出了统治权。

---

① Steven C. Rubert & R. Kent Rasmussen, *Historical Dictionary of Zimbabwe*, Third Edition The Scarecrow Press, London, 2001, p. 290.

② 何丽儿：《南部非洲的一颗明珠——津巴布韦》，当代世界出版社，1995，第 82 页。

第五节 民族解放运动与国家独立之路

毋庸置疑，非洲民族解放运动的兴起拉开了殖民主义统治非洲行将灭亡的序幕，吹响了非洲国家走向独立和获得新生的号角。诚然，非洲各国民族解放运动与国家独立之路不尽相同，但最终摆脱殖民统治、实现政治上和经济上以及国家主权上独立的目标是一致的。津巴布韦人民正是以自己特有的方式，历经了数十年艰苦卓绝甚至是残酷和流血的抗争，取得了最终的胜利。

一 早期的反殖和争取民族权利的斗争

津巴布韦人民反抗殖民统治的斗争最早始于19世纪末20世纪初，主要是反对葡萄牙和来自南非的英国殖民主义者的斗争。当时非洲人的反抗运动的组织和领导者一般都是部族酋长、宗教领袖或原来的国王。夺回殖民者侵占的土地和霸占的财产、将殖民者驱赶出家园、恢复部族或王国原有的秩序等基本诉求是当时反抗运动所追求的最终目标。这些反抗殖民主义者的运动，既有武装反抗，如历史上最著名的1896～1897年抗英武装起义，也有通过和平请愿方式进行的抗争活动，如恩德贝莱人的"民族家园运动"① 等，但是这些都没有跳出部族主义反抗

---

① 第一次世界大战至20世纪20年代初，恩德贝莱国王洛本古拉之子尼亚曼达 (Nyamanda) 领导的民族家园运动 ["马塔贝莱（民族）之家社团"，Matabele (National) Home Society 领导下的恢复家园运动]，试图以向英国政府请愿的形式，讨回或有条件的换回被殖民主义者占领的土地，建立自己的家园，恢复恩德贝莱君主制并将所有恩德贝莱人安置在这个民族家园之内。他们所提出的要求遭到英国政府的断然拒绝。民族家园运动以失败告终。——著者

斗争的范畴。

进入 20 世纪之后，原有的带有部族主义色彩的反抗殖民统治的斗争逐渐被新兴的民族主义运动所取代。1922 年，来自南非的祖鲁族牧师阿伯拉罕·特瓦拉（Abraham Twala）主张反对暴力运动，号召非洲黑人以参加选举的方式争取自己的政治权利。在他的组织筹划下，"罗得西亚班图选民协会"（Rhodesian Bantu Voters' Association，RBVA）问世。该组织于 1923 年 1 月 20 日在圭洛（Gweru）举行第一次会议，宣布正式成立①。同年 7 月，该协会召开大会，通过了章程草案，该草案表示该协会要以和平的方式与政府合作，共同改善非洲人的状况。当时只有不到 30 名的黑人获得了选举权，因此该协会当时的主要任务就是要不断地去说服黑人民众，以争取更多参选权利，同时也使协会本身不断壮大。尽管该协会的目标是要成为一个全国性的组织，但它的活动却一直局限在马塔贝莱兰和马绍纳兰地区。20 世纪 20 年代末，该协会领导人曾试图与刚刚成立不久的"工商业工人联合会"（Industrial and Commercial Workers Union，ICU）领导人和其他非洲团体领导人联合，谋求组建联合大会，但最终未能实现。该协会的活动只持续了 5～6 年，且仍没有脱离地方性和部族性的特征，但它的出现已经说明非洲人民在与殖民主义者争取自己权力的斗争中，正在逐渐改变原有部族主义的旧模式。因此，该协会常被看作是津巴布韦历史上关注黑人政治权利的第一个政治组织。

1927 年，在当时南非工商业工人联合会的帮助下，罗得西亚第一个全国性的准工会组织——"工商业工人联合会"以布拉瓦约为中心正式成立。联合会的成立顺应了当时南罗得西亚非

① Steven C. Rubert & R. Kent Rasmussen, *Historical Dictionary of Zimbabwe*, Third Edition, The Scarecrow Press, London, 2001, p. 274.

洲人持续高涨的成立工会的要求。联合会在南罗得西亚工人中产生很大的影响。它先是在布拉瓦约频繁召开群众集会。1929 年在索尔兹伯里市建立分支后不久，它的活动范围很快蔓延到全国各大城市。联合会号召全体非洲人民团结起来，共同反抗欧洲白人移民对他们的压迫和剥削。它表示代表非洲工人的利益，公开谴责白人政府对黑人的不公正待遇，要求殖民政府增加黑人的工资和改善他们的工作条件。联合会的规模在短短的几年内迅速壮大，不仅有城镇中的工人参加，而且还吸引了大批农业工人，但在白人严厉控制下的采矿业中的工人少有参加。此后，由于殖民当局的阻挠、教会势力的反对、内部保守派的退缩、财政方面的困难等重重压力以及南非工商业工人联合会领导层的分裂所造成的恶劣影响使该组织走向衰败①。20 世纪 30 年代中期，联合会领导人被捕，1936 年联合会也随之消失。

南罗得西亚"工商业工人联合会"仅就其名称而言，虽然从来没有成为真正的"工会"组织，且存续的时间也不算长，但它被认为是津巴布韦现代民族主义组织最重要的先驱②。它在组织非洲人民团结起来、表达受压迫人民的愿望与要求、共同反抗殖民统治的斗争中，已经开始进行打破部族界限的尝试，对促进津巴布韦的民族团结作出了重要贡献。

二 民族解放运动的兴起

津巴布韦民族解放运动的兴起大致始于 20 世纪 40 年代前后，第二次世界大战后，特别是 20 世纪 50 年代后得到了蓬勃发展。

---

① Steven C. Rubert & R. Kent Rasmussen, *Historical Dictionary of Zimbabwe*, Third Edition, The Scarecrow Press, London, 2001, p. 123.

② Steven C. Rubert & R. Kent Rasmussen, *Historical Dictionary of Zimbabwe*, Third Edition, The Scarecrow Press, London, 2001, p. 123.

1934 年，非洲人国民大会（African National Congress，ANC）在索尔兹伯里成立①。它的前身是此前成立不久的班图人大会（Bantu Congress）②。该组织是在南非非洲人国民大会运动的启发下而成立的，但是一开始它并没有吸引多少成员参加。它试图代表非洲人的利益讲话，所提出的政治诉求也很简单，要求殖民政府不得采取歧视政策，要给予当地黑人与白人同等受教育的权利。直至第二次世界大战结束时，该组织也没有太大起色，没能发展成为全国性的民族解放组织。在此期间，它也被称作"南罗得西亚非洲人国民大会"，20 世纪 50 年代初濒临解体，只有在布拉瓦约的分支机构保留下来。为了与后来改组和重建的新"非洲人国民大会"有所区别，人们称它为旧"非洲人国民大会"。它在津巴布韦早期民族解放运动中的作用虽不突出，但滋润了民族独立和解放运动得以发生和发展的土壤。

1945 年 10 月，南罗得西亚非洲铁路工人协会，领导了铁路工人大罢工。罢工的主要目的是要提高工人工资和福利待遇。罢工首先在布拉瓦约市爆发，虽然当时铁路工会的正式成员只有约 300 人，但罢工第一天就有 2000 多名工人参加。几天之后，罢工沿铁路线发展到索尔兹伯里等地。罢工斗争最终取得了胜利，铁路工人工资有所提高，铁路工会也取得了合法地位。

1946 年，查尔斯·姆津格利（Charles Mzingeli）同几位工会领导人一起，以原来的工商业工人联合会为基础，在索尔兹伯里成立了"改良工商业工人联合会"（Reformed Industrial and

---

① 这时的非洲人国民大会被人们称为旧"非洲人国民大会"。该组织 1957 年进行改组和重建后被称为新"非洲人国民大会"。新、旧"非洲人国民大会"在不同历史时期先后所起到的作用，以及组织规模有很大不同。——著者

② Steven C. Rubert & R. Kent Rasmussen, *Historical Dictionary of Zimbabwe*, Third Edition, The Scarecrow Press, London, 2001, p. 27.

Commercial Workers Union，RICU），并当选为主席。此后，他为争取工人及城镇非洲人的权利，带领非洲人与殖民当局进行了斗争，坚决抵制殖民当局颁布的《土著（城市地区）居住法》和其他带有种族歧视内容的法律法规。该组织还参与组织了1948年的全国总罢工。

1948年4月14～22日，南罗得西亚全国各大城市和一些矿业中心举行全国性总罢工。工人们要求提高工资、改善居住条件和工作环境。在布拉瓦约市参加罢工的人数达2万人之多[①]。罢工的主要组织者是本杰明·布朗博（Benjamin Burombo）。他利用前一年7月亲自创立的"英属非洲工人之声协会"（British African Workers' Voice Association），组织发动群众，并亲自担任工人代表同资方进行谈判。殖民政府和资本家采取了分化和瓦解罢工工人队伍的策略，致使此次罢工未能全部实现其目的。以后，"英属非洲工人之声协会"的工作重点转向农村。1952年该组织被殖民当局根据所谓的相关法律取缔。

上述这些有组织的反抗殖民统治、争取政治和经济权利的斗争揭开了津巴布韦民族独立和解放运动的序幕，为民族解放运动的进一步发展奠定了基础。

第二次世界大战以后，津巴布韦民族解放运动得到进一步发展，既有经济因素也有政治因素。首先，南罗得西亚经济在二战中和战后得到迅速发展，尤其是制造业和矿业发展最快，对劳动力的需求不断增长，所雇佣的非洲人数目也急剧增加，壮大了产业工人的队伍。这也刺激了本来就已被剥夺了土地、生活贫困的农村人口，他们大量涌入城镇寻找就业机会。同时被划定在土著保留地内生活的非洲人人口压力也越来越大，大量青壮年被迫背

---

① 何丽儿：《南部非洲的一颗明珠——津巴布韦》，当代世界出版社，1995，第98页。

井离乡迁入城镇，使城镇人口急剧增加。虽然随着战后经济发展，城市的就业机会增加，但并没有给非洲人民的生活带来改善。由于白人政府所推行的种族歧视政策以及大量非洲农村劳动力涌入城镇，使白人雇主可以随意压低工资，致使白人和黑人的工资及福利待遇差别很大。而随着城市人口的急剧增加，非洲人的居住和生活条件都变得越来越恶劣。他们在殖民主义和种族主义统治下，饱受欺压和不公正的待遇。他们对白人殖民统治者感到不满，既存在民族矛盾的一面，又存在根本利益冲突的一面。他们渴望探求一条可以改变现状的道路。其次，第二次世界大战中，许多非洲人被招募加入英国部队参战，在北非、埃塞俄比亚、马来亚和缅甸等地作战。战争使他们看清了白人同黑人没有什么两样，也使他们认识到殖民主义和侵略的罪恶。战后，当这些非洲士兵回到南罗得西亚，他们得到的退役费远比白人士兵少得多。更有甚者，那些曾经作为敌方的德国人和意大利人摇身一变，以技术工人身份来到南罗得西亚，反而享有比非洲人好得多的待遇，这不仅引起这些非洲士兵的不满，也引起其他非洲人的共鸣。正是在这样一个客观背景下，催生了非洲人民摆脱殖民统治和压迫、实现国家独立和民族解放的强烈愿望和反抗活动。

1957 年 9 月 12 日（殖民主义者占领纪念日①），一批青年激进派组成的青年联盟（Youth League）② 与当时在布拉瓦约的旧

---

① 1890 年 9 月 12 日英国南非公司侵略并占领了现津巴布韦首都哈拉雷附近地区。——著者

② 又称"城市青年联盟"（City Youth League）和"南罗得西亚非洲全国青年联盟"（Southern Rhodesian African National Youth League）。该组织是在 1955 年 8 月成立的民间组织"哈拉雷青年俱乐部"的基础上建立的。青年联盟成立后发展很快，迅速成长成为遍布城乡的群众性政治组织。其影响力很快超过了此前的改良工商业工人联合会。1956 年 8 月该组织成功地组织了哈拉雷公交系统的罢工。——著者

非洲人国民大会合并，组建成立新的组织——新非洲人国民大会。乔舒亚·恩科莫（Joshua Nkomo）任主席，詹姆斯·契克雷马（James Chikerema）任副主席。该组织的早期领导人还有贾森·莫约（Jason Moyo）和乔治·尼安多罗（George Nyandoro）等人。新"非洲人国民大会"明确提出反对《通行法》（Pass Laws①）和《土著土地管理法》等充满种族歧视和种族隔离内容的法律、法规，并提出以修宪的形式对相关法令进行修订，它还第一次提出成年人应享有普选权。该组织的领导人通过写信，组织大规模群众请愿活动等和平方式向殖民当局提出自己的主张。新非洲人国民大会得到城乡非洲人民广泛的支持。1959 年，据当时的殖民政府估计，该组织有 6000~7000 名成员，但新非洲人国民大会的支持者们则自称他们有十几万之众②。新非洲人国民大会最初确定的不分种族的原则，还吸引了 100 多名欧洲白人移民的加入，有些白人日后还成为新非洲人国民大会活动的积极分子。

　新非洲人国民大会的影响不断扩大，尤其是在广大农村地区的影响与日俱增，使殖民统治当局感到恐慌。1959 年 2 月 26 日清晨，殖民政府宣布全国处于紧急状态，并出动警力逮捕了近 500 名非洲人国民大会领导人，同时宣布该组织为非法。殖民政

---

① 殖民统治时期所实行的种族歧视和种族隔离法律、法令。最早的一部《通行法》1892 年由当时的英国南非公司颁布，限制非洲人进入索尔兹伯里（现哈拉雷）。随后的 10 年中，类似的法律、法规在全国各地相继出台。最初这些法令是为了便于劳工的招募和防止个人偷税漏税，但是后来这些法律逐渐变成了实现种族隔离的工具，尤其是在城镇地区更是如此。非洲成年男性外出须携带各种证件以备检查，其中最重要的是"户籍证明"（Registration Certificate）。警察有权要求他们随时出示相关证件。如果证件不全则被认为是违法，要接受罚款或监禁处罚。津巴布韦独立后相关法令被取消。——著者

② Steven C. Rubert & R. Kent Rasmussen, *Historical Dictionary of Zimbabwe*, Third Edition, The Scarecrow Press, London, 2001, p. 11.

府所采取的突然行动，使新兴的民族主义运动受到沉重打击，原有的对殖民政府所抱有的幻想被打破。由于新非洲人国民大会具有明确的政治主张，又具有广泛的群众基础，所以它的诞生被人们看作是现代津巴布韦民族解放运动的开端。

新非洲人国民大会遭禁并没有使津巴布韦民族主义者屈服。他们以非洲人国民大会为基础，于 1960 年 1 月 1 日组建了民族民主党（National Democratic Party，NDP）。由于当时多数非洲人国民大会领导人被监禁，奇纳马诺（J. M. Chinamano）、赫伯特·契特波（Herbert Chitepo）、迈克尔·马韦马（Michael Mawema）、罗伯特·穆加贝（Robert Mugabe）等人担任了该党的领导职务，马韦马任执行主席。1960 年 5 月，罗伯特·穆加贝（现任总统）在加纳任教多年后回国，加入该党，担任党内对外宣传秘书职务，将加纳人民民族解放斗争的经验传播过来。同年 11 月，正在被流放的乔舒亚·恩科莫被该党召回任主席。

民族民主党与以往那些民族主义组织所不同的是它提出了更高的政治诉求。它不仅主张取消各种形式的种族压迫和种族歧视，也不仅仅是对现行的法律提出取消或修补的具体意见，而是提出了根本政治制度的变革。它更多的是关注国家要由多数人统治的道路，因此提出了"一人一票"的民选政府理念。同时它还提出殖民政府应该改善非洲人的教育、经济与社会状况等，以提高他们的社会地位和参与政治的热情与能力。现任津巴布韦政府总统穆加贝在评价该党时指出："民族民主党在津巴布韦历史上第一次提出要改变政治制度……清楚地提出最后的政治目标是（非洲）多数人统治。"①

1960 年 7 月，殖民当局以该党继续此前被禁止的非洲人国

---

① 何丽儿：《南部非洲的一颗明珠——津巴布韦》，当代世界出版社，1995，第 99 页。

民大会活动为借口，查抄了民族民主党办公室并逮捕了马韦马和其他党的领导人。该党组织了大规模群众游行示威活动，对殖民当局提出强烈抗议。游行示威活动从索尔兹伯里郊外的黑人区一直到市中心，声势浩大。参加游行示威的群众达数万人。殖民政府对示威人群进行了镇压，同示威群众发生了暴力冲突。不久，斗争扩展到布拉瓦约市。

迫于民族独立运动的发展，白人政府为维护其统治，开始玩弄所谓"宪法改革"把戏。白人政府在 1961 年 2 月，召开历史上第一次由有关各方参加的制宪会议，邀请民族民主党和其他政党领导人参加。恩科莫率领民族民主党代表团参加了制宪会议。会议就非洲人选举权等重大问题展开了激烈争论。最终的"新宪法"草案表面上承认了非洲人有平等的选举权，第一次在立法大会设立非洲席位。宪法草案规定，在"遥远的未来"可以实现多数人统治。起初，恩科莫曾表示接受白人政府制定的 1961 年宪法草案，但在其他代表强烈反对下，他最终宣布完全拒绝这部宪法，并组织非洲人抵制"新宪法"公投。为此，1961 年 12 月 9 日，白人政府又下令查禁了民族民主党。

民族民主党被禁之后的第 9 天，即 1961 年 12 月 18 日，津巴布韦非洲人民联盟（简称人盟，Zimbabwe African People's Union，ZAPU）宣告成立，仍由恩科莫任主席。津巴布韦人盟实际上是民族民主党的翻版，其组织机构、领导和斗争目标都完全一样。1962 年 9 月，人盟又被禁，当局逮捕了除恩科莫（因当时不在国内）外的其他所有领导人。1963 年，人盟领导人重新聚合在达累斯萨拉姆和坦喀尼卡（现坦桑尼亚）举行会议。多数领导人对恩科莫常常不在南罗得西亚国内坚持斗争提出了尖锐批评，同时对他所提出的建立流亡政府的设想也提出了反对意见。至此，人盟领导层内部发生了严重分歧。1963 年，恩科莫突然返回索尔兹伯里，并在那里宣布将恩达巴宁吉·希托莱

（Ndabaningi Sithole）、利奥波德·塔卡维拉（Leopold Takawira）以及罗伯特·穆加贝等持不同政见者开除出党。1963 年 8 月 6 日，从津巴布韦人盟分裂出来的希托莱等人，宣布成立津巴布韦非洲民族联盟（简称民盟，Zimbabwe African National Union，ZANU）。恩科莫随即相应宣布成立"人民管理大会"（People's Caretaker Council），以名称的变化来掩盖人盟业已出现的分裂。实际上人民管理大会始终还是人盟的前线组织。

津巴布韦民盟的政策主张与恩科莫的人盟不同，民盟主张将战略的重点放在国内，在国内组织人民开展争取独立的政治运动。1964 年 5 月，民盟在圭洛召开第一次代表大会，希托莱当选为主席，穆加贝当选为总书记。1964 年 8 月 26 日，当时的白人史密斯当局下令同时查禁了民盟和恩科莫的人民管理大会，希托莱和穆加贝等大部分领导人被捕入狱。津巴布韦民族独立和解放运动遭受挫折，遂转入地下活动。

希托莱和穆加贝等人虽被监禁狱中，但仍作为津巴布韦民盟的领导人坚持斗争。与此同时，在以赫伯特·契特波为主席的"革命大会"（Revolutionary Council）① 的领导下，津巴布韦民盟在赞比亚的卢萨卡建立了基地，实力迅速壮大，并组建了自己的武装力量——津巴布韦非洲民族解放军（Zimbabwe African National Liberation Army，ZANLA），为日后同白人殖民政权进行武装斗争做好了充分准备。

1969 年，在殖民当局狱中的民盟主席希托莱发表了一份"永远放弃暴力"的声明，遭到同在狱中其他民盟领导人的反对，认为此举是对民盟的背叛。1970 年，民盟在狱中的 6 位领导人举行了秘密投票，罢免了希托莱，推举穆加贝为民盟主席。这一领导权的变更结果当时不可能告知外面的津巴布韦民盟组

---

① 民盟下专门负责领导武装斗争的机构。

织，所以 1974 年出狱后两人公开进行了领导权的争夺，直到
1975 年，津巴布韦解放军和一些地方武装力量领导人公开支持
穆加贝，反对希托莱的领导才最终确立了穆加贝的领导地位。

就在南罗得西亚非洲民族主义领导人试图以制宪手段争取民
族独立的同时，当地城乡的非洲人民也在自发地与白人殖民政府
进行着斗争。1962 年 9 月南罗得西亚有 5 个省先后爆发了群众
武力反抗行动，他们以夺回土地为目的，采取了破坏铁路、摧毁
蓄水池等手段，使白人殖民当局伤透了脑筋。

1962 年以史密斯为首的罗得西亚阵线党上台执政后，更加
疯狂地镇压民族解放运动。1965 年他依靠庞大的军事力量宣布
罗得西亚单方面独立，并强行推行种族主义和种族隔离政策，
彻底堵塞了非洲人民实现民族独立和解放的所有合法斗争的渠
道。经过多年努力，津巴布韦人民希望通过和平的道路求得民
族的独立，但结果适得其反，殖民主义、种族主义统治更加严
酷，这迫使他们拿起武器走上了武装斗争的道路。

三　反殖斗争的最终胜利

几十年的斗争实践表明，津巴布韦人民要获得国家独立
和民族解放，仅依靠通过制宪斗争或以和平方式促使
殖民政府进行制度改良是很难实现的，白人殖民政府不会将他们
的统治权拱手相让。在汲取了多年斗争失败的经验教训后，津巴
布韦人民采取了武装斗争的形式来实现国家独立和民族解放，与
此同时，他们也没有放弃与殖民主义者进行谈判的手段，最终走
出了一条"津巴布韦式"通往胜利的道路。

（一）武装斗争

武装斗争的开始，标志着津巴布韦民族解放运动步入了新的
阶段。20 世纪 60 年代中期，民盟和人盟都开始在邻国（坦桑尼
亚、赞比亚、莫桑比克等国）开办军事训练营，准备同殖民当

局进行武装斗争。民盟还成立了"革命大会",专门领导武装斗争,随后又建立了自己的武装——津巴布韦非洲民族解放军。这支部队主要由绍纳人组成,当时的指挥机构设在赞比亚。同时,人盟也有了自己的武装——津巴布韦人民革命军(Zimbabwe People's Revolutionary Army, ZIPRA)。这是一支主要由恩德贝莱人组成的部队,当时的指挥机构同样设在赞比亚。

1966 年 4 月 28 日,民盟解放军游击队袭击了位于首都索尔兹伯里西北部西诺伊镇(Chinhoyi)附近的白人农庄,与殖民军进行了第一次面对面的战斗。白人政府用直升机调来保安部队,战斗持续了数小时,7 名游击队战士壮烈牺牲。此后,民盟游击队员还多次袭击了其他地区的白人据点。

1967 年 7 月,津巴布韦人盟游击队和南非非洲人国民大会游击队组成约 70 人的部队,在西北部地区展开与殖民主义者的武装斗争。战斗前后进行了近 3 个月,最后游击队战士近半数战死,半数被俘。

上述这些早期武装斗争失利的主要原因,一是武装斗争经验不足,二是敌我双方实力对比悬殊。这些游击战的共同点是在尚未建立稳固的后方基地时,津巴布韦武装斗争就急于打开局面,且又缺乏群众的广泛支持和配合,形成孤军深入作战。由于早期的武装斗争没有取得显著成效,加上白人史密斯政权的残酷镇压,津巴布韦民族解放运动一度陷入沉寂状态。民盟和人盟这两支最重要的民族解放力量,由于本来就存在着政治分歧,形成了各自为战的局面,双方的联合无任何进展。

民盟从失败中认真总结了经验和教训。20 世纪 60 年代末至70 年代,民盟对敌斗争的战略战术发生了变化。他们一方面学习"莫桑比克解放阵线"(简称"莫解阵")与葡萄牙殖民主义者进行武装斗争的经验;另一方面,他们学习了毛泽东的游击战争理论,从中找到了解决罗得西亚问题的钥匙和指导津巴布韦游击战的精髓，逐步明确了武装斗争的指导原则。他们确立了广泛发动群众，建立农村根据地，实现以农村包围城市的总的战略方针。在这一战略方针指导下，他们开始在群众中进行广泛的动员和组织工作，建立解放区根据地，并以此为依托来保障战争所必需的粮食及其他物资供应。在战术上，他们极少采取阵地战的打法，而是采用灵活机动、打了就跑的游击战术，依靠当地群众的广泛支持，不断取得军事上的胜利。自从民盟接受了毛泽东的游击战争思想之后，军事上指导思想以及战略战术的变化，使民盟的武装力量不断发展和壮大，促进了民族解放运动的发展。

　　从1972年底开始，民盟展开了与白人殖民主义者新一轮的游击战。他们由袭击圣塔纳里（Centenary）地区白人阿尔提纳（Altena）农庄开始，在短短的三四个月的时间里就向殖民主义者发动了200多次袭击。随后几年内，游击战火已经遍布东部和南部广大地区。1971年时，在津巴布韦境内的民盟游击队战士估计仅有区区100人左右，1976年约为700人，1977年达到了约3000人，独立前的1979年民盟游击队战士的总数超过了1万人（其中包括1500~2000名女战士）①。

　　1971~1972年，"莫解阵"在莫桑比克东北部，靠近罗得西亚边境的泰特省一带建立了"解放区"，几乎控制了泰特省的全部地区。津巴布韦民盟希望把这里作为一条入境的便利通道和武装斗争的基地，以利于更好地开展游击战。这里是灌木丛生的丘陵地带，很适于开展游击战。民盟游击队从这里进入罗得西亚，远比先前从赞比亚或坦桑尼亚入境方便得多了。"莫解阵"不仅为津巴布韦民盟提供了入境通道，也帮助民盟培养了一批领导游击战争的干部。1972~1974年，民盟游击队也参与了"莫解阵"

---

① Steven C. Rubert & R. Kent Rasmussen, *Historical Dictionary of Zimbabwe*, Third Edition, The Scarecrow Press, London, 2001, p. 359.

的武装斗争。1975 年莫桑比克独立后，"莫解阵"支持民盟在莫桑比克境内建立了更多的游击队营地，为民盟武装力量的迅速扩充和壮大提供了更加有利的条件。

1974 年，白人史密斯政府也在所谓"缓和"的烟幕掩护下，采取内部瓦解和外部打击双重手段向民盟游击队发起进攻，试图在很短的时间内彻底消灭游击队。此时，赞比亚总统卡翁达急于用和平手段实现津巴布韦的独立，因而改变了原来支持民盟武装斗争的态度，命令民盟游击队全部撤离赞比亚。1975 年 3 月，民盟国外负责武装斗争的领导人契特波在卢萨卡被暗杀[1]，赞比亚政府下令逮捕了驻留在赞比亚的所有民盟官兵。上述情况使游击战争一度陷入低沉。

1975 年 7 月，"前线国家"[2] 在达累斯萨拉姆开会，坦桑尼亚总统尼雷尔和莫桑比克总统萨莫拉表示，要重新支持津巴布韦的游击战。津巴布韦人民的武装斗争再次掀起高潮，游击战蓬勃开展，进入了一个崭新阶段。1975 年 11 月，来自民盟和人盟的各 9 名领导成员，联合成立了 18 人军事委员会，统一领导津巴布韦武装力量的对敌斗争。随后以军事委员会为核心建立了津巴布韦人民军（Zimbabwe People's Army）。1976 年 10 月，民盟又同人盟合并组成了"爱国阵线"。1977 年，穆加贝在民盟第二次大会上正式当选为民盟主席。在他的领导下，民盟政治上和组织上进行了多次整顿，重新起用了因契特波暗杀事件而受到牵连的

---

[1] 契特波是绍纳族马尼卡人。1975 年 3 月 18 日，契特波被敌人暗藏在汽车内的炸弹杀害。赞比亚政府指控民盟内部的人为夺权而暗杀他。津巴布韦独立后，找到证据证实，是当时白人政府保安部队所为。——著者

[2] 在支持津巴布韦人民争取国家独立和民族解放的斗争中，坦桑尼亚、赞比亚、莫桑比克、博茨瓦纳四国为了统一步调，组成了"前线国家"。1975 年非洲统一组织部长理事会第 9 次特别会议，对"前线国家"予以承认。因此"前线国家"，即坦桑尼亚、赞比亚、莫桑比克、博茨瓦纳四国总称。——著者

通戈加拉（Josiah Tongogara）① 和一大批原民盟游击队骨干，补充了大量兵员，武装力量日益壮大。他们在"前线国家"的帮助下，从多个军事营地四面出击，使解放区的面积不断扩大。

在这种情况下，史密斯白人政权不甘失败，困兽犹斗。他们一面玩弄"和谈"把戏，一面加紧袭击游击队营地和对支持津巴布韦武装力量的邻国实施报复。而此时的津巴布韦武装力量已经开始向城市发起进攻，袭击机场和油库、捣毁重要的经济和军事设施，甚至多次成功地袭击了首都索尔兹伯里。津巴布韦武装力量的指挥中心也开始从国外转移到国内。

1979 年时，游击队的活动已遍及北部、中部和南部的广大地区，其中约 1/3 的地区已经成为解放区或游击队的根据地。据估计当时解放区的人口已达到 50 万至 75 万人②。罗得西亚白人政府已经失去了对农村地区的控制。这时，津巴布韦武装力量已发展成为具有相当规模的战斗部队，总人数达到约 5 万人，其中民盟战士超过 3 万人，人盟战士近 2 万人。

战争消耗了白人政府大量的人力、物力和财力。沉重的负担使当时仅占全国人口总数不到 3% 的白人难以承受。白人政府军费的开支已占到政府预算的 1/3 以上，白人军队与平民的伤亡人数急速增加。白人政府为了扩充兵力，连五六十岁的老人也要应征。战争使罗得西亚的白人移民惶恐不安，许多人纷纷逃往国外。几年中白人外流人口达到近 7 万人，留下的十几万白人大多数倾向于尽快结束战争、改变现状，同黑人和睦相处。来自战争内外的压力，迫使史密斯政府同意进行"和谈"。

---

① 通戈加拉为民盟军事书记，1972 年被任命为民盟解放军总指挥，1973 年被选为民盟"抵抗委员会"主席，1975 年在契特波暗杀事件中被赞比亚政府关押，后经穆加贝多次交涉获释。——著者

② 何丽儿：《南部非洲的一颗明珠——津巴布韦》，当代世界出版社，1995，第 106 页。

（二）通过和平谈判走向最终胜利

1974 年葡萄牙发生政变，1975 年莫桑比克摆脱葡萄牙的殖民统治获得独立，改变了南部非洲力量的对比，为津巴布韦人民的民族解放斗争创造了更加有利的国际环境。英国和美国为了防止当时的苏联、古巴进一步插手南部非洲，从而削弱英国、美国在这一地区的影响，一改过去对罗得西亚政府的态度，开始介入津巴布韦争取独立的进程。非统组织认可的"前线国家"的成立，使津巴布韦民族解放运动有了除莫桑比克之外的其他邻国的支持。支持罗得西亚白人政府的南非，曾一直被看作是罗得西亚白人政府政治、经济、军事上的得力支柱，迫于地区形势的变化，也表示愿意帮助罗得西亚摆脱史密斯白人政权，实现多数人的统治。

在这种形势下，1974 年末，史密斯政府很不情愿地接受了"前线国家"领导人和南非领导人提出的要求，释放了那些被关押的罗得西亚民族解放运动领导人，并开始走向谈判的道路。此后，津巴布韦民盟、人盟、津巴布韦解放阵线（Front for the Liberation of Zimbabwe，FROLIZI）[①]、非洲人全国委员会（African National Council，ANC）[②] 等组织的国外领导人宣布统一在非洲人全国委员会的名下，参加同史密斯政府的谈判。同年 12 月 4～6 日，有关各方在卢萨卡举行谈判。会谈中，黑人、白人双方在过渡到多数人统治的期限、选举资格以及由谁主持制宪会议等问题上发生严重分歧。民族主义领导人最初坚持立即实现非洲的多数人统治，但后来接受了赞比亚卡翁达总统 5 年过渡期

---

① 1971 年 10 月由当时居住在赞比亚卢萨卡的人盟和民盟中持不同政见的领导人共同组成。该组织从未在罗得西亚境内设立机构，1972 年曾得到外界支持。——著者

② 成立于 1971 年 12 月，为了免遭白人政府查禁，它以公共利益社团的形式出现，而非作为一个政治组织。1972 年它的分支机构遍布城乡地区，后重新定位为政治组织。它的英文缩写"ANC"与非洲人国民大会相同。——著者

的建议。他们还接受了卡翁达总统关于选举人资格的建议，即凡具有 6 年小学教育加 1 年中学教育者均可参加选举。但史密斯政府对此都予以拒绝。有关召开制宪会议的问题，双方也未达成统一意见。会谈终因史密斯政府的顽固态度而破裂。

1975 年 8 月，黑人、白人双方举行维多利亚瀑布会谈，赞比亚总统卡翁达和南非总理沃斯特同时与会。会谈一开始，非洲人方面提出，要求立即实现多数人统治，而史密斯政府声称永远不会将国家交给黑人占多数的政府，只同意与黑人分享权力，搞所谓多种族内阁。由于双方在这一原则问题上僵持不下，会谈只进行了几个小时即告破裂。会后，非洲人全国委员会内部分裂成两派。一派由恩科莫领导，自称为"津巴布韦非洲人全国委员会"，会后返回了罗得西亚①。另一派由穆佐雷瓦领导，也改称为"统一非洲人全国委员会"，继续在国外活动。

会谈破裂后，史密斯政权进一步加紧了对民族解放运动的武装行动，多次越境到莫桑比克袭击津巴布韦营地，战火有向南部非洲其他国家蔓延的趋势。于是，美国国务卿基辛格和南非总理沃斯特于 1976 年 9 月 14 日和 19 日两次直接同史密斯政府举行会谈。基辛格提出了解决罗得西亚问题的建议方案，即按照"实现多数人统治，保护少数人权利"的基本原则，迫使史密斯政府接受在罗得西亚实行多数人的统治，以此来防止非洲民族主义激进派上台。经过长时间会谈，史密斯政府在南非政府的压力下终于接受了基辛格提出的方案，并于 1976 年 9 月 24 日发表公开讲话，表示愿意就解决罗得西亚问题进行谈判，两年内实现多数人统治。

为落实基辛格方案，1976 年 10 ~ 12 月，英国驻联合国大使理查德（Ivor Richards）主持召开了日内瓦和谈会议。会议由五

---

① 恩科莫领导的"津巴布韦非洲人全国委员会"1976 年初与史密斯政府进行了私下秘密会谈。——著者

方代表出席：史密斯白人政府、希托莱领导的民盟少数派、穆佐雷瓦领导的非洲人全国委员会（统一非洲人全国委员会）、恩科莫领导的非洲人全国委员会（津巴布韦非洲人全国委员会）和穆加贝领导的民盟多数派。就在会议召开前夕，恩科莫和穆加贝宣布联合组成"爱国阵线"（Patriotic Front），使会议的主要参与方变为四方。会议首先在实现多数人统治的过渡期问题上陷入僵局。非洲人主张过渡期最多为一年，而史密斯政府要求不能少于23个月的时间。最后理查德提出的折衷方案被双方接受，即1978年3月31日被定为实现多数人统治的最后日期。随后会议又围绕过渡政府的组成等问题，展开激烈的争执，最终未果。

　　日内瓦会谈失败后，史密斯白人政府面临着国际社会，包括南非的重重压力。1977年4月，英国、美国抛出一套新的解决方案，建议就多数人统治的制宪及选举等问题召开各方会议。该方案经英国、美国和非洲领导人协商修改后正式公布，史密斯政府对此坚决反对。但是，为掩人耳目，史密斯白人政府装出一副愿意与非洲民族主义组织谈判的架势，开始与境内的一些非洲领导人接触，极力拉拢黑人温和派，试图扶植他们上台，以保障今后更多白人的利益。1977年底，史密斯政府与一些非洲组织领导人召开所谓"内部解决"的谈判会议，参加谈判的非洲组织的领导人包括穆佐雷瓦领导的"统一非洲人全国委员会"、希托莱领导的民盟少数派（希托莱自称为"非洲人全国委员会—希托莱派"[1]），以及酋长奇劳（Chirau）领导的"津巴布韦统一人民组织"。这些与会的非洲组织领导人手下既没有任何武装力量，也没有多少支持者，因此更不能代表任何罗得西亚主要的非洲组织和罗得西亚人民。谈判从1977年12月进行到1978年3

---

① Steven C. Rubert & R. Kent Rasmussen, *Historical Dictionary of Zimbabwe*, Third Edition, The Scarecrow Press, London, 2001, p. 125.

月初，其间史密斯政府也曾向"爱国阵线"发出参会邀请，但遭到拒绝。1978 年 3 月 3 日，谈判各方终于签订协议。1979 年 5 月 29 日，穆佐雷瓦正式出任总理，次日新宪法（1979 年）正式生效，"津巴布韦罗得西亚"宣布独立。虽然穆佐雷瓦出任政府总理，但在警察、军队以及政府公务员等部门，白人仍掌实权。穆佐雷瓦政府没有得到世界上任何一个国家的承认。

从史密斯当局策划和操纵所谓"内部解决"的谈判一开始，罗得西亚主要民族解放组织就识破其阴谋，并予以揭露，同时加强了武装斗争以显示力量。此时苏联和古巴领导人在 1977 年相继访问南部非洲国家，同莫桑比克和安哥拉签订了带有军事协定性质的友好合作条约。为了防止苏联、古巴插手津巴布韦问题，自 1977 年 4 月起，英国、美国政府已经开始加紧同代表津巴布韦多数非洲人的民盟和人盟组织频繁接触和磋商，并最终提出了全面解决罗得西亚问题的新建议。

1979 年 9 月 10 日～12 月 21 日，在英国伦敦召开兰凯斯特大厦会议，有关各方就英国、美国新的解决方案举行会谈。迫使史密斯政府重新回到谈判桌上的决定性因素是民族解放运动的武装力量在罗得西亚北部、中部及南部地区展开了更加猛烈的攻势。同时，根据"内部解决"谈判成立的政府没能得到任何国家承认也是原因之一。

兰凯斯特大厦会谈由英国外交大臣卡林顿主持。会议的参加方主要包括以穆佐雷瓦和史密斯领导的所谓"津巴布韦罗得西亚"代表团、以恩科莫为代表的人盟和以穆加贝为代表的民盟联合组成的爱国阵线代表团以及"前线国家"首脑。会议各方主要就三个大问题进行谈判：一是制宪问题；二是过渡期的安排问题；三是交战双方实现停火的问题。在每一个问题上，双方均发生激烈的争论。以恩科莫和穆加贝领导的爱国阵线代表团在谈判中发挥了重要作用。他们在谈判中坚持有理有利的原则，始终

坚定地维护民族的根本利益，对无理的要求甚至威胁给予有力回击。同时，为了顾全大局，他们在某些问题上也作出了必要的让步，适当照顾到了白人的利益。谈判对方也不愿看到会议无果而终，因此也被迫做了一些妥协。爱国阵线方面在实行议会制、7年内为白人保留 20 个议会席位、宪法相关条款的修订须 2/3 以上票数通过等问题上，作出了适当的让步。在收回白人土地重新进行分配的问题上，因为英国和美国许诺在土地赎回过程中将提供财政支持，爱国阵线才表示接受。在过渡时期安排方面，爱国阵线坚决反对大选前由白人政权的行政机构和警察部队管理，最后英国、美国方面作出了让步，同意由英联邦部队监督选举。

此次谈判持续了 103 天之久，中间几经波折，险些破裂，但最终圆满结束，谈判各方都在协议上签了字。根据各方签署的兰凯斯特大厦宪法，1980 年 2 月底，在联合国军队的监督下举行了以一人一票为基础的大选。全国近 270 万选民参加了投票，占选民总数的 93% 以上。选举结果，在议会 100 个议席的 80 个黑人议席中，以穆加贝为首的津巴布韦非洲民族联盟（爱国阵线）占 57 席，恩科莫领导的津巴布韦非洲人民联盟（爱国阵线）占 20 席，穆佐雷瓦领导的非洲人全国委员会占 3 席。另外 20 个白人议席已由白人先行选举。津巴布韦民盟在选举中取得了绝对的胜利，穆加贝出任第一届真正黑人多数统治的政府总理。1980 年 4 月 18日，一个新的独立主权的国家——津巴布韦共和国宣告成立。

第六节　独立后的几个政治问题

一　"一党制"目标与"社会主义"实践

19 80 年独立宪法有关结社自由的相关条款，实际上是在法律上奠定了津巴布韦实行多党制的格局。但是长期以来，穆加贝作为主要执政党民盟的领导人和国家元首，从未放弃过一党制的思想理念，并逐步将其付诸实践。一党制和社会主义道路，是穆加贝总统长期以来所坚持的建党和治国的方针政策。但是，津巴布韦是非洲极少数没有正式实行制宪意义上一党制的国家之一。

早在独立前，以穆加贝为首的津巴布韦民盟就曾明确表示，要将以马克思主义、列宁主义和毛泽东思想为基础的科学社会主义作为立党之本，将建立一党制国家作为津巴布韦民盟政治上的奋斗目标。因此，建国伊始，作为执政党的津巴布韦民盟就把"一党制"作为建成社会主义的必由之路。为了实现这一目标，1984 年津巴布韦民盟召开第二次全国代表大会，通过了新党章和大会决议以及领导人守则等文件。这次代表大会的重要意义之一是将建立一党制社会主义国家作为宗旨写进了新党章，并以此作为下一届大选的竞选纲领。结果，在 1985 年独立后的第二次大选中，民盟以 77% 的选票再次获胜。选举的结果既反映了当时绝大多数群众对实行一党制的支持，同时也反映出部族矛盾与种族矛盾并未解决，这成为津巴布韦实现一党制的障碍。因为津巴布韦人盟所获的选票几乎全部来自恩德贝莱族聚居的地区，原白人种族主义政府领导人组成的政党，在竞选中也获得了 20 个白人保留议席中的 15 个。这种状况促使穆加贝下定进一步推行一党制的决心，进而顺利推行社会主义道路。穆加贝领导的津巴布韦民盟同恩科莫领导的津巴布韦人盟就合并问题举行多次谈判，两党于 1987 年 12 月签署联合协议（Unity Pact）最终实现合并，合并后仍宣称"以马克思列宁主义为指导思想"。虽然一部分原津巴布韦人盟成员反对合并，并组织起所谓的"新人盟"，但最终未成气候[1]。合并后的民盟占有议会 96% 的议席，

---

[1] Steven C. Rubert & R. Kent Rasmussen, *Historical Dictionary of Zimbabwe*, Third Edition, The Scarecrow Press, London, 2001, p. 364.

实现了"事实上的一党制"。

　　独立初期，津巴布韦民盟在第二次全国代表大会上除确立了"一党制"的目标外，还确定了津巴布韦社会主义的发展方向，即以马列主义为指导思想，根据本国国情确立社会主义的发展道路。在获得了真正意义上国家政治上的独立后，以穆加贝为首的津巴布韦民盟政权，试图通过发展民族经济和文化来实现经济上的彻底解放和独立，并为此制定了一系列的方针政策及措施。

　　首先，津巴布韦政府将保持社会稳定的和平环境作为首要任务。动员全体津巴布韦人民同心协力，共建国家。为此，民盟政府最初采取了较为灵活的统一战线政策，注意照顾到不同种族、部族、集团和各党派的利益，团结大多数、孤立极少数。例如，独立后，津巴布韦政府即表示欢迎白人留下来共建津巴布韦的愿望。穆加贝在1982年的一次讲话中说，"只要白人不再想恢复他们过去的秩序，就不能把他们当作敌人，而应当作是人民的一部分"。这一做法使得留下来的白人多数愿意与政府合作，遵守法律，也因此吸引了一些在独立前后移居国外的白人陆续返回津巴布韦。对那些曾经在白人殖民政府中充当重要角色的人或代理人，民盟政府也是采取观其后效的策略，没有把他们完全从新政府的机构中驱除出去。津巴布韦政府还特别重视酋长的作用，穆加贝曾多次会见他们，强调他们在维持治安、立法和恢复传统文化方面所起到的作用。与此同时，以穆加贝为首的津巴布韦政府对持敌对态度的分子进行了坚决斗争，甚至对独立后一些发生骚乱的地区实行宵禁、清剿等严厉措施。此外，独立后的津巴布韦政府，即刻开始对原有的三支武装力量（原民盟所属的解放军、人盟所属的人民军和白人政府时的殖民军队、警察）进行整编，很快建立了一支统一的国防军，同时还建立了一支负责民防的民兵部队。以上这些措施，起到了团结多数、打击和孤立少数、维护民族独立和巩固新生政权的目的，为刚刚取得民族独立的津巴布韦创造了相对稳定的政治局面，也完全打破了外界曾认为独立后的津巴布韦会爆发内战，国家又会四分五裂的预言。

二　非洲民主化浪潮对政局的影响

20世纪 90 年代末至 21 世纪初，随着苏联、东欧国家发生剧变，"民主改革"浪潮席卷非洲大陆。非洲国家纷纷尝试实行政治上的改革，形形色色的"多党民主制"主张出台。津巴布韦也毫不例外受到影响。这种影响首先来自东方社会主义阵营的瓦解和消亡，使以"科学社会主义"为指导思想的执政党民盟领导层内部，对马克思列宁主义是否适用于津巴布韦产生怀疑。其次，津巴布韦国内一直反对实行一党制的人士或组织，借助多党民主化的风潮，明确主张在津巴布韦要实行政治上的多元化。再次，由于津巴布韦经济上是一个以出口为导向的国家，出口收入通常占国民生产总值的 1/3 左右，出口市场又主要依靠西方国家，因此这种结构注定了津巴布韦不能孤立于世界市场之外，经济上的发展在很大程度上还要依赖西方国家。而此时，经济实力较津巴布韦强大的南非，其国内政治形势的变化，预示着国际上对南非实行多年的经济制裁必将取消。要抢先于南非获得西方国家更多的援助和投资，以便在南部非洲保持一定的实力，就要拉近同西方国家以及国际金融组织的关系。在这些内外因素的影响下，以穆加贝为首的津巴布韦民盟面对这股潮流，不得不作出政治和经济上政策的适度调整，从而使执政党控制住政局的基本稳定。但是尽管如此，津巴布韦执政党还是遇到了一次比一次更加严重的政治上的挑战和冲击。

津巴布韦执政党民盟从 1991 年开始在思想理论方面对科学社会主义进行修正。津巴布韦民盟曾就是否坚持社会主义的指导思想召开了专门会议讨论。少数人主张应该完全放弃社会主义，全盘实行资本主义。而以穆加贝为首的民盟主流派认为，独立以来实行的"现实社会主义"政策，即资本主义与社会主义两种社会制度"互补"的"混合政治经济"政策，符合津巴布韦的实际。但根据当前国内外的形势，应该考虑对原有的社会主义理论进行修正。因此，在一份政治局常委会的报告中，提出要以"社会民主主义"取代"马克思列宁主义"。穆加贝总统曾对这一改变作出解释说，"在解放斗争中，由于津巴布韦正在进行反帝国主义和反殖民主义的斗争，于是很快就接受了社会主义的意识形态。但在掌握政权之后，现实生活中庞大的资本主义基础结构占优势，民盟一直不能实行完全的社会主义原则"，独立后，政府"出于实际的考虑，允许社会主义制度同资本主义制度并存。政府选择了混合经济。如果这种经济形式成为永久的选择，那么我们就再也不能谈什么纯正的社会主义意识形态了，因而我们将选择做社会民主党人"①。这一指导思想方面的变化，为津巴布韦民盟政治路线的改变提供了理论基础。但是这一变化，实质上并非真正出于以穆加贝为首的民盟主流派的真实思想。因为此后不久，在1994年9月召开的独立后的民盟第二次全国代表大会上，民盟又重新确立马克思列宁主义和科学社会主义作为该党的指导思想。

20世纪90年代末，苏联、东欧剧变，使实行一党制的非洲国家受到政治多元化的强烈冲击。津巴布韦虽然在制宪意义上并非是实行一党制的国家，但独立后穆加贝领导的民盟以不可取代的实力长期占据执政党地位，并且一直按照"一党制"的理念执政。1990年津巴布韦举行第三次大选，民盟虽仍获得了绝大多数选票，但选民情绪低落，而以推行多党制为目标的津巴布韦统一运动党，在知识分子和工人以及工商界中赢得不少支持。基于

---

① 何丽儿：《南部非洲的一颗明珠——津巴布韦》，当代世界出版社，1995，第137页。

这种情况，穆加贝等少数民盟领导人，曾试图通过立法取缔反对党，以消除对执政党的威胁隐患，实现真正意义上的"一党制"。但是，受民主化浪潮的影响，在民盟召开的中央委员会和政治局会议上，多数成员反对取缔反对党的主张。迫于内外压力，穆加贝总统于 1991 年初正式宣布不再制定取缔反对党的法律，要维持现状。1992 年，津巴布韦民盟又从维持"事实上的一党制"发展到明确宣布实行多党制，并指出公民应有结社和批评政府的自由。这也是穆加贝政府自独立以来，在政治方面所作出的最大的调整，即从实行"一党制"转变到明确宣布实行"多党制"。

　　执政党民盟摒弃一党制、明确接受多党制的另外一个原因是来自其他党派对民盟利用执政党地位以权谋私和贪污腐败的指责。这些指责已经威胁到了政权的稳定。独立之初，执政党内部由于缺少监督机制，在高层领导人中就已经出现贪污腐败问题，如利用职权经商和土地分配中私自多占土地等。为此，民盟第二次代表大会曾制定了《领导人守则》加以约束。该《守则》规定，领导人不得贪污、不得经商、不能在商业中拥有股份和领取利息、不能领取双份或多份工资、不得拥有 50 英亩以上的土地等。尽管规定得如此详细，但是执政党领导人贪污和腐败问题并没有因此而得到解决。因此 1990 年举行的第三次大选中，选民的积极性受挫，对执政党民盟的信任大不如前，投票率仅达到54%。虽然执政的民盟再次获胜，但其他政党的参选并且获得了部分选民的支持已经表明 10 年来津巴布韦事实上的一党制统治已接近名存实亡。另外，此次大选前后几年间，津巴布韦国内反对执政党的呼声渐高。许多黑人对独立后要求尽快改变现状的期望值过高，认为政府的政策过于温和。大学生联合会和全国总工会等团体组织的罢工和罢课的现象时有发生。与此同时，这些政治团体还同时提出了要求有更多政治上的发言权和对政府行为的监督权，甚至曾公开提出要求执政党和穆加贝总统下台。以原白

人史密斯为首的右翼保守党借机联络其他党派，试图建立反对党联盟与执政的民盟抗衡。虽然这股力量由于历史原因不可能形成大的气候，但毕竟也已成为一股暗流。在这样的形势下，如果作为执政党的津巴布韦民盟继续坚持实行一党制，在国内外的压力下，其结果必会导致党内的更大分歧和国内矛盾的更大激化，引发政局动荡，造成对执政党地位更大的威胁。

1991 年初津巴布韦民盟宣布不再取缔反对党、1992 年又明确宣布实行多党制之后，津巴布韦政治舞台上又涌现出了一些新党，一些新党的实力和在民众中的影响不断扩大，各种反政府的政治势力开始重新组合，社会动荡因素不断加剧，对执政党民盟政权提出了新的挑战。20 世纪 90 年代初期，津巴布韦连年遭遇历史罕见的特大旱灾，政府为了救灾而财政拮据，社会福利也相应地减少。同时，自 1991 年初津巴布韦政府接受世界银行和国际货币基金组织的建议实施经济结构调整以来，食品、燃料、医疗费用等价格急剧上涨，失业人数增加，工人和学生的不满情绪进一步增长。他们举行游行示威，要求政府下台和解散执政党，游行示威的群众还多次与警察发生冲突，社会出现小规模的骚乱，给政府造成一定压力。但反对政府的津巴布韦总工会号召工人上街游行的举动遭到矿业工会、农业工会、种植业工会等行业工会组织的反对，因此当时并没有形成全国性工人的反政府行动。津巴布韦政府维护了社会的基本稳定。但是随着国内经济出现下滑、人民生活水平下降，以及穆加贝政府在政治民主方面所采取的不够开明的对内政策，致使国内矛盾越来越突出，津巴布韦政府逐步陷入重重危机之中。

三　土地问题引发的政局动荡

20 世纪 90 年代初，津巴布韦政府为了获得更多的外国投资和援助，促进津巴布韦经济的快速恢复和增长，接受了由国际货币基金组织和世界银行提出的"经济结构调整计划"（ESAP）。根据该计划的相关条件，津巴布韦政府承诺实行市场经济条件下的开放政策，大大放宽了政府对外汇、物价、商品进口等领域的控制与监管。与此同时，1991～1992年津巴布韦历史上最严重的旱灾不期而至，随后1994～1995年再度发生旱灾，在一定程度上打乱了政府实施经济结构调整计划。结果造成了物价的全面上涨、通货膨胀不断加剧、失业人口不断增多、经济滑坡、人民生活水平急速下降、贫困人口增加。人们对穆加贝领导的民盟政府的不满情绪逐渐增长。全国范围内的罢工和游行示威活动时有发生。此时，一些政府反对派借机煽动民众，公开指责穆加贝政府政策上的失误。为了巩固民盟执政党的地位，不致使政权旁落，穆加贝政府采取了较为强硬的内外政策。在经济发展方面，强调摆脱对西方的依赖，主张自力更生的发展道路。政治方面采取强权统治，坚决抵制西方意识形态的影响，对国内反对派势力采取打压政策，社会的不安定因素加剧上升，政局出现动荡。

由于经济的倒退，人民生活水平不断下降、失业率不断攀升，广大民众要求政府收回原有白人土地、重新分配给黑人的呼声越来越高。20世纪90年代后期，为了赢得黑人民众特别是农村地区广大民众的支持，穆加贝政府开始计划和实施"加快土地改革"政策。此项政策造成了国内黑人和白人间激烈的矛盾冲突，造成西方国家特别是英国的强烈不满，彻底改变了国内长期较稳定的政治经济形势，国内政治气氛趋于紧张，从而引发了一场土地危机，成为津巴布韦进入21世纪后国内政治经济局势的转折点，并逐渐演变成一场两大阵营的政治斗争。

1997年10月穆加贝总统宣布一直进展迟缓的土地重新安置计划要加速实施，试图以此安抚民心，稳定政局。津巴布韦政府很快在当地媒体公布出一份要征收1471家白人农场土地，进行

重新分配的计划方案①。1998 年 1 月国际货币基金组织提出，津巴布韦政府要保证在土地重新安置过程中尊重宪法，给予土地出让者以补偿，并以此作为提供财政支持的条件。津巴布韦政府对此曾表示接受，并宣布 1998 年 12 月前作为"土改快车道计划"实施的第一阶段，将收购 112 家白人农场并给予相应补偿。这一土地重新安置计划得到津巴布韦国内的普遍支持。但是从 1998 年 6 月，津巴布韦国内就开始发生一些当地黑人采取非法手段占领白人农场的事件。在这种情况下，同年 8 月穆加贝总统又宣布实施第二阶段安置计划，并为此向英国、美国等西方援助国提出财政支持请求。然而英国、美国等西方援助国以计划过于庞大、花费甚多为由加以拒绝。此间，黑人农民私自侵占白人农场事件时有发生，且出现上升趋势。

2000 年 2 月 12～13 日，津巴布韦就一项由穆加贝总统提出的宪法修正案举行全民公决，该修正案中所涉及的条款，包括授权政府可以无偿征用白人农场的土地分配给无地或少地的黑人等。宪法修正案全民公决投票结果出人意料地以 54.6% 的票数被否决，使津巴布韦执政党民盟受到 20 年来最为沉重的打击，并成为土地危机的导火索。

全民公决后不久，大批曾参加过独立解放战争的老战士，在政府的默许和支持下开始大规模、有组织地袭击和擅自抢占白人农场的土地。随后两个多月的时间里，由此而引发的暴力冲突频发，双方冲突造成几十人伤亡、1000 多家白人农场被占领，有些农场被火焚烧。截至 2000 年 6 月份，有 1200 多家原白人经营的农场被抢占或遭袭击，其中一些农场的土地被分割成小块分配给当地农民。许多白人农场主携家眷逃离家园。对抢占白人农场事件，津巴布韦高等法院曾经几次作出裁决认定为非法，要求占

---

① Richard Brown, *Africa South of the Sahara* 2008, Routledge, 2008, p. 1289.

领者退出占领的土地，但这些裁决均无法执行。因为政府、军队及警方对这一事件均表现出默许和支持的态度，穆加贝总统也表现出支持。这场土地风波是津巴布韦自 1980 年独立以来最严重的土地事件，造成了国内政局的动荡，使津巴布韦因此陷入了历史上最严重的政治经济危机之中，并引起了国际社会的普遍关注。

长期以来，民盟在广大的农村地区有着深厚的群众基础，得到广大农村地区选民的支持是保持其执政地位的根本保证。但是，由于国内土地问题一时难以解决，政府官员腐败，经济恶化，1997 年以来抗议生活费用不断上涨和货币贬值所造成的生活困难、罢工、罢课、示威游行事件不断发生。1998 年初，为镇压抗议者政府命令军队向示威者开枪，据报道有 9 人死亡，800 人被捕。1998 年 6 月初位于首都哈拉雷的津巴布韦大学学生连续几天举行了反政府示威游行，随后大学被临时关闭。同年 8 月政府颁布一项法令禁止罢工和严格限制公众政治集会，但不久后该法令被取消，社会骚乱仍在继续。穆加贝总统随后曾再次发布禁令，但这一禁令在 1999 年 2 月也被法院判决为非法。在动乱不断增加的形势下，穆加贝总统向全国发表讲话，对法律界、新闻媒体和某些英国机构进行了抨击。他还在讲话中指责津巴布韦白人煽动骚乱。此后津巴布韦国内罢工、示威的事件仍没有停止。为了避免在随后举行的议会选举中再遭失败从而失去执政党地位，穆加贝总统宣布将计划于 4 月份举行的大选推迟到 6 月份举行，以赢得更多的时间进行准备。

2000 年 6 月 25 日举行了议会选举，结果在议会 120 名民选议员中，执政党民盟以 62 对 57 票的微弱多数获胜。这是津巴布韦独立以来执政党和反对党之间第一次出现势均力敌的局面，也是第一次在议会中出现如此强大的反对派集团。

1999 年 9 月成立的反对党民革运在西方国家的支持下，从

一开始就极力反对"土改快车道"计划，它以维护民主和人权为借口对穆加贝政府进行攻击，赢得了城市中不少民众的支持，进而在议会大选中获得了不少选票。为了削弱反对党实力，减少其对执政党民盟的威胁，穆加贝政府在议会选举后不久，开始对反对党民革运采取打压政策。政府开始下令对城市社会治安秩序进行大规模的清理和整顿，逮捕了大批无照商贩和倒卖外汇者，清除了城市中的非法留居点。据媒体报道说，此次大清理和整顿行动造成约 20 万人无家可归。主要反对党民革运和英国、美国等一些西方国家认为这是对人权和法律的践踏，并已经造成了严重的人权危机。此后，为保证 2002 年总统大选再度取胜，穆加贝总统从 2001 年开始采取了更加强硬的政策来打击反对派势力。一是一些民革运国会议员因各种名义被指控犯罪遭逮捕，包括党的主席茨万吉拉伊在内的三名党的高级领导人，也因被指控犯有"叛国罪"遭到监禁。2002 年 3 月 20 日，民革运主席茨万吉拉伊以涉嫌谋杀穆加贝总统的罪名被正式起诉，同年他又因证据不足而被宣布无罪。二是继续默许黑人抢占白人农场土地，这种抢占事件最后发展到首都哈拉雷，造成了社会的骚乱；另一方面借政府出台的《公共秩序与安全法令》等规定，禁止反对党组织抗议活动，同时对新闻媒体和司法部门采取严格控制措施。总统大选中穆加贝以 53.8% 的得票率最终获胜。

2005 年大选前，南部非洲发展共同体也曾试图帮助津巴布韦制订出各方都可以接受的选举方案，希望就此可以促进津巴布韦政府政治上的一些变化。但是在"南共体"召开会议前，穆加贝总统就提出了自己的方案。该方案包括组建独立的选举委员会、一天内完成选举、使用透明投票箱、在投票站当场验票、增加投票站数量等措施，这些措施最终使执政的民盟再次获胜。在 120名民选议员中，民盟占 78 席，民革运占 41 席，独立人士占 1 席。在 2005 年 11 月举行的参议院选举中，由于反对党民革运内部产生分歧，执政党民盟获得绝对优势，在总共 66 个议席中，民盟党占到 59 席。因此，在 2005 年议会大选后，反对党力量更显薄弱，穆加贝总统领导的民盟占据上风，国内政局没有出现大的动荡。

此外，由于穆加贝总统对国内反对派采取的较为强硬的政策以及政治局势的动荡和经济形势的恶化，使津巴布韦已经成为非洲地区乃至国际社会所关注的焦点。以英国和美国为首的西方国家以维护民主和人权为借口对津巴布韦政府大加指责。2001 年以来，西方国家对津巴布韦采取了多种制裁手段，如在政治和经济上实行孤立政策，使津巴布韦与西方关系极度紧张。英国政府曾两度宣布取消津巴布韦的英联邦成员资格，而穆加贝政府则以退出英联邦作为回应。英国、美国和澳大利亚等西方国家政府同时采取外交上的打压政策，如禁止民盟领导人入境、冻结财产等，试图迫使穆加贝政府改变现行政策。而非洲国家特别是南非及南部非洲发展共同体（SADC）虽然对穆加贝政府所采取的一些过激政策、措施持不同看法，但基于维护南部非洲地区的稳定，它们反对西方国家插手非洲地区事务，倡导联合自强以抵制西方国家的干涉。

2007 年 3 月下旬，南部非洲发展共同体在坦桑尼亚首都达累斯萨拉姆召开紧急首脑会议，会议决定由南非总统姆贝基为首组成津巴布韦问题协调小组，负责促成津巴布韦国内各派间的政治对话，以改善目前津巴布韦国内政治经济上的不利局面。但是穆加贝总统并未表现出与国内反对派进行对话的可能性，而是一味指责国内主要反对派民革运在西方的支持下阴谋颠覆穆加贝政权，这使得津巴布韦的政治局势由此变得更加扑朔迷离。

四　2008 年大选风波

2008 年 3 月 29 日，津巴布韦在全国举行总统、议会和地方政府联合选举。这是自 1980 年 4 月独立后，津

巴布韦举行的第四次总统选举，也是首次总统、议会和地方政府联合大选。在随后公布的议会选举结果中，穆加贝总统领导的津巴布韦民盟首次败北，失去了在议会中的多数席位，成为津巴布韦政局变化的又一重要标志。津巴布韦第一大反对党民革运，即茨万吉拉伊领导的多数派在此次议会选举中最终获得了 100 席，津巴布韦民革运另一派获得 10 席，独立人士获得 1 席，而执政党津巴布韦民盟仅获得 99 席。由于此次全国大选中备受关注的总统选举结果迟迟没有公布，一度造成津巴布韦国内局势的混乱。反对派组织了多次抗议活动，指责政府选举舞弊，故意掩盖选举结果，津巴布韦国内支持派与反对派发生暴力冲突。来自国际上的舆论也对穆加贝政府多有指责，英国、美国等西方国家领导人以及联合国前秘书长安南在不同的场合敦促津巴布韦政府尽早公布总统大选结果。

津巴布韦选举委员会于 2008 年 5 月 2 日公布了总统选举结果，宣布在 3 月 29 日举行的总统选举中没有一位候选人赢得超过 50% 的选票，反对党候选人茨万吉拉伊得票率为 47.9%，现任总统、津巴布韦非洲民族联盟—爱国阵线候选人穆加贝得票率为 43.2%，其他两位独立候选人马科尼和吐温加纳得票率更低。因此，根据津巴布韦法律规定，津巴布韦选举委员会决定得票领先的现任总统穆加贝和反对党候选人茨万吉拉伊在 6 月 27 日参加第二轮总统选举。

本届总统大选前后，国内针对反对派候选人及其支持者的违法暴力事件时有发生，并造成了数十人丧生，数万人流离失所。此外，原准备参加总统大选的反对党民主变革运动领导人茨万吉拉伊在第二轮大选前约一周（6 月 22 日）以反对党支持者的安全受到威胁为由宣布退出选举。津巴布韦选举委员会以提出请求的时间过迟为由，拒绝了其请求。鉴于此，国际社会普遍认为，津巴布韦大选如果如期举行则很难保障选举的公平与公正。联合国安理会于 6 月 23 日发表一项主席声明，表示对津巴布韦大选前所出现的暴力事件表示遗憾，同时指出原定于 6 月 27 日的大选应予以推迟。同时，6 月 25 日南部非洲发展共同体 4 个成员国（坦桑尼亚、安哥拉、斯威士兰、赞比亚）也就津巴布韦局势举行了小型峰会，建议推迟总统大选的日期。还有其他一些非洲国家也以不同方式表达了同样的看法。尽管如此，穆加贝总统并没有接受有关推迟选举的建议，第二轮总统选举投票如期进行。

　　6 月 29 日，津巴布韦选举委员会公布选举结果，现任总统穆加贝以得票率 85.51% 而高票当选，津巴布韦民革运候选人茨万吉拉伊得票率仅为 9.3%。津巴布韦选举委员会宣布，此次投票率为 43%，穆加贝总统得票 2150269 票，茨万吉拉伊得票 233000 票[①]。此次大选由多国或国际组织派出观察员来监督大选，其中来自非洲联盟和南部非洲发展共同体的观察员的数量就超过 400 人。宣布选举结果的当天下午穆加贝总统即宣誓就职新一任总统。在总统就职仪式上，穆加贝总统发表讲话。他说，"为了国家统一和民族团结的前途和命运，各党派应尽早缩小分歧，加强团结与合作"，并表示愿意"很快和反对派进行对话"。而反对派领导人茨万吉拉伊认为大选是不合法的，大选本身就是一场欺骗，呼吁非洲国家不要承认此次大选结果。

　　此次总统选举结束后，以英国、美国等国为首的许多西方国家表示愤怒，认为穆加贝的当选不合法，英国首相布朗 6 月 30 日发表声明，要求非盟拒绝承认选举结果；法国官方直言津巴布韦大选"非法"；美国提出对津巴布韦实行新的制裁措施；有些

---

① Floyd Nkomo, "President Mugabe Wins Run-Off, Sworn in", *The Zimbabwe Guardian* (*London*), June 29, 2008, Distributed by AllAfrica Global Media (http：//www.allAfrica.com).

国家甚至提出要对津巴布韦实行军事干预等。多数非洲国家对津巴布韦此次大选结果也表示质疑，有些国家则表示出强烈不满、批评和指责，使津巴布韦与非洲国家的关系也出现了难以预料的危机。

穆加贝虽然再次赢得总统大选，保住了其执政地位，但远不及以往名正言顺。为缓和国内局势，实现经济复苏，穆加贝总统在保持一贯的强硬政策和作风的同时，迫于国内反对派势力以及来自国际社会的压力也不得不采取与反对派实行政治对话的策略。但抵制西方意识形态对津巴布韦的影响、对反对党势力的扩大进行遏制仍是穆加贝总统施政的重要组成部分。反对派民革运对此次大选结果最初是强烈反对。但随后，民革运的政治态度有所妥协，这为分歧双方的谈判和国内局势的缓和创造了条件。

2008年7月21日，穆加贝领导的民盟与反对党民革运两派，在首都哈拉雷共同签署一项谅解备忘录，表达了双方（三方）进行政治谈判、解决分歧与矛盾的意愿。南非总统姆贝基作为南共体协调人也在备忘录上签字。双边（三方）就权力分享问题的政治谈判于8月10日正式开始，谈判过程断断续续，曾因双方存在的严重分歧而几度中断。最终有关权力分享的谈判协议于9月15日在津巴布韦首都哈拉雷正式签署。

根据签署的协议，津巴布韦分歧三方同意共同组成联合政府。穆加贝任津巴布韦总统，两位副总统由总统任命或由津巴布韦民盟（爱国阵线）成员担任；津巴布韦反对派民革运主流派茨万吉拉伊出任政府总理，两位副总理其中之一由民革运另一派领导人穆坦巴拉担任，另一位将来自茨万吉拉伊派；新内阁将由31个部长席位组成，其中民盟占15席，民革运占16席。穆坦巴拉领导的民革运派别将在民革运的16席中占据3席。协议还就15个副部长的席位进行了安排。

值得关注的是，该项协议中津巴布韦分歧各方对恢复国家经济稳定和增长，制止经济下滑趋势，以及制定新的经济恢复战略达成了广泛共识。穆加贝总统在协议签署后发表讲话说，他承诺将与茨万吉拉伊合作，"让我们成为同盟"。茨万吉拉伊则以津巴布韦总理身份首次发表讲话，说"分歧已属于过去"，呼吁津巴布韦执政党与反对党共同努力，团结一致。穆坦巴拉则表示，协议的签署吹响了津巴布韦经济变革的号角，"我们必须兑现承诺"。

津巴布韦权力分享协议的签署标志着津巴布韦的政治经济局势开始步入正轨，初步奠定了实现持久和平与安定的基础，这为解决长达数月的由大选而引发的政局动荡创造了良好的契机，同时也为津巴布韦的经济复苏带来一线希望，或许会成为津巴布韦政治经济发展的一个新的转折点。但是由于津巴布韦国内政治、经济问题的复杂性，问题的真正解决并非一蹴而就，仅凭一纸协议很难从根本上解决目前津巴布韦所面临的国内政坛的分歧以及经济上的困境。事实上津巴布韦两大对立派一直无法在政府的组成上取得一致意见，致使津巴布韦直到 2009 年 1 月尚没有组成一个各方均认可的、完整的新一届联合政府。

第七节　政治人物

一　罗伯特·加布里埃尔·穆加贝（Robert Gabriel Mugabe，1924.2.21 －　）

现任总统、津巴布韦非洲联盟（爱国阵线）主席兼第一书记。1924 年 2 月 21 日出生于哈拉雷东北部马蒂比瑞（Matibiri）村的一个农民家庭，绍纳族泽祖鲁人，父亲曾是当地的一个木匠。穆加贝幼年时期在家乡接受了 6 年教会学校教育，此后开始在当地长达 9 年的教书生涯。他在多所学校任教的同时，从未放弃过进一步求学的追求。他在 25 岁那年获得了

南非赫尔堡（Ft. Here University）大学奖学金，继续接受高等教育。1951 年毕业于南非赫尔堡大学并获得文学和历史学学士学位，这是他所获得的第一个高等学校学位。此后他又先后共获得过 6 个学士和硕士学位，使他成为获得学位最多的非洲国家领导人之一。而这些学位多数都是在繁忙的教学工作或艰苦的铁窗生涯中获得的。

穆加贝在南非学习期间曾参加过"南非非洲人国民大会"所属青年组织。1952 年、1955 年、1958～1960 年分别在南罗得西亚（现津巴布韦）、北罗得西亚（现赞比亚）和加纳任教。1960 年 5 月辞去在加纳任教职务，返回国内投身政治活动。回国后，他先后加入民族民主党，任宣传书记，加入津巴布韦人民联盟，任副书记（乔舒亚·恩科莫时任书记）。1963 年初，因发表抨击殖民当局的演说而被捕，出狱后流亡到设在坦桑尼亚的人盟国外总部。同年 8 月，因与恩科莫发生分歧而退出人盟，后加入希托莱等人创建的津巴布韦民族联盟，并任总书记。1964 年 8 月，民盟被禁，他再次被捕入狱，1974 年 11 月获释。在被关押期间，他通过函授获得了伦敦大学法学和行政管理学学士学位。1974 年被释放时，他正在攻读法学硕士学位。1975 年初去莫桑比克，在民盟设在那里的训练营地进行组织工作，领导津巴布韦武装斗争，逐步确立了在民盟党内和其武装力量中核心领导人的地位。1976 年 10 月，民盟和人盟组成爱国阵线，他率领民盟代表团出席有关津巴布韦独立问题的日内瓦谈判。1977 年 9 月正式出任民盟主席和武装部队总指挥。1979 年 9 月，作为爱国阵线领导人之一，率团出席关于津巴布韦独立问题的伦敦制宪会议。1980 年 4 月独立时任津巴布韦共和国首任总理兼国防部长。1985 年连任政府总理。1984 年 8 月、1989 年 12 月、1994 年 9 月、1999 年 12 月和 2004 年 12 月连任民盟主席兼第一书记。1987 年 12 月出任总统。1990 年 3 月、1996 年 3 月和 2002 年 3

月总统选举后连任。穆加贝执政以来，主张按照本国的实际、历史和传统，建设社会主义国家，奉行种族和解与民族团结政策，强调津巴布韦人民要不分种族和肤色、不分地区和宗教信仰团结一致为发展国家经济而努力。主张在津巴布韦建立以马列主义为指导的一党制的国家，强调必须要以政治的独立来取得经济的发展。对外奉行不结盟政策，发展同各国的友好关系，加强地区经济合作。近年来提出"向东看"政策，注意吸取中国在经济发展中的经验。曾于 1980 年、1981 年、1985 年、1987 年、1993年、1999 年、2005 年和 2006 年 8 次访华。

穆加贝于 1996 年与现任妻子格蕾丝（Grace Marufu，1965年 7 月 23 日出生）成婚，育有一儿二女。他与前妻莎莉·海弗朗（Sally Hayfron）1961 年结婚，曾育有一子，该子在 1966 年 3岁时夭折于加纳。莎莉于 1992 年因病去世，终年 60 岁。

2008 年 6 月 27 日在津巴布韦第四次总统大选的第二轮投票中胜出，并于 6 月 29 日宣誓就任总统。

二 约瑟夫·姆西卡（Joseph Msika，1923.12.6 – 2009.8.4）

副总统、民盟副主席。1923 年生，绍纳族。早年积极参与独立斗争，是津巴布韦著名解放运动领导人之一。20 世纪 50 年代曾参加非洲人国民大会党和津巴布韦民族民主党。1962 年加入津巴布韦人盟，任青年书记。1964 年起被捕入狱长达 10 年之久。1976 年被任命为人盟副主席兼总书记，并在赞比亚营地接受游击战训练。1979 年参加兰凯斯特大厦制宪会议，是宪法谈判津巴布韦代表团主要成员之一。1980 年津巴布韦独立后曾任自然资源和水利发展部长。支持人盟主席恩科莫和民盟主席穆加贝的谈判实现两党合并，并致力于维护合并后民盟（爱国阵线）的团结。1989~1999 年任民盟全国主席（党内第四号人物)。在 1999 年的民盟"三大"上当选为民盟副主席兼第二书记,2004 年在民盟"四大"上连任。自 1999 年 12 月起任副总统。1999 年 6 月率民盟代表团访华。

2005 年姆西卡因摔伤住院,此后身体状况一直欠佳。在 2005 年和 2008 年的议会选举中,他均未参选,但穆加贝总统先后分别在总统可以指定的名额内给予其众议院和参议院议员席位,并于 2008 年 10 月 13 日再次被穆加贝总统任命为新一届政府副总统。2009 年 8 月 4 日因病在津巴布韦首都哈拉雷去世,享年 86 岁。他去世后,副总统一职由约翰·恩科莫接任。

三 乔伊斯·穆菊茹(Joyce Mujuru,1955.4.15 - ,女)

副总统、民盟副主席兼第二书记。1955 年生于中马绍纳兰省,绍纳族泽祖鲁人,原名茹奈妲·姆嘎瑞(Runaida Mugari)。1973 年,刚刚 18 岁的姆嘎瑞就放弃学业,离开了家庭,投身于津巴布韦的民族解放斗争,为此她还给自己起了个新的名字,叫图拉伊·罗帕(意为"洒热血")。在津巴布韦争取民族独立的解放斗争中,穆菊茹成为一个具有传奇色彩的人物。1974 年 2 月在一次与白人殖民主义者的战斗中,她曾用冲锋枪击落过一架武装直升机,因此而名声大震,逐渐步入军事领导岗位。1974 年到赞比亚,在津巴布韦非洲民族解放军总参谋部工作,任医疗助理和政治训导员。1975 ~ 1977 年间历任副司令、政委、司令等职,成为第一位妇女指挥官。1977 年 3 月当选民盟中央委员,历任妇女事务书记、政治事务书记、政治局委员等。1989 年 12 月起任民盟教育书记。2004 年 12 月在民盟"四大"上当选民盟副主席兼第二书记。1980 年津巴布韦独立后担任内阁部长,曾是当时最年轻的内阁部长,历任青年、体育和娱乐部长,穆加贝总理办公室国务部长,社会与合作社发展和妇女事务部长，中马绍纳兰省省长，新闻邮电部长，农村发展和水资源部长，代理国防部长，水资源和基础设施发展部部长等职。20世纪70年代曾以津巴布韦民盟中央委员身份访华。1985年8月随穆加贝总理访华。2001年6月以代理国防部长身份访华。她在1977年与当时任津巴布韦非洲民族解放军（ZANLA）副总司令的索罗蒙·穆菊茹（Solomon Mujuru）结婚，改为现名。婚后育有4个子女。2004年12月就任副总统，并于2008年10月13日再次被穆加贝总统任命为新一届政府副总统。

四 摩根·茨万吉拉伊（Morgan Tsvangirai，1952. 3. 10 – ）

目 前津巴布韦最大的反对党民主变革运动主席，前津巴布韦工会大会总书记。1952年3月10日出生于津巴布韦马辛戈省北部的古图（Gutu）地区，是家中9个子女中最小的一个。中学毕业以后参加工作，以帮助家中维持生计。1972年开始在穆特雷服装厂工作，开始展露领导工会的才能。两年后转到矿山工作，在那里加入津巴布韦非洲民族联盟组织，被人们称为是一名政治委员。他在矿山一直工作了10年的时间，大部分时间都用来从事工会工作。实际上后来他已经成为那里的工人领袖，随后又成为当时矿工协会分会主席。20世纪80年代中期，他已经被选进全国矿工协会领导机构，1988年成为该组织的总书记。他领导该组织常常就提高工人工资和改善工作条件等问题与白人矿主进行谈判，并开始批评政府对该组织没有采取支持态度。1989年，他与津民盟（爱国战线）决裂，并鼓动该组织的领导层都与民盟决裂。此后不久，他被指控为南非政府从事间谍活动遭逮捕，被监禁了6周。20世纪90年代中期，他被推举担任津巴布韦工会大会领导职务，开始公开对穆加贝政府的政策提出批评，主要指责政府的经济政策失误，造成国家经济不断下滑。1997 年领导和组织了独立后第一次全国大罢工。1999 年，作为全国制宪大会委员的茨万吉拉伊辞去津巴布韦全国工会大会主席职务，成立民主变革运动党，任该党主席。此后，他领导反对党民革运参加了 2002 年、2005 年议会选举以及 2002 年与穆加贝竞选总统根据 2008 年 9 月 15 日津巴布韦各派签署的相关协议，茨万吉拉伊出任政府总理。

五　阿瑟·穆坦巴拉（Arthur Mutambara，1966.5.25 – ）

巴布韦政治家。2006 年 2 月取代恩库比成为津巴布韦反对党民革运新兴派主席。此前（2003 年 9 月始）为"非洲技术与商业研究所"（Africa Technology and Business Institute）总经理和首席执行官。根据 2008 年 9 月 15 日津巴布韦各派签署的相关协议，穆坦巴拉出任新一届政府副总理。

穆坦巴拉于 1987 ~ 1990 年就读津巴布韦大学，学习电气和电子工程学。1991 ~ 1995 年就读于英国牛津大学，曾先后获得电气工程和计算机工程硕士学位，以及哲学和工学方面博士学位等。后曾作为相关领域的访问学者赴美国进修。他在大学期间曾是津巴布韦著名的学生运动领袖，曾因领导反政府的学生示威活动而被捕入狱。作为津巴布韦反对派民革运一支的领袖人物，穆坦巴拉对穆加贝总统的对内政策持反对态度，常常利用媒体对政府提出批评和指责。

六　索克扎尼·库菲（Thokozani Khuphe，1963.11.18 – ）

巴布韦现任副总理（2009 年 2 月 11 日就职），民主变革运动副主席（2005 年）。库菲 1963 年 11 月出生于布拉瓦约，早年毕业于意大利都灵学院信息技术专业，并获得传媒学硕士学位。2000 年至今历任三届国会议员。工会活动家、基督教徒。

七　约翰·恩科莫（John Nkomo，1934.8.22 -　）

津巴布韦现任副总统（2009 年 12 月接任约瑟夫·姆西卡），津巴布韦民盟（爱国阵线）党全国主席，2005年始成为津巴布韦议会发言人，曾被看作是穆加贝未来接班人的人选，在党内颇受尊重，被认为具有人格魅力和领导才能。他在2008 年的议会选举中没有参选，同年 8 月被穆加贝总统指定为参议院议员和总统办公室国务部长一职。2009 年 12 月当选为津巴布韦民盟副主席。

八　拉乌莫·摩尤（Lovemore Moyo，1965.1.29 -　）

现任津巴布韦国民议会众议院议长（2008 年 8 月 25 日当选），津巴布韦政治家，民主变革运动（茨万吉拉伊派）全国主席（2006 年），是该党成立时（1999 年）的奠基人之一。2000 年首次当选国会议员，2005 年、2008 年连选连任。他在前两任议会中曾任教育、体育和文化委员以及公共账户部长委员会委员。他还是"南部非洲发展共同体（SADC）议会论坛"成员之一。他在当选众议院议长后表示，议会今后将真正成为具有实际意义的立法执行机构，并要通过寻求不同的协商方式来加以实现。作为众议院议长，他表示要保持中立，但并未放弃民革运质疑穆加贝总统在 2008 年总统大选中再次当选是否合法的立场。

九　埃德娜·玛宗圭（Edna Madzongwe，女，1943.7.11 -　）

现任津巴布韦国民议会参议院议长（2008 年 8 月 25 日当选），曾任上届参议院议长，津巴布韦民盟成员。

十　韦尔士曼·恩库比（Welshman Ncube，1961.7. 7－　）

巴布韦反对党民主变革运动总书记。他从 1992 年始担任津巴布韦大学法律学教授。2000 年当选布拉瓦约市众议院议员直到 2008 年。他曾与民革运主席茨万吉拉伊存在分歧，另拉一派，成为反对党新兴一派的领袖人物。2005 年在参议院选举问题上与茨万吉拉伊的分歧公开化，形成了反对党鲜明的两派。他曾被外界认为是茨万吉拉伊最强有力的竞争对手。但不久后恩库比的领导地位即由穆坦巴拉所替代。

十一　索罗蒙·穆菊茹（Solomon Mujuru，1949.5. 1－　）

巴布韦民族独立解放斗争时期的主要军事领导人之一，独立后任津巴布韦陆军总司令，现任副总统乔伊斯·穆菊茹的丈夫。他在津巴布韦民族独立解放斗争中，领导津巴布韦武装力量与白人殖民主义者展开武装斗争，尤其是在穆加贝被捕入狱期间（1964～1974）成为当时津巴布韦重要的军事领导人之一。穆加贝出狱后，其在津巴布韦民盟中领导地位的确立多来自索罗蒙·穆菊茹的鼎力支持。1980 年独立时，他被任命为津巴布韦陆军总司令，1995 年退出军界开始做生意。此后，虽然在表面上他退出了政坛，但实际上他对军界、津巴布韦民盟乃至整个政坛的影响依然存在。

十二　韦塔利斯·韦纳瓦希（Vitalis Zvinavashe）

休将军，原为武装部队总司令（1993～2003），2003 年 60 岁时退休。穆加贝总统的忠实追随者。退休后在军队和其他武装部队中仍有影响，在稳定国内政局中仍然起着一定作用。

十三　埃默森·穆南加瓦（Emmerson Mnangagwa，1946. 9. 15 －　　）

津　巴布韦民盟（爱国阵线）实力派人物之一。2005 年 4 月始任津巴布韦农村住房部部长。1982～2000 年曾先后任国家安全部部长（1982～1988），司法、法律与议会事务部部长（1988～2000）和议会发言人（2000～2005）等职务。2000～2004 年他曾是执政党津巴布韦民盟书记处书记，此后担任党内法律事务书记。穆南加瓦被认为与军方关系密切，是穆加贝总统接班人的有力竞争对手之一。

十四　乔舒亚·恩科莫（Joshua Nkomo，1917. 6. 19 － 1999. 7. 2）

津　巴布韦前副总统、津巴布韦非洲人民联盟主席、津巴布韦非洲民族联盟（爱国阵线）副主席兼第二书记。1917 年 6 月 19 日出生于布拉瓦约附近的马塔巴（Mataba）地区一个农民家庭，恩德贝莱族人。少时曾入教会学校接受教育，青年时当过卡车司机。1941 年前往南非。在南非的约翰内斯堡曾接受社会工作者培训，同时完成南非大学函授教育课程，获得学士学位。1947 年回国，成为当时南罗得西亚铁路部门雇用的第一位社会工作者。后来，他由此逐渐转向工会工作，1951～1955 年曾任罗得西亚非洲铁路员工协会（工会）总书记。1957 年，任非洲人国民大会主席。1959 年，非洲人国民大会党遭到殖民当局取缔，因恩科莫当时不在国内，免遭逮捕。1960 年，民族民主党成立，任主席，次年该党被取缔时，他又不在国内。1961 年 12 月，正在坦喀尼卡（现坦桑尼亚）的恩科莫成立津巴布韦人民联盟（人盟），任主席，第二年 9 月该党被宣布为非法，10 月被殖民当局逮捕。此后，他又被多次释放和逮捕。1964 年史

密斯上台后，再次遭到逮捕，一直关押到 1974 年 12 月。1975 年 12 月至 1976 年 3 月间，恩科莫曾与白人史密斯政权多次举行私下会晤，遭到其他民族解放运动组织领导人的指责。1976 年 10 月，津巴布韦人盟与津巴布韦民盟联合组成爱国阵线，任两主席之一，与穆加贝共同率领爱国阵线代表团赴日内瓦，参加有关津巴布韦独立问题的谈判。1979 年 9 月，与穆加贝共同代表津巴布韦民盟（爱国阵线）参加在伦敦举行的津巴布韦独立问题制宪会议——兰凯斯特大厦会议。与会各方达成协议，确定 1980 年 2 月举行大选。1980 年的大选中，穆加贝和恩科莫分别领导民盟和人盟参选，恩科莫人盟得票率 24%，落后于民盟，位居第二。津巴布韦正式宣布独立后，恩科莫任第一届政府内政部长。他对穆加贝总理新内阁的任命感到不满，因为只有包括他在内的 4 名人盟成员入阁。与穆加贝逐渐产生分歧。1982 年 2 月，政府查获人盟藏匿的大量武器弹药，恩科莫和其他 3 名内阁部长受牵连而被解职。1983 年 3 月出走博茨瓦纳，8 月回国，再次当选津巴布韦人盟主席。恩科莫一直反对穆加贝领导的民盟有关建立一党制国家的主张，并对穆加贝政府的经济政策提出批评。1985 年后，人盟与民盟就两党合并问题开始举行谈判，1987 年 12 月达成协议，两党实现联合，恩科莫任副主席兼第二书记。1988 年被任命为第二副总统，同时任地方政府、城乡发展部部长等要职。1990 年在内阁中继续担任上述要职，1995 年大选后，继续担任副总统一职。1996 年被诊断出患有前列腺癌后，退出公务活动直至去世。曾于 1960 年、1961 年两次访问中国。

十五　伊恩·道格拉斯·史密斯（Ian Douglas Smith，1919.4.8－2007.11.20）

前　　罗得西亚白人种族主义政权总理，津巴布韦保守派联盟前领导人。出生于 1919 年 4 月 8 日中兰德省南部，是津巴布韦历史上第一位当地出生的政府总理。1939 年参加英国皇家空军，1941～1946 年任皇家空军战斗机飞行员。退役后，在南非一大学商学院完成学业。1948 年步入政坛，作为自由党人士被选为立法大会议员。5 年后，加入执政的统一联邦党（United "Federal" Party），曾任该党议会领袖。1961 年，因反对在议会中增加黑人席位而退出统一联邦党和议会。1962 年参与成立"罗得西亚阵线"党，任副主席。同年底，该党在选举中获胜，出任白人种族主义政府副总理兼财政部长。1964 年在白人极右势力支持下，出任总理兼国防部长、外交部长。1965 年与英国谈判时，反对英方提出的在罗得西亚逐步实现多数人统治的方案，同年 11 月单方面宣布罗得西亚"独立"，并任总理达 15 年之久。1965 年任罗得西亚阵线党主席。1970 年 3 月宣布罗得西亚为"共和国"，颁布种族隔离法。1978 年 3 月同一些民族主义政党达成"内部解决"协议，1979 年 4 月议会选举，在穆佐雷瓦为总理的内阁中出任掌握实权的不管部部长。1980 年议会选举中当选为白人议员。1985 年大选中再次当选为议员。1987 年初，因发表反对南非言论遭到议会批评，被中止议员资格 12 个月。1987 年在议会选举中落选。史密斯一贯代表和维护白人种族主义保守势力以及白人农场主利益，试图长期保持白人少数人统治，反对在津巴布韦实行一党制。退休后他一直生活在津巴布韦。2005 年初赴南非治病，2006 年 1 月得知其儿子去世的消息后身心受到巨大打击，于次年 11 月在南非开普敦去世。

十六　西蒙·穆增达（Simon Muzenda，1922.10.28 – 2003.9.20）

津巴布韦前副总统（1988～2003 年），津巴布韦民盟（爱国阵线）副主席、政治局委员。1922 年 10 月 28 日出生于马辛戈省古图市一农民家庭，绍纳族卡伦加人。年轻时曾就读于津巴布韦教会学校和一所工业学校，后赴南非马龙山学院（Marianhill College）学习木工。1948~1950年在南非任教。回国后，先是在布拉瓦约的一家家具厂做工，1953年开办自己的木器加工厂。同年开始投身政治活动，任（英属）非洲民族之声协会总书记。1957年参与创建非洲人国民大会，1960年参与创建民族民主党。1961年该党被津巴布韦人盟取代后，任中兰德省行政书记一职。人盟出现分裂后加入民盟党，任民盟组织副书记。1962年，因被指控有煽动反政府的言行而被判刑12年，两年后出狱。1964年，民盟被宣布为非法后，再次被捕入狱，1971年11月获释。1972年加入非洲人全国委员会，1975年被派往赞比亚卢萨卡任组织副书记。非洲人全国委员会分裂后，作为支持穆加贝一派留在民盟，1977年当选为民盟全国执委会委员，负责财务工作。1978年任民盟副主席。1980年独立后，任副总理兼外交部长。1981年1月，内阁改组时辞去外长职务，出任总理办公室国家安全顾问。1984年8月民盟第二届全国代表大会，当选为政治局委员、副主席兼第二书记。1985年7月大选后继续担任副总理。1987年12月，民盟与人盟合并后仍担任副主席。1988年1月被穆加贝总统任命为副总统，1990年、1995年继续出任副总统。曾于1980年6月访问中国。他长期以来被看作是穆加贝总统的左膀右臂，是穆加贝总统所推行政策的坚决支持者和捍卫者。2003年因高血压、糖尿病等多种并发症在首都哈拉雷去世。

十七　卡南·巴纳纳（Canaan Sodindo Banana，1936.3.5 – 2003.11.10）

津巴布韦共和国第一任总统。1936年3月5日出生于布拉瓦约以东埃塞弗斯尼（Esiphesini），恩德贝莱族人。早年在家乡教会学校接受初等教育，并在那里完成了高中学业。1960～1962 年就读于索尔兹伯里（现哈拉雷）附近的埃普沃斯神学院（Epworth Theological College）。1962 年起任罗得西亚英国卫理公会教会牧师，1969～1971 年任布拉瓦约教会理事会主席，1970～1973 年任全非教会大会南部非洲联络小组主席，1970 年出任世界基督教协进会顾问委员会委员等职。1970 年因教会发生分歧辞职，此后即赴日本卡塞工业研究中心（Kasai Industrial Centre）短期进修。1971 年开始从事政治活动，同穆佐雷瓦等人创建非洲人全国委员会，任副主席，反对白人史密斯政权片面宣布"独立"。1972 年因反政府被吊销护照，次年赴美国华盛顿威斯莱神学院学习，获神学硕士学位。1975 年回国后，以非法出境罪遭逮捕，判处 3 个月劳役。1976 年 1 月获释，但仍被限制在布拉瓦约。1976 年末，作为穆佐雷瓦代表团成员出席有关津巴布韦独立的日内瓦谈判期间，因反对穆佐雷瓦与罗得西亚当局采取妥协政策，转而参加穆加贝领导的民盟代表团，被推选为民盟领导下的人民运动国内协调委员会宣传书记。日内瓦会议结束，1977 年 1 月回国后再次遭逮捕，直到 1979 年 11 月 26 日获释。1980 年独立时，由民盟提名获议会两院通过当选为津巴布韦首任总统。1985 年 7 月连任总统直到 1987 年底退休。

巴纳纳任总统期间，主张各党派和民族间团结，维护国内和平与稳定，在协调穆加贝领导的民盟与恩科莫领导的人盟之间的矛盾中，发挥了重要作用，促成两党的最终合并。他曾于 1983 年以总统身份访问中国。2003 年 11 月 10 日死于癌症。

第三章

政　　治

津巴布韦自 1980 年独立后，根据"兰凯斯特大厦"制宪会议规定，实行英国式的议会两院制，由政府总理组阁。1987 年，津巴布韦议会通过关于设立执行总统的宪法修正案，设立执行总统，开始实行总统内阁制。虽然独立宪法（兰凯斯特大厦宪法）中规定了结社自由，奠定了实行多党制的政治格局，但穆加贝领导的津巴布韦民盟从一开始就积极主张推行一党制。因此独立后，作为执政党的津巴布韦民盟就为争取在津巴布韦实现一党制开始做组织和舆论工作。1984 年，津巴布韦民盟第二次全国代表大会通过了"将津巴布韦建成一党制国家"的新党章，虽然在国家制宪意义上并没有实行一党制，但实际上津巴布韦一党制已经确立。1990 年以后，随着苏联和东欧等社会主义国家发生剧变以及当时整个国际形势的变化，津巴布韦的"一党制"有所动摇。1992 年，穆加贝总统迫于多方压力正式宣布实行多党制。津巴布韦独立后实行参、众两院议会制，1990 年取消参议院，2005 年重新设立参议院。目前津巴布韦政体为议会民主制。1980 年独立以来，穆加贝总统领导的民盟长期占据着津巴布韦执政党的地位。2008 年的议会选举中，津巴布韦民盟首次失去了多数党的席位。

第一节 政治体制

一 政治体制的沿革

（一）前殖民地时期的政治体制

早在殖民主义入侵并占领津巴布韦前，这里就已经先后形成了多个以民族为基础，以国王为集权的政治实体，其中有些已经具有较完备的政治制度、一定的经济实力、自己的军队。12 世纪初至 19 世纪末，津巴布韦先后建立了几个古代王国，古代王国包括：津巴布韦国（12～15 世纪）、穆塔帕国（1420～1884 年）、托尔瓦国（1450～1683 年）、昌加米腊国（1490～1866 年）、恩德贝莱国（19 世纪 20 年代～19 世纪末）等。

这些古代王国，除恩德贝莱国是以恩德贝莱人为基础建立的王国外，其余诸国均是以绍纳人为基础建立的。这些绍纳人的王国基本上是保持着以王国或社团为中心从事农牧业生产的社会形态，经济生活的地域性特征突出。它们的建立或衍生虽在时间和地域上有所不同，但大部分相互有着关联。有些王国，由于缺少文字记载，只是依靠一些对古代遗迹的考古发掘和研究进行推断，有些则是根据欧洲人、主要是最先来到这里的葡萄牙人的一些文字记载，使人们对当时这些王国的基本情况有所了解。总而言之，在殖民主义者到来之前，津巴布韦就已经出现并形成了以国王集权和宗教统治为中心的诸王国。这些王国已经形成了政治、经济、文化和贸易中心，其国家机构的构成和运行模式已具有一定规模。当时的统治者接受臣民纳贡，以维持其统治。

历史上的恩德贝莱王国是一个军事集权统治的国家。最初恩德贝莱王国并没有固定的疆域，流动性很强，随着不断的武装扩

张，逐渐建立了自己的地盘，形成了国家中心。恩德贝莱人常常以武装袭击的方式，到其他地区掠夺牲畜和人员，以此作为其发展经济和巩固政权的重要手段。他们对所占领地区的居民采取安抚和驯化手段，将他们整合在自己的统治之下，以扩大人力和军事资源。而掠夺来的牲畜则用来增强国内财富，巩固经济基础。这一特点在恩德贝莱王国初期最为明显。他们还通过征服周边其他部落，将那里变成向王国缴纳贡赋和提供劳役的地区，同时这些地区还可以作为王国与外界潜在敌人之间的缓冲地带，更好地保护王国的中心所在地。恩德贝莱人对其他民族的侵犯，既有其传统生活方式的需求，也有维护王国统治和发展经济的需要。

（二）欧洲殖民主义统治时期

1889 年 10 月 29 日，英国维多利亚女王以《拉德租让书》①为依据向以罗德斯为首的英国南非公司颁发了特许状，赋予英国南非公司在马绍纳兰和马塔贝莱兰地区行使领土、土地、财产等的统治权和司法权，以及为保护公司利益而行使武力的权力。此外，公司还有权制定法令及保有军队与警察，可以成立银行、修筑铁路、电车轨道、船坞等。此项特许状揭开了津巴布韦遭受殖民统治的序幕。

1890～1923 年，英国南非公司对南罗得西亚（现津巴布韦）实行了 33 年的殖民统治。殖民政府由行政长官组成。占领初期，英国南非公司建立的殖民政府组织机构尚不完善，因为它所面临的首要问题是先要平息当地人民反对占领的起义，尤其是当时恩德贝莱人的起义。英国南非公司在镇压了津巴布韦人民的起义之后，开始着手殖民统治制度的建设。直到 1894 年 7 月 18 日，英国政府颁布枢密院敕令，要求成立英国南非公司殖民政府的顾问委员会，以加速殖民政府机构的建设，实现对该地区完全的合法

---

① 见本书第二章历史有关《拉德租让书》。——著者

性占领。该委员会由 1 名高等法院法官、3 名南非公司指派的官员和南非公司当地的行政官组成，南非公司行政官任委员会主席。该委员会实际行使政府职能。1989 年，英国政府再次颁布枢密院敕令，将该委员会更名为执行委员会（Executive Council），并同时增设立法委员会（Legislative Council），由选出的白人移民代表组成。由一位来自英国的高级官员参与这两个委员会的工作，但没有选举权。他负责将两个委员会的活动情况上报给英国负责南部非洲事务的高级专员。次年，立法委员会召开第一次会议，由选举出的 4 名非官方代表和 5 名指定的南非公司的官方代表组成。此后非官方代表名额不断增加。到 1908 年立法委员会中非官方代表占到多数。到 1920 年非官方代表的名额占到 13 位。英国南非公司在取得了所谓"合法政府"的地位后，加紧推行其对欧洲以掠夺和奴役为主要内容的殖民政策。

1923 年 9 月，南罗得西亚正式宣布成为英国殖民地，英国南非公司的殖民统治到此终结。南罗得西亚成立立法大会（Legislative Assembly）取代了原有的立法委员会。根据 1923 年宪法，南罗得西亚政府有权调动军队而无须英国政府批准，南罗得西亚总理可同其他英联邦国家一样参加会议。南罗得西亚政府上台后，利用立法等手段，极力推行其殖民主义和种族主义政策。其中最著名的法令包括 1930 年的《土地分配法》（Land Apportionment Act）和 1934 年的《工业调解法》（Industrial Conciliation Act）等。

1953～1963 年，南罗得西亚与其他两个英国的保护地北罗得西亚（现赞比亚）和尼亚萨兰（现马拉维）组成罗得西亚和尼亚萨兰联邦（Federation of Rhodesia and Nyasaland），即中非联邦（Central African Federation，CAF）。联邦成立后，所属三地仍保留其原来的政治地位，英国政府委派一联邦总督掌管联邦行政事务，另外任命 3 名总督分管三地。联邦设有议会和政府，联邦

政府和三个殖民地国家实行分权，即联邦政府负责联邦的对外关系、国防、重大财经事务、运输、交通、移民、高等教育和欧亚裔居民的中小学教育，地方行政、非洲人事务和地方建设等分别由三地掌管。联邦的立法机构是联邦议会，由总督和 59 名议员组成，其中南罗得西亚 29 席，北罗得西亚 19 席，尼亚萨兰 11 席。联邦成立后，曾先后制定了 60 多项种族歧视的法律、法令，如《维持社会秩序法》、《惩治颠覆活动法》、《控制非洲人流动法》等，剥夺了非洲人的基本权利。20 世纪 60 年代初，北罗得西亚和尼亚萨兰各自成立自己的民选政府。1962 年 12 月，英国政府同意两国脱离中非联邦，不久后两国即行脱离联邦。1963 年底，中非联邦正式解体。

1964 年 4 月 13 日，伊恩·道格拉斯·史密斯（Ian Douglas Smith）出任南罗得西亚政府第八任总理。史密斯上台后，极力推行和维护种族主义政治，实行白人独裁统治，曾发誓绝不能让政权旁落到占人口绝大多数的非洲黑人手中。为了永保欧洲白人对罗得西亚政权的控制，史密斯政府一方面对所有非洲民族主义政党实行取缔，对业已兴起的民族独立和民族解放运动实行残酷的镇压。另一方面史密斯白人政权与英国政府开始进行谈判，试图得到英国对南罗得西亚摆脱英国控制、获得独立地位的支持。1965 年 10 月，史密斯当局与英国政府的谈判破裂，11 月史密斯签署"单方面独立宣言"。南罗得西亚正式脱离英国管制，成为欧洲白人统治的、独立的"罗得西亚"。取得独立地位的罗得西亚白人政权，在政治上采取更加强硬的"白人至上"政策，对民族解放运动进行了疯狂的镇压，但是最终未能挽救白人殖民统治灭亡的命运。

（三）独立后的政治制度

1979 年，英国政府就"罗得西亚"独立问题，在伦敦主持召开了"兰凯斯特大厦会议"，与会各方经过长达 3 个多月的谈

判，最终达成协议，就津巴布韦结束少数白人统治获得独立取得
一致意见。根据有关各方签署的"兰凯斯特宪法"，1980 年 2
月，津巴布韦举行全国大选，以穆加贝为首的津巴布韦民盟获
胜，成立了历史上第一届黑人多数统治的新政府，穆加贝任新政
府总理实施组阁。独立后的津巴布韦政府以津巴布韦民盟作为主
要执政党，在制宪意义上形成多党制政治格局。长期以来，津巴
布韦民盟一直占有议会中绝大多数或多数议席。以穆加贝为首的
津巴布韦民盟也一直追求实行一党制，但最终迫于国内外形势的
压力于 1992 年放弃一党制主张，正式以制宪的形式宣布实行多
党制。独立后的津巴布韦政府，遵循既定的"和解、复兴、安
置和重建"基本战略方针，政局一度保持稳定，经济增长较快，
成为撒哈拉以南非洲发展较快的国家之一。独立之初，作为主要
执政党的民盟，保留了原白人政府的国家机器、政府机构、军队
和警察、各级政府和司法机构等重要部门，同时加紧政权建设，
统一了全国的政治制度，包括统一的行政管理制度、统一的司法
制度（把原有高等法院上诉法庭、普通法庭分别改为最高法院
和高等法院，并用初级法院取代殖民地时期的土著法院），通过
建立县政府委员会，使县委员会成为自治的地方权力机关，拥有
广泛权力。独立后的津巴布韦政府，加紧实施政府官员和公职人
员的本地化。独立时，政府公职人员共有 10570 人，其中当地黑
人仅 3368 人，占 31.86%。当时高级行政官员几乎全部由白人
担任。1981 年津巴布韦黑人官员所占比例增加到 62.5%，1983
年达到 86%。独立时所有 30 名常秘（副部长）都是白人，到
1981 年 7 月，已任命 13 名津巴布韦黑人担任常秘职务，1984 年
全部由黑人担任[①]。

---

① 刘静：《津巴布韦式的社会主义》，《非洲历史研究》1988 年第 1～2 期，第
4 页。

第二节　宪法与国家机构

一　宪法

现行宪法于 1979 年 12 月在英国主持下由津巴布韦各主要党派在伦敦兰凯斯特大厦举行的制宪会议上制定，因此通称"兰凯斯特宪法"，该宪法自 1980 年 4 月 18 日，即津巴布韦正式独立之日起生效，是津巴布韦独立后的第一部宪法。该宪法共分为国家政体、国籍、权利宣言、政府首脑、议会、行政机构、司法、警察、国防军、财政等 12 章 114 条款。宪法还包括誓词和证词、公共紧急状态保留条款、议员和选民资格、立法程序、养老金等 6 个附录。津巴布韦宪法曾先后有过近 20 次修正案。

宪法规定，津巴布韦是主权共和国，公民在尊重他人权利和自由以及公共利益的条件下，享有生命、自由、人身安全、法律保护等权利。个人有言论、集会、结社等自由，18 周岁以上享有选举权。根据宪法规定，总统为名义上的国家元首兼武装部队总司令，议会多数党领袖出任政府总理并组阁，实行总理内阁制；议会分众、参两院，众议院共 100 个议席，其中 80% 经普选产生，20% 由白人单独选举（限定独立后 7 年之内）；参议院共 40 个议席，其中 10 名由白人选举产生（限定独立后 7 年之内）。

1987 年 10 月，津巴布韦议会通过的修宪法案取消了白人在众、参两院享有保留议席的规定。该项法案规定津巴布韦由总理内阁制改为实行总统内阁制，决定撤销总理一职，设立执行总统取代原总统一职，作为国家元首、政府首脑和武装部队总司令，任期 6 年，可连选连任。1990 年 3 月津巴布韦议会通过第 9 号宪法修正案，决定取消参议院，将原有众、参两院改为一院制，共设 150 个议席。同年 6 月通过的第 10 号宪法修正案，彻底废除了对原宪法中某些特别条款作改动的一切限制。2005 年，国民议会通过第 17 号宪法修正案，决定重新设立参议院，津巴布韦议会实行两院制。

二　国家元首与政府首脑

独立之初，根据兰凯斯特大厦宪法，总统为名义上的国家元首，议会中的多数党领袖担任政府总理并进行组阁。津巴布韦独立后的第一任总统是卡纳安·巴纳纳（Canaan Banana），任职期间为 1980 年 4 月至 1987 年 12 月。此期间的政府总理为现任总统罗伯特·加布里埃尔·穆加贝。

1987 年 10 月，津巴布韦议会通过一项宪法修正案，确定总统为津巴布韦共和国国家元首、政府首脑和武装部队总司令，实行总统内阁制。总统通过全国普选产生，任期 6 年，可连选连任。年满 18 周岁的津巴布韦公民享有选举权。年满 40 周岁、获得至少 10 名来自 10 个省（包括省级直辖市）的正式选民书面提名、被提名前 20 年在津巴布韦居住满 10 年以上的合法选民有资格作为总统候选人。宪法规定，总统拥有国家最高行政权，任命副总统，任免内阁部长、总检察长和首席法官等。总统可随时召开众议院或参、众两院联席会议，可以向众议院提出辞呈。总统违反宪法或无力胜任工作或工作中出现重大失误时，经议会众、参两院 2/3 投票通过后，可罢免总统。但总统有权通过解散议会、举行大选以阻止上述情况的发生。根据 1987 年 10 月议会通过的关于设立执行总统的修宪法案，原总理罗伯特·加布里埃尔·穆加贝（Robert Gabriel Mugabe）被任命为首任执行总统，12 月 31 日就任。1990 年 3 月、1995 年 3 月连任。2002 年 3 月罗伯特·加布里埃尔·穆加贝以 56.2% 的选票再次当选总统。

任期至 2008 年。2008 年 3 月、6 月，经过两轮总统大选后，穆
加贝再次当选总统，第二轮的得票率超过 85%。但此次大选结
果遭到质疑（见下文）。此次总统任期为 5 年。

　　根据 1987 年 10 月修改后的宪法，内阁主要由总统任命的副
总统和各部部长组成。只有议员才能入阁。上届政府于 2005 年
4 月组成，此后历经局部调整。2009 年初津巴布韦成立联合政
府，重新设立总理一职，同时设立两位副总理职位，政府下设
31 个部。新一届联合政府主要内阁成员如下[①]：

　　1. 总统、副总统

　　总统：罗伯特·加布里埃尔·穆加贝

　　副总统：乔伊斯·穆菊茹（Joyce Mujuru，女）

　　约翰·恩科莫（John Nkomo）

　　2. 总理、副总理

　　总理：摩根·茨万吉拉伊（Morgan Tsvangirai）

　　副总理：索克扎尼·库菲（Thokozani Khuphe，女）

　　副总理：阿瑟·穆坦巴拉（Arthur Mutambara）

　　3. 政府各部

　　国防部部长：埃默森·穆南加瓦（Emmerson Mnangagwa）

　　外交部部长：辛巴拉谢·穆本盖圭（Simbarashe S. Mumbe-
ngegwi）

　　内政部部长：基勒斯·穆兹科瓦（Giles Mutsekwa）、科姆
博·穆哈蒂（Kembo D. C. Mohadi）

　　财政部部长：坦代·毕迪（Tendai Biti）

　　农业部部长：约瑟夫·马蒂（Joseph Made）

　　教育、体育与文化部部长：戴维·科尔塔特（S. David
Coltart）

---

① 津巴布韦官方网站：http://www.zimfa.gov.zw。

司法与法律事务部部长：帕特里克·奇纳马萨（Patrick A. Chinamasa）

宪法与议会事务部部长：阿德·埃瑞克·马迪恩加（Adv Eric Matinenga）

工商部部长：威尔士曼·恩库比（Welshman Ncube）

高等教育部部长：戈瑞拉兹沃·穆旦吉（S. Gorerazvo Mudenge）

地区事务与国际合作部部长：普瑞斯拉·密希海拉维－穆松嘎（Priscilla Misihairabwi-Mushonga）

卫生与儿童福利部部长：亨利·马佐瑞拉（Henry Madzorera）

地方政府与城市发展部部长：伊纳提斯·科姆博（Ignatius M. C. Chombo）

环境部部长：弗朗西斯·恩赫马（Francis D. C. Nhema）

旅游部部长：沃尔特·穆赞比（Walter Mzembi）

信息与通信技术部部长：尼尔森·查米萨（Nelson Chamisa）

劳工与社会福利部部长：鲍瑞恩·姆帕瑞瓦（Paurine Mpariwa）

运输与基础设施发展部部长：尼克拉斯·戈切（Nicholas Goche）

矿业与矿业开发部部长：奥伯特·姆珀弗（Obert M. Mpofu）

国家住房与社区建设部部长：费德里斯·穆哈舒（Fidelis Mhashu）

能源与电力发展部部长：艾里斯·穆祖瑞（Elias Mudzuri）

新闻、情报与公共关系部部长：韦伯斯特·沙姆（Webster Shamu）

土地与土地重新安置部部长：赫伯特·穆瑞瓦（Herbert Murerwa）

水力资源与发展部部长：琼·嘎布扎（Joel Gabuza）

公共事务部部长：泽瑞萨·马可尼（Theresa Makoni）

经济计划与投资促进部部长：艾顿·曼戈马（Elton Mangoma）

科技发展部部长：亨瑞·兹诺迪韦（Heneri Dzinotyiwei）

公共服务部部长：埃尔弗斯·穆克诺韦舒若（Elphas Mukonoweshuro）

青年发展、本地化与创造就业部部长：萨维亚·卡苏库韦利（Savior Kasukuwere）

妇女事务、性别与地区发展部部长：奥利维亚·姆奇纳（Olivia N. Muchena）

国有企业部部长：萨穆尔·斯皮帕·恩科莫（Samuel Sipepa Nkomo）

4. 部长理事会（Council of Ministers of Zimbabwe）

根据 2008 年 9 月有关"权力分享"协议，津巴布韦总统负责主持内阁，部长理事会由政府 31 个部的部长组成，由政府总理主持。

5. 省和省级直辖市首脑（2008 年 8 月）

哈拉雷市市长：戴维·卡瑞曼兹拉（David I. G. Karimanzira）

布拉瓦约市市长：凯恩·马瑟马（Cain Mathema）

东马绍纳兰省省长：安尼斯·齐韦德雷（Aeneas S. Chigwedere）

中马绍纳兰省省长：马丁·丁哈（Martin Dinha）

西马绍纳兰省省长：法博·齐达瑞齐雷（Faber Chidarikire）

马辛戈省省长：韦拉德·奇韦韦（Willard Chiwewe）

北马塔贝莱兰省省长：索克兹勒·马图图（Thokozile Mathuthu）

南马塔贝莱兰省省长：安吉莱因·马苏库（Angeline

Kasuku)

马尼卡兰省省长：克里斯托弗·瑞斯·穆绍韦（Christopher Chris Mushowe）

中部省省长：塞佛斯·乔治·姆西帕（Cepgas George Msipa）

6. 其他

议会发言人（议长）：拉乌莫·摩尤（Lovemore Moyo，2008年8月25日）

总检察长：索胡萨·古拉—恩德贝勒（Sohusa Gula-Ndebele）

三 国家机构

1. 议会

议会是津巴布韦共和国最高立法机构，由众议院和参议院组成，每届任期5年，可以酌情延长任期。国家法律须经两院通过，由总统审批并签署。两院议员和政府部长、副部长均有立法提案权，但货币法案（指税收、公共开支、政府借贷、赠款等事项）只能由众议院提出。议会每年举行常会，两次常会间隔不得超过180天。议会设秘书1名，由众议院议长商得参议院议长同意并经众议院批准后加以任命。议会秘书受理两院议长、议员的辞呈；在特定情况下代行众议院议长或参议院议长职责；将两院通过并经总统签署的法律送交最高法院备案。津巴布韦第一届议会选举于1980年2月举行，穆加贝领导的津巴布韦非洲民族联盟获胜。同年4月18日，津巴布韦共和国正式宣布独立。1990年，议会通过修宪法案，取消了参议院（2005年重新设置参议院）。国会议席由原来的120席增加至150席。2005年3月津巴布韦国民议会经第五届议会选举产生，任期5年。穆加贝领导的民盟再次获胜，占议会中多数党席位。

2005 年 11 月，津巴布韦重新设置参议院，再次实行两院制。2008 年 3 月议会选举与总统选举和地方选举同时举行，比原定的 2010 年提前两年举行。此次选举中众、参两院的席位分别增加至 210 席和 93 席。

众议院　前身为根据 1969 年宪法于 1970 年成立的"立法大会"，是津巴布韦共和国的立法机构。根据 1980 年的独立宪法（即兰凯斯特宪法）规定，众议院议员共 100 名，其中 80 名由全国 80 个普通选区的黑人选民选举产生，独立后 7 年内保留 20 名白人席位，由白人选民独立选举产生。年满 21 岁、当选前 20 年中至少有 5 年居住在津巴布韦的选民有资格当选。每届议员任期 5 年。大选后的第一次会议，将在除部长、副部长以外的议员中选举产生正、副议长各 1 名。议长可向众议院宣布辞职或向议会秘书提出辞呈。议员成为总统、部长或副部长，或者在一届常会中连续缺席 21 次以上，其议席即告出缺。议员犯罪后必须辞职。众议院的立法权大于参议院，可以提出任何法案，且拥有"倒阁"权。1987 年，众议院一致通过一项宪法修正案，取消了原来为白人预留议席的规定。1990 年，参议院被取消，众议院议席由原来的 120 名扩大到 150 名，其中 120 名经选民普选产生，代表全国 20 个选区。12 名由总统委任，8 名在酋长中产生，10 名为各省及省级直辖市首脑。2005 年众议院 120 名民选议员中，民盟占 78 席，民革运占 41 席，独立人士占 1 席。议长约翰·恩科莫（John Nkomo，民盟），2005 年 4 月就任。2008 年总统、议会及地方选举中，众议院的席位增加至 210 席，由全国 210 个选区选民选举产生。根据津巴布韦选举委员会反复计票结果，本届议会席位的最终归属是：穆加贝领导的津巴布韦民盟占 99 席，反对党两派共占 110 席（茨万吉拉伊派占 100 席，穆坦巴拉派占 10 席），独立人士占 1 席。此次议会选举中，穆加贝领导的津巴布韦民盟首次失去议会中多数党席位。现任议长拉乌莫·摩尤（Lovemore Moyo），2008年8月25日当选，民主变革运动（茨万吉拉伊派）成员。

参议院 1980年津巴布韦独立后，根据兰凯斯特大厦会议各方达成的协议，对原有的参议院进行了调整，议席由原来白人政府时的23个增加到40个。其中14个议席由众议院选举产生，10个议席7年内由白人众议员选举产生，10个议席由酋长委员会选举产生（绍纳族和恩德贝莱族分别选举各5名议员），6个议席由总统根据总理的建议任命。除10名酋长为参议员外，其他参议员的必备条件为：年满40岁已注册登记的选民、在当选或被任命前的20年内至少有10年居住在津巴布韦。众议院选举后28天内，由总统确定日期，选举或任命参议员。在每届参议院第一次会议上，首先选举议长、副议长。议长要从非部长、副部长的参议员或众议员中选举产生。除货币法案外，参议院可提出任何法案。参议员可在法律允许的范围内，提出任何法案、动议或请愿书。业经众议院通过、转移参议院审议的法案，参议院可予否决、通过或修改，而对货币法案无否决权、修改权，仅可以建议众议院进行修改。众议院可自行决定是否接受建议。部长、副部长有权向参议员提出法案、参加会议并发言。参议院下设法律委员会，成员不少于3人，由议长从参议员中任命。凡须参议院审议的法案，一般先要送到法律委员会审查。1990年，国民议会通过宪法修正案，参议院被取消。2005年，国民议会通过相关法案，决定增设参议院。参议院于2005年11月选举产生，共有66个议席，其中50席通过民选产生（全国10个省及省级直辖市各5名），10席由酋长委员会推选，6席由总统直接任命。其中津巴布韦民盟占59席，民革运占7席。议长埃德娜·玛宗圭（Edna Madzongwe，女，津巴布韦民盟），2005年11月就任。根据2007年第18号宪法修正案，2008年总统、议会及地方选举中，参议院的席位增加至93席，其中全国10个省

及省级直辖市各 6 席，总共 60 席；总统任命的 10 个省长占 10 席；除两个省级直辖市外的 8 个省各两位酋长，共占 16 席；酋长委员会主席、副主席占 2 席；总统指定参议员占 5 席。2008 年 8 月 25 日参议院经投票选举，埃德娜·玛宗圭连任参议院议长。

2. 司法

津巴布韦司法体制共分为四级：最高法院、高等法院、地方法院和初级法院。最高法院是终审上诉法院，由首席大法官主持。高等法院位居最高法院之下，负责处理全国民事与刑事重大案件，有权改变各级地方法院的裁决。地方法院和初级法院中包括村法院、公社法院、治安法院，以及为特别目的而设置的管理法院。村法院主要根据习惯法处理民事纠纷，使用的手段多是调解，而不是强制判决。公社法院是使用习惯法的正式法院，其权力主要用于民事，处理刑事案件的权力有限，只处理偷窃、斗殴之类的案件，按照传统习惯进行处罚，罚金较低。津巴布韦中心地区设有治安法院，其中又分省、地两级。管理法院为专门用途而设立，如管水法院、城镇种植法院等。

津巴布韦法律来源于罗马—荷兰和英国习惯法。习惯法为不成文法律，基于当地人的传统生活习惯和信仰，长期实践后成为人们社会关系和行动的准则，尤其是在农村地区盛行，多用于民事案件或纠纷。1652 年荷兰移民将罗马—荷兰法律带入南非。1806 年英国吞并开普荷属殖民地后，保留了罗马—荷兰法律。1891 年英国南非公司占领了南罗得西亚后，引进了开普殖民地法律。此后英国殖民者虽对该法律作过多次修改，但从法律体系上说，今天的津巴布韦法律仍沿袭罗马—荷兰和英国习惯法。

首席大法官戈弗雷·卡乌西（Godfrey Chidyausiku），2001 年 8 月就职。总检察长索胡萨·古拉—恩德比勒（Sohusa Gula-Ndebele）。

四 国家标志

1. 国旗

津 巴布韦国旗为矩形，长与宽的比例为 2:1。靠旗杆一侧为白色等腰三角形，两条等边镶有黑边。白色三角形正中是一颗红色五角星，五角星上是一只黄色津巴布韦皂石鸟图形。白色三角形的顶端以黑色横条居中，其向上、向下，由内到外平行排列着红色、黄色、绿色横条各三幅。这七幅横条尺寸等宽。居国旗中部的黑色横条象征着这个国家占人口绝大多数的黑人；红色横条表示为自由而战所抛洒的鲜血；黄色代表着国家的矿产资源；绿色象征着土地资源和农业；白色三角形象征和平与安宁；红五角星预示社会主义的未来以及对国家和民族的良好愿望；五角星上的皂石鸟图形是津巴布韦国徽的图案，代表着津巴布韦悠久的历史。

2. 国徽

国徽图形上端为红色五角星衬托着的津巴布韦皂石鸟。19 世纪末 20 世纪初，大津巴布韦遗址考古发掘中发现了数只雕刻于石柱之上、造型精美的皂石鸟，后来津巴布韦人将其作为自己国家的象征。图案中间为盾徽。盾面上部是蓝白相间的波纹，象征津巴布韦广阔的水域；下部的图案为举世闻名的文化遗址"石头城"（津巴布韦在班图语中是"石屋"或"石头城"的意思），这是非洲古老文明的象征。盾徽上端的红五角星和津巴布韦皂石鸟及基座，寓意同国旗。鸟的基座旁有锄头等图案，盾形下方的山坡上有玉米、棉花图案，象征该国丰富的农产品和矿产资源。盾徽两侧各有一只津巴布韦羚羊，底端的绶带上用英文写着"团结、自由、劳动"。

3. 国歌

津巴布韦独立后曾先后有两首国歌。第一首国歌的主旋律是南非开普省爱谷（Lovedale）传教队圣歌的旋律，曾在南部、中部

和东部非洲广为流传，歌词被翻译成多种非洲文字。后来该歌曲逐渐成为当地班图人自己的颂歌。该歌曲的旋律同时作为赞比亚、坦桑尼亚和津巴布韦国歌的旋律，但各国国歌的歌词不尽相同。津巴布韦独立后，该歌曲被定为国歌。这首歌的曲作者是曼卡依·埃诺克·桑通加（Mankayi Enoch Sontonga），其诞生年代不详，卒于1904年。歌词为集体创作，歌名为《上帝保佑非洲》。歌词大意是：

> 上帝保佑非洲，她的光辉普照！
> 耳边声声祈祷，上帝在保佑！
> 来吧神灵，来吧！
> 神圣之灵快来吧！
> 快来保佑我们，保佑她的儿女们！①

1994年3月，津巴布韦通过全国范围内的国歌征集活动选定了新的国歌，名为《津巴布韦大地之祝福》，并决定以此来替代之前的国歌。该首国歌更具有鲜明的津巴布韦特色。这首国歌的词作者是索罗莫·曼戈韦罗·穆兹维洛（Solomon Mangwiro Mutswairo）教授②，曲作者是弗莱德·查甘德嘎（Fred Changundega）。歌词大意是：

> 高举起旗帜，高举起津巴布韦的旗帜！

---

① 著者译自 *National Anthems of the World*，Edited by W. L. Reed and M. J. Bristow，Sixth Edition，Blandford Press，1985。

② 穆兹维洛出生于1924年4月26日，绍纳族泽祖鲁人，津巴布韦著名的小说家和诗人。曾于1957年出版了绍纳文小说《法索》。该部小说具有广泛影响，但于20世纪60年代中期被罗得西亚当局列为禁书。他于20世纪60年代获美国富布赖特奖学金赴美留学，1978年在美国哈佛大学获得博士学位。——著者

这是自由的象征，胜利的宣言。

我们赞美英雄们的牺牲，绝不让敌人在我们的土地上再逞凶狂。

万能的主会保护和保佑我们的国土。

哦，可爱的津巴布韦，如此神奇般地妆点打扮；

有山川河流的层叠，自由舒展。

祈愿雨水丰沛，土地膏腴；

祈愿人们富足，安居乐业。

万能的主一定会保护和保佑我们的国土。

上帝啊，我们恳求你来保佑我们的故土，

我们祖祖辈辈生长的地方。

从赞比西河到林波波河，定将延绵不绝，永远屹立。

万能的主一定会保护和保佑我们的国土。①

如今这首歌的歌词已经有英语、绍纳语和恩德贝莱语三种版本。

4. 国花

被誉为津巴布韦国花的是一种属于亚洲和非洲热带植物的多年生草本落叶花卉，在津巴布韦被称作"火焰百合"（Flame Lily）。这种花卉的根系呈茎块状，植物生长时可借助藤蔓攀缘达 3 米左右。火焰百合花通常为红色，有时也呈橘黄色，花瓣头部向里内折，极富特色。这一植物早在罗得西亚时代就被作为国花，如今仍被津巴布韦人民视为国花。

5. 津巴布韦鸟

作为国鸟的津巴布韦鸟是以历史上发掘出来的皂石鸟为蓝本雕刻成的。13～16 世纪，在大津巴布韦遗址中发掘出土了 5 件皂

---

① 著者译自 Wikipedia, the free encyclopedia, http：//en. wikipedia. org/wiki/Zimbabwe，津巴布韦国歌英文版本。

石鸟雕刻。作品完整精美，再现了津巴布韦文化历史上的辉煌。当时这 5 件雕刻作品作为文物均被运往南非。津巴布韦独立时，南非政府奉还了其中的 4 件皂石鸟雕刻①。这一石雕造型的津巴布韦鸟不仅被用在国旗、国徽上，而且还用在津巴布韦的钱币和纸币上以及军队的标志中，成为津巴布韦不折不扣的标志。据说，津巴布韦鸟的石雕造型的原型出自一种津巴布韦的短尾鹰（Bateleur），这是一种生活在撒哈拉以南非洲地区体态中等的猛禽。津巴布韦人运用精美的石雕艺术已经将其完全艺术化了。

6. 平衡石（Balancing Rocks）

由于平衡石景观奇特，在津巴布韦多有分布，成为津巴布韦的标志之一。这是津巴布韦特殊的花岗岩地质构造裸露地面所形成的自然景观，两块或数块巨大的岩石叠摞在一起，形态各异，没有任何支撑。大自然风残日蚀，将岩石表面不甚坚硬的部分逐渐侵蚀后，使保留下来的部分达到了完美的平衡，成为自然界近乎完美的艺术品，令人叹为观止！平衡石的独特景观虽在东南非高原地区国家均有出现，但以津巴布韦最为著名。因此，津巴布韦政府已将这一景观印制在流通的纸币上。这一景观吸引了大批游客前来参观。

第三节　政党与群众团体

一　主要政党与政治组织

1. 津巴布韦非洲民族联盟（爱国阵线）（Zimbabwe African National Union-Patriotic Front，ZANU‐PF）

简 称民盟，由原穆加贝领导的津巴布韦非洲民族联盟和乔舒亚·恩科莫领导的津巴布韦非洲人民联盟于

---

① Wikipedia, the free encyclopedia, http：//en. wikipedia. org/wiki/Zimbabwe.

1987 年 12 月合并组成，约有 300 万名党员。该党的宗旨是 "依据我们的历史、文化和社会实际，建立和保持一个社会主义社会"。2004 年 12 月，民盟举行第四次全国代表大会，穆加贝蝉联主席兼第一书记，姆西卡连任副主席兼第二书记，乔伊斯·穆菊茹（女）当选副主席，约翰·恩科莫连任全国主席。该党有中央委员 138 名，政治局委员 24 名①。在 2000 年的议会选举中，民盟获得 120 个议会席位中的 62 席，略占多数；2005 年在民选议员中以获得 120 席中的 78 席的绝对优势获胜；2008 年在 210 个席位中仅获得 99 席，首次失去多数党地位。

　　1987 年 12 月合并前，津巴布韦民盟和津巴布韦人盟同为津巴布韦两大政党，分别以绍纳族和恩德贝莱族为各自的群众基础。在反对殖民主义和争取民族独立的斗争中，两党成为两支重要的政治力量，尤其是津巴布韦民盟更是领导津巴布韦民族解放斗争的主要力量。在争取民族独立斗争的初期，两党曾为统一的政党，即 1961 年 12 月成立的津巴布韦非洲人民联盟，因人盟领导层内部在政策、主张以及民族解放斗争的道路等问题上发生严重分歧，1963 年中期，人盟主席恩科莫宣布将希托莱、塔卡维拉、穆加贝等持不同政见者开除出党。这些人被开除出津巴布韦人盟后，于 1963 年 8 月成立津巴布韦民盟。该组织成员以绍纳族为主，其上层领导人大都是知识分子，成员来自社会各个阶层，包括农民、工人、手工业者和自由职业者等。1964 年 5 月，民盟举行第一次全国代表大会，通过了党章，选举希托莱为主席，穆加贝为总书记。20 世纪 70 年代后，民盟确立了穆加贝的领导地位。以希托莱为首的民盟少数派分裂出来，被称之为 "民盟少数派"。

　　津巴布韦民盟和人盟这两大政党，在反对种族主义和争取民

① EIU, *Country Report-Zimbabwe*, September 2006, p. 4.

族解放的斗争中，在周边国家的敦促和协调下，曾几度为了民族利益实现了联合，如1976年10月，在前线国家的推动下，民盟与人盟组成爱国阵线，联合参加了当年在日内瓦举行的关于罗得西亚制宪会议；1979年参加了伦敦兰凯斯特大厦独立谈判会议等，但两党始终并未真正实现组织上的统一。独立后，津巴布韦民盟独立参选获胜，成为执政党，吸收了包括主席恩科莫在内的人盟成员入阁，并实现了军队的统一。两党在寻求联合的谈判中，均采取了和解的态度，但是长期以来，有关实现联合后谁占领导地位的问题却一直争执不休。独立之初，以穆加贝为代表的津巴布韦民盟政府搜查出人盟私藏有大量的武器弹药，就此于1982年初下令解除了恩科莫和其他3名人盟内阁部长的职务。此后关于两党联合的谈判一度中断。

1984年8月，津巴布韦民盟召开了第二次全国代表大会，也是独立后的第一届代表大会。此次大会的重要意义在于作为独立后执政党的民盟从根本上明确了党的宗旨和目标，即以马列主义原则为指导思想，将津巴布韦建设成为一个社会主义国家，并在津巴布韦逐步实现一党制。新党章中确定的党的目标共有15条：

（1）调整和建设国家经济，确保社会主义战胜资本主义。

（2）提高民族觉悟，加强全体人民的团结，不分部族、种族、宗教、性别及出身。

（3）在津巴布韦建立和保持一个公正的社会秩序。

（4）促进民族文化的发展。

（5）以马列主义原则为基础，根据本国历史、文化和社会的实际情况，在津巴布韦建立并维护社会主义制度；在工人、农民和知识分子组成的先锋队的领导下，以成人普选制为基础建立社会主义政治秩序。

（6）保护、维护和捍卫津巴布韦的民族独立和主权。

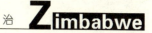

（7）同一切承认并接受党的先锋作用和职责的爱国民主团体合作。

（8）在津巴布韦民族联盟的领导下，将津巴布韦建成一党制国家。

（9）在全体津巴布韦人民中进行高度纪律性、勤奋、刻苦和自力更生精神的教育。

（10）坚决反对部族主义、地方主义、裙带关系、种族主义、性别主义、宗教偏见，消除腐败及各种形式的剥削现象。

（11）全力投入泛非主义斗争，争取在非洲和其他地方彻底消除移民主义、殖民主义、新殖民主义和帝国主义，为非洲的统一作出努力。

（12）愿意同非洲和世界各地爱国的、革命的解放运动组织合作，只要其宗旨、目标和政策同津巴布韦民盟的宗旨、目标和政策不相冲突。

（13）在津巴布韦建立和保持工人、农民和知识分子之间的长期联盟，促进他们对民族的忠诚和民族团结。

（14）维护津巴布韦人民的利益和意愿，保护和遵守党的原则，坚决支持津巴布韦民盟政府。

（15）对外奉行积极的不结盟政策，反对战争，促进国际和平、安全和社会进步。

民盟党的指导思想、宗旨和目标的确立，对独立后津巴布韦政治、经济和外交诸方面政策的实施，以及社会的发展都具有重要意义和深远影响。

1985 年，民盟在独立后的第二次大选中再度获胜，并继续奉行民族和解和民族团结政策，这为与人盟实现联合提供了新机遇。两党联合谈判断断续续，几经挫折，最终在时任总统巴纳纳的推动下，两党本着互谅互让，求大同存小异的原则，于 1987 年 12 月 12 日签署了联合协议，实现了合并。根据协议，两党合

并后的名称为"津巴布韦非洲民族联盟（爱国阵线）"，穆加贝任主席兼第一书记，原人盟主席乔舒亚·恩科莫任副主席。1988年4月，津巴布韦人盟召开党的特别代表大会，通过决议批准了与民盟签署的联合协议，并同意两党采用同一名称，同时强调仍将以马列主义原则为指导，在津巴布韦建立一个一党制的社会主义社会。

1991年，受苏联、东欧发生剧变，以及非洲民主化浪潮的影响，津巴布韦民盟党内就是否坚持马列主义原则和社会主义道路产生疑惑。津巴布韦民盟中央经过多次讨论，决定以"社会民主主义"取代"马克思列宁主义"作为指导思想，并宣布放弃"一党制"原则，将建立"现实社会主义社会"作为民盟的宗旨。1994年9月民盟第三次（独立后第二次）全国代表大会召开，在此次会议上，以穆加贝总统为首的津巴布韦民盟再次将马列主义和科学社会主义确立为党的指导思想。

津巴布韦非洲民族联盟（爱国阵线）在独立后至2005年的历次大选中均取得胜利，长期保持了其执政党的地位，但是在2000年的议会选举和2002年的总统选举中，津巴布韦民盟均遭到反对党民革运的严峻挑战，其执政地位遇到前所未有的威胁。为了扭转不断发展的被动趋势，2005年的议会选举中，民盟利用其所把持的国家机器和媒体，做了大量的宣传工作，鼓动起民众的民族情绪，最终以绝对优势获得成功。但由于津巴布韦国内政治经济形势长期恶化，且没有好转迹象，民盟的威信不断下降。在随后的议会大选中（2008年）津巴布韦民盟首次败北，失去了在议会中长期占有的多数党席位，在210个席位中仅获得了99个席位，反对党两派共获得110个议会席位。虽然在与议会选举同时举行的总统大选中，民盟推举的唯一候选人穆加贝再次获胜蝉联总统，但此次当选招致多方质疑，并因此引发了政局动荡，最终以穆加贝为首的民盟不得不与原反对党于当年9月签署了一项"权力分享"协议，根据该协议组成了联合政府。津巴布韦民盟独立后首次走下神坛。

2. **民主变革运动** （Movement for Democratic Change，MDC）

2008 年大选前曾是津巴布韦最大的反对党，简称民革运，脱胎于 1980 年成立的津巴布韦最大的工会组织——津巴布韦工会大会（Zimbabwe Congress of Trade Unions），1999 年 9 月 11 日在哈拉雷成立。民革运 2000 年 1 月召开第一次全国代表大会，制定了党章和政治纲领，强调以"政治变革和经济振兴"为宗旨。民革运成立后，在短短几年内力量和影响都迅速扩大，成为执政党民盟最强有力的竞争对手。2000 年 6 月的议会选举中民革运在 120 个普选议席中占了 57 席，而民盟也只占到 62 席，优势已大不如前。民革运的支持者主要来自城镇和南部地区，以工人、青年和教育、知识界为主。这次选举是穆加贝总统领导的执政党民盟独立以来所遇到的最严重的挑战。在接下来 2002 年 3 月的总统选举中，穆加贝也仅以 53.8% 比 40.2% 的得票率战胜了民革运推选的总统候选人摩根·茨万吉拉伊。2001 年以来，该党领导人先后当选马辛戈、布拉瓦约、哈拉雷等市市长。2005 年 6 月全国议会选举中，执政党民盟利用其所控制的国家机器和媒体宣传工具将选举与捍卫国家主权独立、反对新殖民主义相联系赢得了民众的支持，最终以绝对优势战胜了反对党民革运，赢得了议会超过 2/3 的席位，民革运受挫，影响力有所下降。此后，民革运内部产生分歧，主要分成两派，一派由该党主席摩根·茨万吉拉伊（Morgan Tsvangirai）领导，被认为是主流多数派；另一派最初以该党总书记韦尔曼·恩库比（Welshman Ncube）为首，后由阿瑟·穆坦巴拉（Arthur Mutambara）领导。民革运中的两派，都曾试图成为津巴布韦反对党的主流派。2008 年津巴布韦议会选举中，民革运作为反对党首次获得议会多数党席位，其中摩根·茨万吉拉伊派获得 100

席，穆坦巴拉派获得 10 席。与此次议会选举同时举行的总统选举的结果，民革运拒绝承认，认为有舞弊之嫌，并由此引发了大规模的抗议活动，政局发生动荡，最终在非洲地区组织和国际社会的斡旋下，民革运两派领导人与穆加贝达成"权力分享"协议，两派领导人摩根·茨万吉拉伊和阿瑟·穆坦巴拉分别出任津巴布韦新一届联合政府总理和副总理。

3. 津巴布韦保守派联盟（Conservative Alliance of Zimbabwe）

原称罗得西亚阵线党，1962 年 3 月由殖民主义者伊恩·史密斯等创建。在 1962~1979 年间执政。该党以白人种植园主及下层非技术白人为核心，主张白人至上及种族隔离。自 1964 年起残酷镇压非洲解放运动。1965 年为确保白人掌权而单方面宣布脱离英国独立。以后在白人中广泛建立基层组织，因而在独立前的历次大选中均占据全部白人议席。1977 年 7 月，12 名极右派议员因反对取消种族歧视而分裂出来，另组建了罗得西亚行动党①。1980 年津巴布韦独立后第一次大选中，该党占据全部 20个白人保留议席。1981 年 6 月改名共和阵线。1984 年 7 月改为现名。

该党于 1981 年宣布，保护白人与其他少数人利益的基本政策不变，给予政府应得的支持，但将"建设性地反对某些立法与政策"。1984 年又宣布，该党继续致力于种族协调及和解政策，反对实行一党制，反对马列主义和共产主义，主张保护私人自由企业与现有的土地占有制。在 1985 年大选中，该党获 20个白人保留议席中的 15 个。1987 年底这些保留议席被议会通过修改宪法而取消。在 1990 年第三次大选中，该党明显支持黑人反对党津巴布韦统一运动。以后，该党领导人极力撮合组织反

---

①   Steven C. Rubert & R. Kent Rasmussen, *Historical Dictionary of Zimbabwe*, Third Edition, The Scarecrow Press, London, 2001, p. 274.

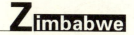

对党联盟。该党实际领导人曾一直是前白人政府总理伊恩·史密斯。

现任领导人为杰拉尔德·史密斯，主席为基思·博罗斯。

4. 津巴布韦统一运动（Zimbabwe Unity Movement，ZUM）

1989 年 4 月成立。该党反对社会主义，主张实行多党制、恢复独立时的宪政体制、取消现行的执行总统职务、实行混合经济。1990 年 3 月参加大选期间，该党提出的竞选纲领是"反腐败"、"反对一党制"、"促进经济增长"。大选中获得 2 个议席。1991 年 10 月该党分裂，以副主席和总书记为首的 8 名主要领导人指责该党主席特克雷独裁并另组新党——民主党。1992 年，该党再次分裂，一部分领导成员参加希托莱领导津巴布韦非洲民族联盟。1992 年 3 月，当津巴布韦议会辩论关于强制收购白人闲置的和利用不足的土地时，特克雷表示该党反对此议案。

该党在 1990 年大选期间曾宣布同白人政党保守派联盟结成竞选联盟，并表示愿意接受南非政府的资助。1992 年 7 月，该党同包括上述白人保守派联盟在内的 4 个党曾发表联合宣言，提出要求执政党下台并提前举行大选。目前该党领导人为埃德加·特克雷（Edgar Tekere）。

5. 津巴布韦非洲民族联盟（希托莱派）（Zimbabwe African National Union-Ndonga，ZANU Ndonga）

1975 年，津巴布韦民盟主席希托莱受到民盟游击队官兵的谴责。他们发表一份宣言，谴责希托莱不关心武装斗争和对津巴布韦民盟领导不力。1977 年，津巴布韦民盟正式确立穆加贝的领导地位之后，被开除的希托莱领导民盟中的少数派仍沿用津巴布韦非洲民族联盟的名称。1977 年底，民盟希托莱派参加了白人政府导演的"内部解决"谈判，1979 年 4 月，希托莱又参加了"内部解决"选举。1980 年 2 月，该党在独立后的第一次大选中一无所获。在 1985 年第二次大选中该党仅获得 1 个议席。

1986 年希托莱流亡美国，1992 年初回国。他宣称反对津巴布韦的马克思主义。1993 年 8 月底，希托莱指责穆加贝领导的执政党盗用了津巴布韦非洲民族联盟的名字，并准备为此对执政党提起诉讼。

希托莱任该党主席；副主席为伦纳德·奈埃巴；全国主席为扎卡赖亚·奇古米拉。

6. 统一非洲人全国委员会（United African National Council）

统一非洲人全国委员会原称非洲人全国委员会，在 1971 年 12 月津巴布韦人民反对英罗协议①的斗争中酝酿成立，1972 年 3 月成为正式组织。1974 年 12 月，经前线国家撮合，该组织同民盟、人盟和津巴布韦解放阵线达成协议，建立联合阵线，统称非洲人全国委员会，由穆佐雷瓦任临时主席，实际上各组织仍自行其是。1976 年，穆佐雷瓦接受由白人政府操纵的所谓"一人一票"选举的建议，致使该组织分裂，卡纳安·巴纳纳（1980～1987 年间曾任津巴布韦总统）等 11 名全国执委会成员辞职。1977 年，非洲统一组织撤销对该组织的承认，停止同它的联系。同年，该组织改名为统一非洲人全国委员会。1977 年 11 月，该组织参与了白人政府策划的"内部解决"谈判，不久达成协议。1979 年 5 月，根据所谓的"内部解决"方案，经过大选，由白人支持的穆佐雷瓦出任总理。同年底，根据兰凯斯特大厦协议，穆佐雷瓦将政权交还给英国总督。

独立后，统一非洲人全国委员会反对一党制，主张多党制，主张恢复酋长的政治权力。该组织在 1980 年大选中获得 3 个议席，但在 1985 年和 1990 年两次大选中均一无所获。穆佐雷瓦自

---

① 1971 年 11 月 24 日，英国外交大臣霍姆同罗得西亚总理史密斯共同签署的英罗协议是一份关于英国承认罗得西亚"独立"的协议。由于遭到非洲人的强烈反对，后来英国宣布取消了这一协议。——著者

1985 年大选失败后退出政界，其追随者纷纷投奔执政党。1992
年下半年，穆佐雷瓦又表示要重新出山。在此之前，爱德华·马
扎瓦纳重新组建了该组织。目前该组织主席兼总书记为沃尔特·
穆蒂穆库鲁。

7. **独立津巴布韦集团** （Indepent Zimbabwe Group）

1983 年成立的白人左翼政党。因不同意共和阵线反对执政
党的政策，自 1982 年起，该集团参加议会的大部分议员陆续退
出共和阵线。1984 年，这些独立人士已占 20 个白人保留议席的
12 个。在 1985 年第二次大选中，独立人士集团同以史密斯为首
的保守派联盟竞选议会中的白人保留议席，结果只获得 5 席。
1987 年下半年，津巴布韦议会修改兰凯斯特大厦宪法关于白人
保留议席的规定之后，有 11 名白人独立人士参加众议院，4 名
参加参议院。该集团内部分为白人独立派和保守派，前者主张同
执政党合作的政策，不断批评白人保守派。现任领导人为比尔·
欧文。

8. **津巴布韦论坛党** （Forum Party of Zimbabwe）

1993 年 3 月 27 日成立，主席伊诺克·杜姆布特森纳是津巴
布韦退休大法官。该党宣称："政治上以民主代替专制，经济上
追求市场经济，增加投资与就业机会。"

该党由杜姆布特森纳和前白人政府总理加菲尔德·托德领导
的民主改革论坛和以布拉瓦约为基地的开放论坛合并而成。主要
支持者为知识分子、商人和一些自由派白人。加菲尔德·托德等
人曾于 1992 年中建立了人权组织，调查津巴布韦政府在马塔贝
莱兰镇压不同政见者过程中违反人权的情况，要求政府对死难者
家属予以赔偿。

9. **津巴布韦人民民主党** （Zimbabwe People's Democratic
Party, ZPDP）

1989 年成立，该党反对穆加贝总统的政策。该党成立后未

参加 1990 年选举，此后不久被解散。该党是津巴布韦历史上第一个以妇女为领袖的政党。

二 群众团体

巴布韦群众团体包括工会、青年、妇女等全国性组织，此外还包括由各个行业协会组成的群众团体。独立前，这些行业组织十分活跃，对政府的经济政策影响很大；独立后，这些行业组织的影响明显减弱，但活动依旧活跃。

1. 津巴布韦工会大会（Zimbabwe Congress of Trade Unions）

1980 年 3 月成立，是全国统一的工会组织，下属 29 个行业工会。独立初期，该组织主张同政府保持密切关系、政府应重视社会上要求民主的意见、要求对国家重要经济基础设施实行国有化、政府在制定经济政策时应听取工会的意见、向工人提供社会福利和保险、工人应参与企业管理等。自 1984 年起，工会反对政府镇压罢工和示威游行。1991 年以后，工会反政府活动加剧。1993 年工会要求中止经济结构调整计划。但是，在这些斗争中工会组织发生分裂，反政府的工会力量占工会组织的 20% 左右。该组织逐渐衍生出津巴布韦最大的反对党——民革运。

2. 津巴布韦民盟青年联盟

1984 年 5 月成立，是津巴布韦民盟下属的较为激进的青年组织，它主张"全部、彻底、无条件地摒弃兰凯斯特宪法"，认为"这是在津巴布韦实行一党制的先决条件"，要求加速社会主义改造进程。民盟和人盟两党青年联盟于 1989 年 10 月举行联合全国代表大会，从组织上实现了两党青年组织的合并与统一。青年联盟书记是诺曼·齐卡里。

3. 津巴布韦民盟妇女联盟

1984 年 3 月成立，是津巴布韦民盟下属的妇女组织机构，成员约 100 万人，是全国最大的妇女组织。1989 年 11 月民盟和人盟妇女组织召开联合全国代表大会，实现了统一。

4. 商业农场主协会（Commercial Farmers Union）

成立于 20 世纪 40 年代，其成员大多是津巴布韦白人农场主。当时规定参加该协会的成员至少要拥有 50 英亩土地，而且 50% 的收入来务农。该协会无论在独立前还是独立后都很活跃，经常为争取白人农场主的利益而同政府进行协商。

5. 土著商业农场主协会（Indegenous Commercial farmers' Association）

是黑人商业农场主组织。1990 年从以白人为主的商业农场主协会中分离出来，有会员数百人。其活动主要为了争取黑人大农场主的利益。

6. 津巴布韦农民协会（Zimbabwe Farmers Union）

1991 年 8 月由原公社农民组织和黑人小农组织合并而成。1992 年该协会声明支持津巴布韦议会通过的强制收购白人闲置土地的土地获得法。

7. 津巴布韦工业协会（Confederation of Zimbabwe Industries）

成立于 1933 年，是制造业业主的全国性组织。该组织的宗旨是大力发展工业。其职能是提供有关发展工业的信息及建议；协调各工业部门的利益；沟通出口及贸易渠道；通过同政府有关部门的合作为企业的发展提供机会等。该组织经常向政府提出发展经济的各种建议，并在年度会议上对重大的经济问题进行研讨。

8. 矿业协会（Chambar of Mines）

成立于 1939 年，是采矿工业的全国性组织。该组织宗旨是促进、鼓励、保护与培植采矿工业。任何开采、加工、勘探矿产的公司以及对矿业发展感兴趣的人均可参加这个协会。

9. 津巴布韦全国商会（Zimbabwe National Chambers of Commerce）

成立于 1983 年。会员包括商业、金融业、银行业、保险业、

运输业以及制造业方面的人士。该组织的宗旨是通过同政府的联系促进公私部门的合作。商会每年召开年会，为成员提供同政府有关部长会晤的机会。该组织约有会员数千人，在哈拉雷和布拉瓦约等地设有秘书处。该组织是国际商会的成员，可代表官方探讨、协调双边贸易问题。

第四章

经　济

津巴布韦自然资源丰富，拥有 40 多种矿藏，其中重要矿产就有十几种，有些矿产资源的储量在非洲乃至世界都名列前茅。农业以其多样性和发展程度较高而闻名，盛产烟叶、棉花、咖啡等经济作物，同时盛产玉米、小麦、高粱等粮食作物。独立后前 10 年经济发展较好，粮食自给有余，曾被誉为"南部非洲的粮仓"。制造业基础较好，轻重工业较齐全，其发展水平在南部非洲仅次于南非。农业、矿业和制造业曾长期成为津巴布韦国民经济发展的支柱，但经济发展中二元结构特点突出，即白人控制的先进的矿业、制造业和大型商业农场，同当地黑人以自然经济为主的较落后的农业呈鲜明的对比。此外，经济上严重依赖外资和出口贸易。独立后，津巴布韦政府在承袭了原有经济结构的同时，坚持采取务实稳妥的经济政策，1980 ~ 1981 年 GDP 年增长率达 21%[①]，此后一度增长缓慢。20 世纪 80 年代 GDP 的年平均增长率为 4%[②]，是撒哈拉以南非洲国家平均增长率的 3 倍。20 世纪 90 年代后期，经济连年出现下滑。2000 年以来，经济持续出现负增长，高赤字、高通胀、高失业等问题突

[①]　EIU, *Country Profile-Zimbabwe*, 2001, p. 21.

[②]　EIU, *Country Profile-Zimbabwe*, 2006, p. 23.

出，2000～2006 年 GDP 年平均增长率约为－6.3%①，其中 2003
年 GDP 增长率为－10.4%，是独立以来最差的一年。2005 年，
津巴布韦 GDP 增长率约为－7.1%，2006 年约为－5%。由于农
村土改和旱灾影响，粮食大幅减产，根据联合国粮食计划署资料
统计，接近一半人口急需粮食救济。农业、制造业和出口均大幅
萎缩，外汇、燃油和一些生活必需品奇缺。通货膨胀率近年来持
续大幅攀升，由 2000 年的平均 55.7% 攀升至 2007 年的
12562%，再到 2008 年初超过 100000%②。而 2008 年 7 月份的
数字已达到了惊人的 231000000%③。人民生活水平急剧下降，
国家经济状况几乎到了崩溃边缘。2009 年津巴布韦国内生产总
值根据国际货币基金组织（IMF）提供的数字为 43.97 亿美元，
人均为 374.78 美元④。

第一节　经济发展概述

一　独立前的经济状况

津巴布韦独立前现代经济的发展是以白人殖民主义对矿
业的开采和对农业的大规模开发为基础。自 19 世纪
末英国南非公司统治直至 20 世纪 70 年代末白人种族主义政权的
消亡，津巴布韦的经济具有明显的殖民地色彩。矿业、工业和制
造业以及现代化农业的发展逐步成为当时白人经济的支柱，同时
也为独立后国家经济的发展奠定了基础。

19 世纪时，西方人对大津巴布韦遗址的发掘搅乱了当地原

---

①　根据 *Country Profile-Zimbabwe* 历年统计数字计算。

②　EIU, *Country Report-Zimbabwe* , June, 2008, p. 6.

③　Wikipedia, the free Encyclopedia, http：//en. wikipedia. org/wiki/Zimbabwe.

④　IMF, *World Economic Outlook Database* , http：//www. imf. org. external/pubs.

始的"绍纳文明"。根据遗址发掘过程中的一些传说,这里曾经是《圣经》中所罗门王国的都城,是盛产黄金之地。1888 年英国殖民者罗德斯创建的英国南非公司以此作诱饵吸引了很多白人移民(主要来自南非)来到这里,占领了津巴布韦西南部地区。他们利用欺骗手段与当时恩德贝莱王国国王洛本古拉签订了一项《拉德租让书》①,将津巴布韦很大一部分土地的专属权占为己有。1889 年 10 月 29 日,英国女皇签署皇家特许令,授权英国南非公司在上述地区行使各项权力。20 世纪初,英国殖民主义者占领了津巴布韦的广大地区,将津巴布韦置于英国南非公司的统治之下。随后大批的白人移民由南非及欧洲本土大量涌入,在经过英国南非公司获准后,这些白人移民占据了大片土地和矿山,开始了对津巴布韦人民进行残酷和血腥的经济掠夺。但不久他们发现这里并非到处都有黄金,有限的金矿开采并不足以维持英国南非公司的殖民统治,与此同时他们又很快发现了这里有相当可观的农业资源,具有良好的发展潜力。因此,1907 年当时的英国南非公司就提出鼓励和推动建立商业化农场的农业政策②作为维护其殖民统治的长期发展战略。此后,他们由单一的寻找和开采金矿逐步转向开发农业资源。白人殖民统治者采取多种政策和措施,以使移民农业得到快速发展。例如,通过收购土地招募白人移民进行经营,并提供相应的财政支持;通过殖民政府支持的"土地银行"对经营者提供优惠贷款;进行农作物品种研发工作,以改进耕作方式和提高产量;帮助农场经营者招聘当地黑人雇工;帮助打开产品的销售渠道等。上述政策和措施的实施使白人商业化农场逐步得到较大规模的发展。同时土地的需求对

---

① 见本书第二章历史部分有关拉德协议。

② Steven C. Rubert & R. Kent Rasmussen, *Historical Dictionary of Zimbabwe*, Third Edition, The Scarecrow Press, London, 2001, p. 15.

津巴布韦

这些殖民主义者来说亦变得越发重要。

　　1925 年，当时的殖民当局一项土地问题的调查结果表明，占人口绝大多数的当地非洲人，在非保留地中所获得的土地仅有 1.82 万公顷，而欧洲白人移民所占的土地已经达到 1250 万公顷①。当时白人至上以及白人是优等民族的谬论甚嚣尘上，他们认为当地非洲的文明程度低下，数代人之内在占有土地方面都不可能与白人享有同等权利。据此，他们提出津巴布韦的土地分配要按照当时南非种族隔离的原则来进行。殖民当局 1930 年颁布了《土地分配法》②，该法令规定将白人土地由占总面积的约 30% 扩大到 50.8%，同时限定居住在白人土地上的非洲人 6 年之内必须要迁往土著区。从此以后白人占据了津巴布韦土地肥沃、交通便利的地区，而非洲人则被迫迁到土质贫瘠、干旱偏僻的土著区。在这一法令的保护下，白人殖民者在所占领的土地上开始发展起较大规模的现代化商业农场。这些农场的发展虽为日后津巴布韦农业经济的发展奠定了基础，但也造成了津巴布韦土地占有上的极不平等，残酷剥夺了那些无地和少地黑人农户的生存权利。

　　为了保障白人商业化农场的发展和规模的扩大，白人殖民当局在 20 世纪 50 年代后又陆续出台了一些法律，如 1955 年正式开始实施的《土地管理法》③（Land Husbandry Act），又称为《土著土地管理法》（Native Land Husbandry Act），以及 1969 年颁布的取代了 1930 年《土地分配法》④ 的《土地占有法》（Land Tenure Act）。这些法律的颁布和实施形成了白人和黑人土

① Steven C. Rubert & R. Kent Rasmussen, *Historical Dictionary of Zimbabwe*, Third Edition, The Scarecrow Press, London, 2001, p.146.

② Africa South of the Sahara 1998, 27th Edition, Europa Publication Limited 1997.

③ Africa South of the Sahara 1998, 27th Edition, Europa Publication Limited 1997.

④ Africa South of the Sahara 1998, 27th Edition, Europa Publication Limited 1997.

地占有的更加不平等。仅从数量上看，黑人和白人当时占有的土地大致相当，各约 1800 万公顷，但是黑人占总人口的 95%，而白人人口当时只占约 4.5%。从占有土地的质量上看，黑人的土地集中在贫瘠和干旱少雨地区，而白人土地则集中在土地肥沃和雨量充沛地区[①]。当时的农业发展政策就是要试图改变当地黑人原有的农业生产方式，进一步扩大白人农场的生产和经营规模。因此在土地分配的数量和质量上完全是为了保障白人的利益。1980 年津巴布韦独立时，这种土地占有的状况基本上没有改变。白人拥有的 4500~5000 家农场，大部分土地肥沃，且气候条件好，但这些土地中约 60% 没有完全开发和利用，而约 70 万黑人农户则拥挤在仅能容纳 27.5 万户的村舍地区[②]，他们的人均土地少，且大部分不适合农业生产[③]。土地分配和占有状况的严重不平等，形成了独立前津巴布韦的农业经济以白人大型商业化农场占主导地位的格局，并与广大黑人较为落后的农业生产和经营模式形成了鲜明对比。这也成为津巴布韦始终未能很好解决的主要矛盾，严重阻碍着津巴布韦政治上的稳定和经济上的发展。

第二次世界大战的爆发使津巴布韦大型商业农场的生产和经营发生了重大变化。首先是战争扩大了市场需求，刺激和带动了商业农场的发展，使津巴布韦成为英国不可多得的战略大后方。其次，二战后，到津巴布韦的欧洲移民数量激增，商业化农场经营机械化程度提高，规模扩大，农产品研发工作不断深入，生产力水平提高。到了 20 世纪 60 年代初，白人商业农场的产值已占国家外汇总额的 1/3，整个就业人口中的近 35% 被白人大型商业

---

① Staffan Darnolf and Liisa Laakso, *International Political Economy Series*：*Twenty Years of Independence in Zimbabwe*, Palgrave Macmillan, 2003, p. 36.

② Staffan Darnolf and Liisa Laakso, *International Political Economy Series*：*Twenty Years of Independence in Zimbabwe*, Palgrave Macmillan, 2003, p. 36.

③ UN, *African Recovery*, Vol. 12, No. 3.

农场雇用①。

1965 年 11 月，白人史密斯政权单方面宣布独立后，以英国为首的西方国家开始对津巴布韦实行经济制裁，烟草、食糖等农业生产受到严重打击，主要产品的出口几乎停顿。一半以上的烟草和其他出口农作物种植商被迫转产。在应对国际上的经济制裁中，白人大型商业农场起到了非常重要的作用，农业种植的多样化，既满足了国内市场的需求，同时又为农产品的出口开辟了更加广阔的渠道。到国家独立之初，商业化农场烟叶和玉米种植的产量和产值都创造了历史最高水平，此外肉类（牛肉）、小麦、咖啡、茶叶、棉花、食糖、大豆等产品的生产也都占有显著地位。

独立之前，津巴布韦的工矿业同农业一样，也都有不同程度的发展，整体经济水平在南部非洲国家中仅次于南非。独立时的1980 年，农业、制造业和矿业产值占到整个国内生产总值的47.7%，就业人口达 53.1%，正规制造业企业已达 1260 家，生产的产品多达 6000 多种，基本满足了国内需求②。

津巴布韦工业制造业发展较早。20 世纪 20 年代至 40 年代前后，随着现代化商业农场规模的不断扩大、采矿业的发展，制烟、制糖、纺织和制衣等部门相继发展起来。随后，以冶炼铬铁为主的合金工业、钢铁工业、食品和饮料工业也得到发展。工业制造业企业的 2/3 以上为外国资本所有③，主要是来自南非和英国、美国等西方国家的投资。二战期间，英国把津巴布韦作为战

① Steven C. Rubert & R. Kent Rasmussen, *Historical Dictionary of Zimbabwe*, Third Edition, The Scarecrow Press, London, 2001, p. 146.

② Staffan Darnolf and Liisa Laakso, *International Political Economy Series: Twenty Years of Independence in Zimbabwe*, Palgrave Macmillan, 2003, p. 35, 69.

③ Staffan Darnolf and Liisa Laakso, *International Political Economy Series: Twenty Years of Independence in Zimbabwe*, Palgrave Macmillan, 2003, p. 38.

略物资供应的重要基地之一，进一步促进了津巴布韦工业和制造业的发展。战后国外投资的大量涌入，以及白人技术移民数量的迅速增加，再一次支持和推动了制造业的发展。1965 年后，由于受到国际上的经济制裁，制造业一度下滑，产量下降，出口骤减。为了对付国际制裁，扭转经济发展的不利局面，白人殖民政府开始推行"进口替代政策"，并采取一系列强制性经济措施，如加强了对进出口贸易、外汇、产品价格、工资、利率以及投资方面的严格控制与管理；同时采取了进口商品的配额制度；白人政权还对关税进行了调整，以便更加有利于新兴工业和制造业的发展，特别是更加有利于那些生产进口替代产品制造业企业的发展。

与此同时，制造业部门吸引的投资大幅度增长。1967～1974年，固定资本投资净额相当于 GDP 的比重由 13.3% 增长到 23%[1]。大量投资主要集中在钢铁、纺织以及食品加工等领域，投资使这些部门的生产能力迅速扩大。例如，当时罗得西亚钢铁公司（RISCO）由年产量 40 万吨增加到 100 万吨，带动了金属加工业的全面发展。随着制造业的不断发展，白人政府加大了对企业的监督力度，以立法形式对国内企业实行监管。1967～1974年间制造业部门产值年均增长超过 10%，并逐步形成了工业制造业部门齐全、加工能力强、产品多样的格局，产品不仅基本满足了国内市场的需求，很大一部分还出口到邻国以及欧洲地区。

由于受到国际制裁，独立之前制造业产品的出口由占出口贸易总额的 25% 下降到 13%[2]。除纺织工业外，多数部门产品出口均出现萎缩，如食品加工业由原来的 16% 下降到 6%，木材

---

① Staffan Darnolf and Liisa Laakso, *International Political Economy Series*: *Twenty Years of Independence in Zimbabwe*, Palgrave Macmillan, 2003, p. 7.

② Jan Willem Gunning and Remco Oostendorp, *Industrial Change in Africa*: *Zimbabwe Firms under Structural Adjustment*, Palgrave 2002, p. 6.

加工业由 31% 下降到 11% ，服装和制鞋业由 52% 下降为 11% ，金属制品由 40% 降为 28% 。只有纺织业的产品出口由 17% 上涨到独立前的 26% ，主要出口到南非。虽然以英国为首所采取的经济制裁措施使津巴布韦（当时称罗得西亚）整体进出口贸易的 2/3 受到影响，但是当时的南非和葡萄牙（葡属莫桑比克）却为津巴布韦产品进出口提供了便利通道。这也是制造业在遭受国际制裁期间仍然得以发展的重要原因之一。出口贸易的削减，使津巴布韦形成了以面向国内市场为主的基本经济格局。

津巴布韦采矿业的发展历史悠久。早在公元 2 世纪，当地人民就开采铁矿，使用铁制工具。公元 6 世纪，开始开采金矿。20 世纪 30 年代之前，采金是这里采矿业的主要部门。20 世纪初，津巴布韦开始了铬和铜矿的开采。第一次世界大战促进了津巴布韦采矿业的发展，多数矿藏得以开发。第二次世界大战时，英国对煤、铁等矿产原料的需要不断增加，进一步刺激了津巴布韦采矿业的增长。20 世纪 50 年代初，铜、石棉、铬的产量迅猛增加，石棉取代黄金成为产值最高的矿产品。1965 年以后，矿业在国民经济中的地位愈显突出，到 1975 年时，矿业产量达到历史最高水平，此后逐渐衰退。尽管矿业在国内生产总值中所占比例并不很高（1980 年独立时为 8.8%），就业人口当时也只占到 6%，但是在出口贸易中的比例一直占到 20% 左右。

津巴布韦独立前，农业、制造业和矿业都有了相当程度的发展。以大型商业农场为主的农产品的多样化、相当发达及门类齐全的工业制造业，以及历史悠久且资源丰富的采矿业都已成为国家经济发展的基础和支柱，这也使津巴布韦成为南部非洲国家中少有的经济较发达且经济发展多样性的国家之一。但是，由于白人殖民主义和种族主义统治，白人经济与黑人本土经济的发展水平以及白人与黑人之间的贫富差距十分明显。社会财富的分配与占有极不平等。仅就世界银行 1987 年的一份调查资料显示，1980 年独立时，黑人的平均工资仅有白人的 1/10，而在农业部门二者之间的收入差距最高达到 24 倍之多，制造业部门白人收入平均高出黑人 7.3 倍[①]。

二 独立后的经济发展

 1980～1990 年。

1980 年独立后，穆加贝领导的津巴布韦政府，根据国情和经济发展现状，以"现实社会主义"为指导思想，采取了稳妥的经济政策，没有急于改变原有的经济结构，而是主张对原有经济结构进行逐步改造，实现经济增长和社会的公平。独立后初期的经济增长较快，根据津巴布韦储备银行（中央银行）发布的数字统计，1980 年和 1981 年 GDP 增幅分别达到 10.7% 和 9.7%。但根据英国出版的《经济季评》杂志统计数字，1980～1981 年 GDP 每年平均的增长幅度达到 21%[②]。除了政策上的原因之外，促使经济快速增长的其他因素还有：国际社会取消了对原罗得西亚的经济制裁，使独立后的津巴布韦出口需求有所增加，对外贸易条件不断改善，虽然制造业出口有所下降，但矿业和农业出口值不断增加；津巴布韦政府放宽了对外汇的控制，使工业尤其是制造业发展所需的物资和资本货物进口状况大有改观；政府加大了对基础设施建设的支出，同时扩大了对医疗卫生和教育的投入；良好的气候条件使农业产量和出口增加等。但是经济的增长并没有带来就业的快速增长，独立后前两年就业率增

---

① Staffan Darnolf and Liisa Laakso, *International Political Economy Series*: *Twenty Years of Independence in Zimbabwe*, Palgrave Macmillan, 2003, p. 37.

② EIU, *Country Profile-Zimbabwe*, 2001, p. 21.

长仅在3%左右①。1981年2月，政府出台了独立后的第一份经济政策文件《公平增长：经济政策声明》，强调津巴布韦要在社会主义经济快速增长的条件下，按照平等和民主的原则，实现充分就业、保持物价稳定、有效利用资源、实现利益的公平分配等目的。

　　然而，经济快速增长的势头并没有继续保持。1982年以后，经济增长态势减缓。1982年GDP增幅骤然降至2.6%。由于进口政策放宽，进口贸易增长迅速，贸易逆差造成外汇紧张；政府对公共部门的支出过大，政府预算出现赤字，引起通货膨胀。经常项目下赤字约相当于GDP的12%。通货膨胀率由1982年的10.6%上升至1983年的23.1%②。为了扭转经济下滑局面，津巴布韦政府开始实行宏观调控政策，1982年出台《过渡期国家发展计划（1982/1983～1984/1985）》。该计划立足于经济的稳步发展，试图通过对经济的宏观调控实现GDP年均增长8%的目标。政策的具体实施包括：鼓励和刺激产品出口，为此设立了出口商专用外汇基金；为了降低生产成本而实行工资冻结；增加税收；严格控制主要食品和水、电价格等。但计划执行之初，由于世界性的经济衰退以及国际上矿产品的价格下跌造成外部经济环境恶化，国际收支状况不佳。1982年始，津巴布韦又遭遇连续3年严重旱灾，1983年农业减产6%，到1985年农业才重新恢复，农产品出口才有所增长。外汇短缺使制造业增长缓慢，仅恢复到独立时的水平。因此，实践证明，该计划所制定的发展目标过于乐观，1982～1985年GDP年均增幅仅达到2.2%左右，其他主要指标也均未能实现。1984年经济曾出现负增长（-1.9%），1985

①　Staffan Darnolf and Liisa Laakso, *International Political Economy Series*: *Twenty Years of Independence in Zimbabwe*, Palgrave Macmillan, 2003, p. 42.

②　Staffan Darnolf and Liisa Laakso, *International Political Economy Series*: *Twenty Years of Independence in Zimbabwe*, Palgrave Macmillan, 2003, p. 45.

年经济开始出现复苏迹象，GDP 增长达到 6.4%。这一阶段由于经济增长速度不及人口增幅以及津元贬值、逐步取消对大部分食品价格的补贴等使得人均实际收入下降。政府对教育、卫生等部门的投入过大，抗灾救灾，以及政府对国有企业不断增加补贴等造成政府预算赤字，这也是经济发展下滑和失衡的重要原因。

1986 年 4 月，津巴布韦颁布实施第一个五年计划（1986～1990 年）。该计划根据《过渡期国家发展计划》作出了适当调整。经济发展年均增长率（GDP）调整为 5.1%；计划重新安置黑人农户的数量由 16.2 万户调整为 7.5 万户；计划将吸引投资的总额基本没变，预计相当于 GDP 的 20% 以上；刺激投资和鼓励出口的政策从制造业扩大到农业和矿业；减少财政赤字等。但是，1986 年津巴布韦再次出现旱灾，农业再度减产，制造业随之受到影响。1987 年 GDP 增长率仅为 1.1%。此后，政府采取了一系列措施振兴经济，其中包括进一步减少和控制外汇的使用；降低农业投入成本和鼓励农业的多样化经营；利用国外银行借贷增加农业和矿业出口基金；实行冻结工资和物价等。1988 年和 1989 年经济回升，GDP 增长分别达到 7.6% 和 5.2%。

总的来看，第一个五年计划所设定的目标虽然大部分也没有实现，但更接近实际，使经济取得了新的进步。1986～1990 年 GDP 年均增长率为 4%，而当时津巴布韦人口的年均增长率为 3.5% 左右。这使津巴布韦成为非洲国家中少数经济增长超过人口增长的国家之一。在非洲国家经济普遍不景气时，津巴布韦所取得的成绩实属难得，特别是津巴布韦农业粮食作物的生产，基本解决了人民的口粮问题，受到国际社会的赞誉。1986 年，穆加贝总统也因此荣获联合国反饥饿组织颁发的非洲领导人奖。

长期以来，投资不足一直是阻碍津巴布韦经济发展的重要因素之一。独立后经济需要全面调整就必须要有大量新的资金注

入。虽然 1982 年 9 月，津巴布韦政府曾颁布关于外国投资的政策性文件，表明了政府要通过收购外资股份直接参与投资，承认现有外国私人企业对国民经济所起的积极作用，支持国内的私人投资，表示鼓励和欢迎外国对公私部门的投资，并将独立初期关于外国人开办公司必须有 50% 本地资本方能开业的规定改为本地资本至少有 20% 就可开业，同时规定公司的营业税最高征收额为 60%。但是由于津巴布韦政府以社会主义为发展方向，实行计划经济体制，强调国家的参与和对经济的控制，对私人投资实际上并没有给予充分的重视。此外，独立后所采取的外汇管理政策在一定程度上影响到投资人对资本货物、原材料、中间物资以及设备配件的进口。政府对经济的高度控制，特别是对产品价格的控制、雇佣劳工的严格规定和投资审批的繁杂程序，都大大降低了投资人的投资兴趣。在这种情况下，投资者的信心和热情始终低迷。他们一是担心企业会不会实行国有化；二是投资成本较高，营业税平均高达 56%[1]，投资回报的期望值较低。1980 ~ 1990 年间，投资额占 GDP 的百分比年均不足 17%[2]，而一般认为只有投资额占到其 GDP 的 20% ~ 25%，经济增长才有望达到 5%。同时资金的外流也占到投资额的约 1/3。投资的不足造成了大多数经济部门在引进技术和更新设备以及扩大再生产过程中缺少资金支持，使企业在国际市场上的竞争优势有所减弱，吸收国内就业比例始终不高[3]，特别是农业、矿业等传统部门就业比

---

① 何丽儿：《南部非洲的一颗明珠——津巴布韦》，当代世界出版社，1995，第 183 页。

② Jan Willem Gunning and Remco Oostendorp, *Industrial Change in Africa: Zimbabwe Firms under Structural Adjustment*, Palgrave, 2002, p. 10.

③ 根据津巴布韦储备银行（中央银行）统计数字计算，1980 ~ 1990 年年均就业率增幅为 1.88%。1980 ~ 1991 年，教育、卫生、金融和公共部门的就业率分别增长了 162%、74%、45% 和 34%，而同期农业、采矿业、国内私人服务业等行业就业率分别下降 13%、30% 和 5%。——著者

例持续下降，进而使得国家经济增长起伏不定。尽管独立后 10 年间，津巴布韦在经济上取得了令人可喜的成绩，成为独立后非洲国家中的佼佼者，但同时也暴露出其发展中潜在的弱点。

20 世纪 80 年代末，津巴布韦经济发展中暴露出的投资少、低增长、高失业、赤字庞大等问题越来越引起政府的重视。从 1989 年开始，津巴布韦政府相继出台了多项吸引投资政策，明确表示要对外国投资者给予法律保护，除重申宪法保护私有财产的规定外，还表示将通过签订相关条约对外资企业实行保护。此外，津巴布韦政府对新的投资项目将实行优惠政策，经审议后，允许投资人在投资规定期限内将税后利润的 50% ~ 100%（根据政府设定的优先项目而定）汇出。对个别特殊情况，还可允许免税汇出。虽然津巴布韦政府对外国投资者的所得税实行了下调，但仍高达 50%。为了促进投资，1989 年 4 月，津巴布韦政府颁布了《促进投资政策和规定》，这是津巴布韦独立后保护外国投资者的第一部法令，同时也是独立后针对外国投资的最详细的说明性文件。该法令规定了对外国投资者的若干在税收、外汇利润支配等方面的优惠政策。津巴布韦政府随之成立了投资中心（Zimbabwe Investment Centre，ZIC），专门负责投资项目的审批。为了增加投资者的信心，1989 年和 1990 年津巴布韦政府分别签署了《多边投资保护公约（MIGA）》和《美国海外私人投资合作协定（OPIC）》。与此同时，津巴布韦政府还放宽了对外国公司、企业的控制。津巴布韦政府试图通过上述政策，吸引更多的投资，为经济发展注入新的活力。

（2）1991 年正式开始实施的经济结构调整计划。

自 20 世纪 80 年代末，国际货币基金组织和世界银行等国际金融机构对津巴布韦政府所采取的过分集中和垄断的经济政策颇有微词，并不断向津巴布韦政府施加压力，迫使其开放市场和实行贸易自由化。为了获得来自国际社会更多的支持，实现经济的

全面复兴，提高在国际和地区市场上的竞争力，津巴布韦政府自
20 世纪 80 年代末就开始酝酿进行经济改革。1990 年 10 月津巴
布韦政府开始推行《经济结构调整计划（ESAP）》，允诺开放市
场，实行贸易自由化，并为此于 1991 年 2 月颁布了《经济改革
框架》（A Framework for Economic Reform，FER），表明津巴布韦
经济由国家参与为主的计划经济，开始转向以市场为主的经济体
制。该计划被看作是非洲国家中少有的自主改革计划之一，改革
初期的 5 年内计划需要 35 亿美元外部资金的支持，世界银行及
其他援助国同意给予支持，但是由于第一笔约 7 亿美元的款项落
实推迟了约 1 年之久，改革计划受到很大影响，国际收支严重失
衡，当年津元对美元贬值了 43%。在这种情况下，津巴布韦政
府为了及时获得改革资金的支持，不得不接受了国际货币基金组
织（IMF）更为苛刻的条件，以推行国际货币基金组织、世界银
行和其他援助国财政支持为主导的经济结构调整计划。

经济结构调整计划的主要内容包括：

1. 调整金融政策，减少财政预算赤字。计划目标在 5 年内
将财政预算赤字降至占 GDP 的 5% 左右。取消了原有的外汇定向
使用壁垒，实现所有当前账户往来自由化。放开对金融部门的管
制，实行汇率市场化。

2. 实行贸易自由化和降低各项税率。计划逐步取消对所有
进出口货物的限制，逐步降低进口税和取消附加税。进口税由
29% 降到 1995 年的 23%。附加税在 1993 年降至 10%，1995 年
完全取消。公司营业税由原平均 56% 调整为 45%，并对外向型
出口企业采取更加优惠的税收政策。同时，对除大型外国投资项
目外的所有投资项目简化审批手续。

3. 全面放开市场，减少政府干预。国内商品市场价格放开，
除极少数商品，如最基本的粮食产品、电力、燃料等外，国家不
再实行定价，商品的价格完全由市场决定。

4. 整顿国营企业。强调国营企业的赢利原则，对长期亏损的国营企业实行关停并转。逐步减少乃至取消对国营企业的财政补贴。给企业以更大的自主权，允许国营企业同私营企业或国外企业合作经营。

5. 精简机构，压缩政府开支。计划在 5 年内将政府机构缩减 1/3，同时削减政府文职人员（不包括教育、卫生）1/4，约 2.3 万个岗位，以减少政府部门开支。计划将国家公务员开支由 1990/1991 年度占 GDP 的 16.5%，减少到 1994/1995 年度占 GDP 的 12.9%。

6. 在不影响农业生产的前提下，加快实施土地重新安置计划，逐步建立一个将白人大型商业农场的部分土地转让给非洲黑人的机制。

这项计划在 5 年内将要实现的具体目标有：GDP 年均增长 5%；储蓄率增长至相当于 GDP 的 25%；投资额增长至相当于 GDP 的 25%；年均出口增长 9%；财政赤字由 10% 降至 5%；通胀率由 17.7% 降至 10% 等。

为了减少财政赤字，津巴布韦政府试图通过调整税收政策、精简政府机构和取消对国有企业的补贴等措施加以实现。津巴布韦政府将主要精力放在削减政府机构和减少公务员数量上，5 年间政府机构由 19.2 万人减少到了 17.1 万人，公务员岗位减少了约 2.2 万个[1]。但是在机构和人员精简的过程中，对政府机构如何发挥其职能，以及对公务员本身的素质要求有所忽视。简单的数量上的削减并没有带来实际效率上的提高，许多在关键岗位有才干的人由于对现有工资收入不满而主动离职。机构改革的最终实效没有充分体现出来。

---

[1] Staffan Darnolf and Liisa Laakso, *International Political Economy Series*: *Twenty Years of Independence in Zimbabwe*, Palgrave Macmillan, 2003, p. 58.

有关国有企业的改革也不理想。经过经济结构调整，国有企业并未改变长期亏损的局面。根据津巴布韦政府统计数据显示，1997/1998 年度津巴布韦国内最大的 8 家国有企业亏损总额达到 110 亿津元，按当时汇率计算约合 9 亿美元。造成这种长期亏损的主要原因是管理不善、津元贬值、缺少投资等。此外，国有企业中的贪污和腐败也是重要因素之一。

在金融和税收政策方面，原来设想通过减轻企业和个人税赋来刺激经济发展，达到税收的健康增长。但事情的发展并不尽如人意，国家财政收入随着公司和个人纳税比例的降低，一直处于较低水平。1986 ~ 1989 年间，国家平均财政收入占 GDP 的 25%，而 1993 年时这一比例下降到了 23.3%。由于金融和财政政策的调整没有达到预期的目的，国家的财政状况没有根本改变，而且公共债务负担持续加重。1990 年的通胀率为 17.4%，政府国债利息的偿还率为 8.4% 左右，低于通胀率 9 个百分点。1995 年政府偿还国债利息的比例上升至 28%，而通胀率为 22.6%，高出了 5 个多百分点[1]。此外，津巴布韦政府财政困难导致债务增加，促使利率攀升，20 世纪中期利率曾高达 60% 以上[2]。1998 年底，津巴布韦政府债务总额为 1330 亿津元，其中内外债分别为 430 亿津元和 900 亿津元。2001 年国家预算中 44% 的支出或者相当于 GDP 的 14% 要用来支付债务利息[3]。

与此同时，在实施改革的第二年，即 1992 年，津巴布韦遭遇严重旱灾，津巴布韦政府被迫花费大量外汇用来进口粮食、食

① Jan Willem Gunning and Remco Oostendorp, *Industrial Change in Africa: Zimbabwe Firms under Structural Adjustment*, Palgrave, 2002, p. 15.

② Staffan Darnolf and Liisa Laakso, *International Political Economy Series: Twenty Years of Independence in Zimbabwe*, Palgrave Macmillan, 2003, p. 69.

③ Staffan Darnolf and Liisa Laakso, *International Political Economy Series: Twenty Years of Independence in Zimbabwe*, Palgrave Macmillan, 2003, p. 59.

用油等生活必需品以救济灾民。由于旱灾影响，农业的投入不足、国内市场疲软、电力和水资源供应紧张、借贷政策紧缩等原因使农业减产超过40%，制造业产值和投资也同期下降。此外，用于救灾的粮食和其他物资进口增加，使财政支出增长了56.7%，出现巨额赤字，国际收支经常性项目赤字达到8.42亿美元。整个国民经济跌入独立以来的低谷，GDP 增长为 -9%。旱灾过后，经济有所恢复，农业和制造业，如粮食和木材加工业、纺织业以及金属加工业，开始扭转持续下降局面，逐步回升，1991~1995 年上述部门产品出口增幅达到23%。但1995年再次受到旱灾影响，整个制造业产量下降了 13.6%[1]。1996年经济再度出现转机，GDP 增幅达到10.4%。

经济结构调整另外一个重要方面是贸易的自由化。随着经济的开放，贸易额大幅增长。按1990年不变价格计算，贸易额占GDP 的比例由1990年的56%上升至1998年的110.9%[2]。在贸易自由化过程中，津元对美元持续贬值，这本应该对出口产生促进作用，然而出口的状况却一直不佳。1991~1999 年间出口年均增长 2.06%，与经济调整计划中预定的年均增长9%的目标相去甚远。同期进口增长年均为 4.91%。这主要是因为原材料、中间物资和资本货物的进口不断增长。

另外一点值得注意的是，津巴布韦独立后，广大黑人对新生国家的经济发展和生活改善寄予了厚望，20世纪80年代后期已有人对经济发展缓慢特别是政府对黑人的土地安置工作和他们的就业状况表示不满。随后实行的经济调整政策，由于实行了贸易自由化，物价放开，国内市场受到很大冲击，使处于社会底层的

---

① Jan Willem Gunning and Remco Oostendorp, *Industrial Change in Africa*: *Zimbabwe Firms under Structural Adjustment*, Palgrave, 2002, p. 13.

② Staffan Darnolf and Liisa Laakso, *International Political Economy Series*: *Twenty Years of Independence in Zimbabwe*, Palgrave Macmillan, 2003, p. 60.

广大黑人的生活改善程度大大低于他们的期望值，也使他们对经济调整计划产生了抵触情绪，甚至要提出终止该计划。根据一项调查，经济结构调整前的 1990/1991 年度，津巴布韦贫困户的比例为 40.4%，而 1995/1996 年度这一比例上升为 63.3%。同期特贫户的比例也由 16.7% 上升为 35.7%[1]。在农村地区贫困户的比例要远高于城市。造成这种状况的主要原因是结构性不合理，即广大农村人口缺少土地，大量农村人口涌入城市后又缺少更多的就业岗位，造成失业。津巴布韦政府独立后即开始实施的对农村无地和少地农户的重新安置政策，但该项政策始终没能很好落实。独立之初，津巴布韦政府曾计划在国家过渡期发展计划内（1982~1985）完成安置 16.2 万农户，而在 1986~1990 年津巴布韦第一个五年发展计划中，这项安置计划被调整为 7.5 万户，但是到 20 世纪 90 年代中，这一计划指标都没有完成，所安置的农户总共只有 5.2 万户[2]。津巴布韦政府曾采取多种措施试图改变这种状况，如设立社会发展基金、实施减贫行动计划等，为穷人提供就业培训机会，提高他们的就业技能和自主创业能力，为他们提供粮食补贴等。但是所有这些也只是起到了杯水车薪的作用。

综上所述，经济结构调整方案虽然是按照计划进行的，但是其主要目标均未能实现，大多数存在的问题也没有解决。1994/1995 年度的财政赤字非但没有按照计划降到相当于 GDP 的 5%，

[1] Godfrey Kanyenze, *The Performance of the Zimbabwean Economy*, 1980 - 2000, International Political Economy Series: Twenty Years of Independence in Zimbabwe, Palgrave Macmillan, 2003, p.65. 另，此处"贫困户"和"特贫户"分别指"家庭收入不足以维持日常生活开支户"和"家庭收入不足以维持日常食品开支户"。

[2] Godfrey Kanyenze, *The Performance of the Zimbabwean Economy*, 1980 - 2000, International Political Economy Series: Twenty Years of Independence in Zimbabwe, Palgrave Macmillan, 2003, pp.44 - 65.

而是由 1990/1991 年的 10.4% 上升为 13.4%，2000 年再次上升到 23%。通货膨胀率也由 1990 年的 15.5% 上升为 1992 年的 42.1%，1994 年和 1995 年分别为 22.3% 和 22.5%。1991~1995年，GDP 的年均增长率离原设想目标 5% 相去甚远，仅达到 1.7%[①]。在此期间，就业率增幅仅有 0.8%。经济结构调整方案出现的这种结果，是与《经济结构调整计划》出台前没有经过多方面论证密切相关的。

20 世纪 90 年代中期后，津巴布韦经济状况越来越糟。1995年 9 月，国际货币基金组织对津巴布韦政府现行的经济结构调整政策感到不满和失望，宣布推迟向津巴布韦政府提供财政支持，致使津巴布韦政府与国际货币基金组织之间产生裂痕，双边关系若即若离。1999 年，国际货币基金组织完全停止了对津巴布韦的财政支持，经济结构调整计划宣告失败。

（3）经济发展现状。

1997 年中期至 1999 年，津巴布韦经济形势开始急剧恶化。1997/1998 年度的财政预算赤字仍相当于 GDP 的 8.9%。为了减轻政府压力、改善广大农村地区人民的生活状况、稳定政局，津巴布韦政府开始实施一系列调整和改革措施。1997 年 8 月，津巴布韦政府宣布，要征用 1500 个白人商业农场[②]用来安置那些曾参加过解放战争且目前仍生活在农村地区的无地或缺少土地的老战士。此举在很大程度上得到农村地区广大黑人民众的支持。但这项土地安置计划将使原有的以白人大型农场为主的农业生产方式和结构发生改变，无疑造成了白人与黑人之间激烈的矛盾和冲突。1998 年 4 月，津巴布韦政府宣布实施由国际货币基金组织提供财政支持的"经济与社会改革方案"。该计划旨在利用出

① EIU, *Country Profile-Zimbabwe*, 1998–1999, p. 12.
② EIU, *Country Profile-Zimbabwe*, 1998–1999, p. 11.

口的不断增加作为主要手段之一，实现 1998～2000 年 GDP 年均增长 6%，计划国内储蓄与投资至少要占到 GDP 的 23% 左右。此外，计划还提出政府每年将增加 4.4 万个就业机会，政府的财政预算将减少到 GDP 的 5%，通货膨胀率保持在一位数等。虽然该方案最初得到了国际货币基金组织的支持，但后来国际货币基金组织对津巴布韦政府政策开始表示出不满和不信任，认为津巴布韦政府的土地政策存在许多不确定性因素，且计划过于庞大而难以实施，同时指责津巴布韦政府出兵民主刚果的军费开支不透明，支出过大等。这些促使国际货币基金组织决定无限期推迟对津巴布韦政府提供财政援助。在缺少了国际货币基金组织的财政支持下，津巴布韦政府又于 1999 年 12 月重新制定了一项新的发展计划，被称之为《新千年经济复苏计划》（MERP），但该计划根本就没有正式出台。此时，似乎没有一种宏观经济政策可以顺利实施。经济每况愈下，财政赤字迅速增加，1999 年赤字占到了 GDP 的 11.9%，2000 年这一比例上升至 22.7%。财政赤字的不断增加，使通货膨胀率持续走高，1999 年和 2000 年的通货膨胀率分别为 58.1% 和 55.7%[1]。这时政府开始采取限制汇率政策，并重新引入价格控制机制。但这些措施的效果并不明显，大量的黑市交易应运而生。

1996～2000 年，津巴布韦 GDP 年均增长率仅为 0.98%；通货膨胀率年均为 31%；财政预算赤字年均占 GDP 的 15.66%；1996～1998 年就业人数年均增加 3.6 万，1998～2000 年年均减少就业人数为 3 万[2]。从这些数字可以看出，20 世纪 90 年代中期后，津巴布韦经济一路下滑，政府也似已无回天之术。

2000 年，津巴布韦政府对一直搁置的 1997 年就已提出的土

---

① EIU, *Country Profile-Zimbabwe*, 2007, p. 30.

② EIU, *Country Profile-Zimbabwe*, 1996 – 2002.

地重新安置计划宣布开始加速实施，被称为土地改革"快车道"计划①。该计划一经推出就造成国内政治局势骤然紧张，并引起西方国家特别是英国、美国等国家的强烈不满。西方主要国家以该计划破坏了"民主和人权"为借口，开始对津巴布韦实行经济制裁，包括推迟或取消除"人道主义援助"以外的大部分援助和贷款项目，这使早已不堪重负的津巴布韦经济雪上加霜，面临更加严重的危机。"土改快车道"计划实施后，农村地区出现的暴力抢占土地事件时有发生，成为津巴布韦政治经济形势进一步恶化的助推剂。此后经济连续数年呈负增长，年均超过－6%。财政预算赤字增加，债台高筑。2004 年以来外债总额连年超过当年GDP 的总额。失业状况更加严重，正规部门就业人员占总人口的比例已下降到 2000 年的 10%，总数约 120 万人，2004 年减至100 万人以下。目前津巴布韦失业率由 20 世纪 90 年代末的30%～40%上升至 80%以上②。更值得关注的是，津巴布韦目前许多技术工人因不堪忍受国内经济持续恶化所带来的生活窘迫而逃往邻国谋生，这无疑又将加重津巴布韦经济复苏的困难。

日趋恶化的经济形势造成津巴布韦外汇奇缺，通货膨胀率持续攀升，固定官方汇率与汇率的实际水平严重脱节，黑市交易猖獗。1994～1998 年，年均通胀率为 23%，1999 年后迅速攀升，2000 年达到 55.7%。2001 年初，津巴布韦政府为缓解通胀压力，开始对金融政策进行一系列调整。首先强制降低了利率，以减轻政府还贷负担，改善财政赤字状况。2001 年 1 月初时，90天国债利率为 47.9%，4 月底已经降到 10%，而此时通胀率为50%～60%③，使此国债呈现负利。津巴布韦政府进一步强化外

---

① 详见本书第三章有关部分。
② EIU, *Country Profile-Zimbabwe*, 2008, p. 18.
③ EIU, *Country Profile-Zimbabwe*, 2001, p. 21.

汇管理措施，如禁止外国人购买和使用外币、关闭所有外汇兑换所，以制止外汇流失，并规定除经中央银行批准外，外汇汇出的最高额度为 500 美元等。2003 年津巴布韦政府开始引入多重汇率制度，旨在使汇率水平更接近实际。2004 年在此基础上推出外汇拍卖制度，以此打击外汇黑市交易，刺激出口，抑制通货膨胀。此后，津元兑美元汇率大幅下跌。2005 年 10 月 20 日，津巴布韦中央银行出台《2005 年第三季度货币政策评估报告》，决定即刻取消"外汇拍卖制"实行"紧盯市场的浮动汇率制"，建立银行间外汇兑换市场，实行高于官方汇率的准官方汇率。2005 年美元与津元的兑换率为 1∶30000，2006 年银行间外汇兑换市场的兑换率为 1∶100000，而同时黑市上的汇率为 1∶300000[①]。

　　津元如此迅速地大幅贬值令世人瞠目结舌。所有采取的这些金融调控政策和措施收效甚微。2001 年 10 月始，津巴布韦政府重新实行价格控制政策，对包括生活必需品在内的大部分商品的价格实行限制。2002 年 11 月，此项价格控制措施几乎涉及了所有的商品，这对商品生产厂商和进口商造成了沉重打击，使他们在通胀日益加重的形势下无利可图，进而造成商品供应市场的进一步短缺。通货膨胀率毫无节制地持续大幅攀升。2001 年通胀率上升为 74.5%。2003 年达到 384.7%，2006 年通胀率已超过1000%（1034%[②]），2007 年攀升至 12562%[③]，而到了 2008 年初，通货膨胀率已经超过 100000%，同年 8 月，津巴布韦官方公布通货膨胀的数字为 2200000%，但实际上根据一些经济学家分析和众多媒体报道，这一数字已经达到了令人震惊的231000000%[④]。为了应对惊人的通货膨胀率和货币短缺，津巴

①　EIU, *Country Profile-Zimbabwe*, 2006, p. 42.
②　EIU, *Country Profile-Zimbabwe*, 2007, p. 31.
③　EIU, *Country Profile-Zimbabwe*, 2008, p. 18.
④　Wikipedia, the free Encyclopedia, http：//en. wikipedia. org/wiki/Zimbabwe.

布韦中央银行不得不从 2005 年开始多次发行巨额面值的新钞票，由面值 100 万、500 万、1000 万，直至 10 亿、50 亿、100 亿面值的钞票。虽然津巴布韦央行还曾先后删砍掉巨额钞票面值上后面的 25 个零，但仍然不及恶性通货膨胀攀升的速度，津巴布韦货币津元实际上正在渐渐失去其作为通货的基本功能。因此，2009 年津巴布韦政府财政预算报告不得不首次采用以美元为单位计量预算的办法，并对税赋体系进行了改革，全面实行外汇税收制度。

在面临西方制裁、政府无力筹借新贷款以及通货膨胀持续加剧等重重压力之下，津巴布韦经济陷入了绝对困境。为了摆脱目前的困境以稳定政局，津巴布韦政府除了推出一些新的货币政策外，自 2005 年后还相继出台一些政策措施，试图缓解各方矛盾，改善投资环境。津巴布韦政府开始对"双边投资保护协定"起草框架协议提出修正以纠正在土改运动中出现的偏差。津巴布韦政府表示将严格遵守国际协定的各项条款，包括其中的赔偿条款，并正在积极考虑为在土改中受到损失的农民提供赔偿。2006年 4 月 18 日，穆加贝总统在独立 26 周年庆祝大会上发表讲话时宣布，政府已开始实施《国家经济发展优先计划》，该计划重点放在增加农业投入、提升农业产量、增加外汇收入、抑制通胀、加强外汇资金流动、大量吸引外资、重建或改造主要基础设施并降低政府内外债、重塑津巴布韦国际形象等。2006 年 6 月 21日，津巴布韦政府召开关于"解决土改遗留问题"的外交使团吹风会。国家安全事务部长穆塔萨在会上宣布，津巴布韦政府将严格按照"双边投资保护协定"的有关规定，对在土改中被征收土地的 185 个外国农场主进行重新安置或进行包括土地及地上所有物（无法移走的机械设备、设施等）的赔偿，外国农场主也可对津巴布韦政府强制征收土地的行为提起诉讼，同时他还宣布，对于土改中被征收土地的本国白人农场主，政府会尽量对其

进行重新安置或对其相关损失进行赔偿。津巴布韦政府上述做法被外界看作是在对以往政策失误的纠偏和津巴布韦政府寻求与西方改善关系的一个积极信号。但由于目前津巴布韦经济状况积重难返，即便有相应政策的调整，也还需要有巨额的资金支持，因此具体政策的落实仍困难重重。此外，目前穆加贝政府在国内所采取的对反对派的高压政策，也成为以英国、美国等国家为首的西方国家指责的借口，致使外部资金的投资很难在短期内恢复。因此，津巴布韦经济的全面复苏和发展仍有待时日。

由于津巴布韦具有较好的制造业基础、规模化的商业农场以及较丰富的矿藏和极具发展潜力的旅游业，使其在南部非洲长期以来保持着经济多样化的格局。农业、矿业在出口创汇和支撑国内消费市场中仍然起着至关重要的作用。这两个部门的生产力在非洲国家中具有很大的优势，并在国际市场中有一定的竞争力。但近年来，随着津巴布韦国内政治经济形势的不断恶化，国内各经济部门均面临重重压力。工业制造业、矿业等部门的许多工厂企业不得不停产，零售业企业也因为政府对物价的限制而难以为继，农业生产因原有的商业化农场遭受破坏，很难在短期内实现生产力的恢复。此外，金融形势的恶化、外汇奇缺、通胀率不断高攀以及国内市场供应短缺、艾滋病、失业、技术人才外流等所带来的众多社会问题的困扰，更加重了津巴布韦经济恢复的困难。

第二节　经济结构

津巴布韦独立后承袭了原有的经济结构，凭借丰富的矿产资源、良好的农业开发能力和雄厚的工业制造业基础成为南部非洲最具发展潜力的国家之一。农业、工业（矿业、制造业）和服务业一直是国内经济的支柱性产业，在各个时期的经济发展中都发挥着重要作用。2005 年，农业、工业、服务业占 GDP 的比重分别为 17.7%、22.8% 和 59.5%。长期以来，经济发展中的二元性特点较为突出，少数白人控制的私营经济占主导地位，本土（非洲）经济相对落后。经济呈现农业、矿业和制造业以出口为导向的产品结构。农业和矿业产品的出口占到国家外汇收入的 70% ~ 80% 以上。多年来整体经济结构未出现大的变化。

一 农林牧渔业

农业是津巴布韦经济发展中的重要部门。国家独立后，农业产值一般占国民生产总值的 15% ~ 20%；农产品出口占整个国家外汇收入的 40% ~ 50%。全国 70% 以上的人口生活依赖农业，是就业人口最多的部门。2000 年后，随着国内土地危机的加剧，农业部门就业人口下滑，由当年占总就业人口的 26% 降至 2004 年的 15.5%[①]，约为 15.4 万人。农业曾是津巴布韦制造业和加工工业重要的生产资料来源，为其提供了约 60% 的生产原料，是整个国民经济的重要支柱，长期以来对整个经济的稳定和发展起着至关重要的作用。农业生产以种植业为主，粮食的自给自足和农产品的出口创汇曾长期以来成为津巴布韦农业发展的方向。但是近年来农业的种植面积和产值一直呈负增长，主要粮食作物连年减产，使津巴布韦已经由原来的有余粮出口国变为目前的粮食奇缺国。一般来讲要满足津巴布韦每年的粮食需求，粮食的年产量至少要在 200 万吨以上，而 2008 年津巴布韦的粮食总产量不及需求量的 1/4，因而使津巴布韦面临着巨大的粮食危机。

（一）农业发展简况

历史上津巴布韦就是一个传统农业国，早在公元 1 世纪当地

---

① EIU, *Country Repot-Zimbabwe*, 2007, p.30.

居民就开始从事农业生产。从历史遗迹的考古发掘证明,公元1~2世纪时,当地的绍纳人就已使用铁制农具。从考古发掘出的山地梯田和灌溉渠道可以证明,当时的农业生产已经具有相当高的水平。

公元19世纪始,当地绍纳人农业经济不断发展,并带动了以养牛为主的畜牧业的发展。他们种植的作物主要有粟、玉米和高粱等,种植的其他作物还包括花生、山药、南瓜、豆类、稻米和柑橘类水果等。他们当时也已经开始种植棉花和烟草。后来的恩德贝莱人农业种植的品种亦大致如此,只是他们养牛的数量要多于绍纳人。恩德贝莱人养牛更多的是为了显示财富和社会地位,很少用于农业生产,农业耕作主要还是由人来完成。当时的农业已经能够满足人们的日常生活需求,并略有富余。这种自给自足的小农经济形式,在津巴布韦少部分地区一直保留到20世纪20年代末。

1907年,最早来到津巴布韦的白人殖民主义者,为了维持其殖民统治,开始提出发展农业的设想。因为当时的采矿业(主要是采金业)的收入已不足以支持其殖民统治。当时在这里从事采矿业的欧洲人的粮食供应主要来自当地黑人。在随后的30多年中,白人殖民当局采取各种措施、利用各种手段和形式,鼓励白人移民建立商业化农场。白人当局制定了相关的殖民计划,包括广泛招募白人移民,并为他们在此购买土地建立农场提供资金支持;为白人移民农场的开发提供非常优惠的贷款;投入大量经费对农业新技术的开发和引进及农作物品种的改良进行研究;帮助招募非洲当地雇工;帮助拓展农产品销售市场等。此外,白人殖民当局还以立法的形式来保护白人农场的利益,如1930年的《土地分配法》以及1931年的《玉米管理法》等。白人移民农场的发展、对土地的占有以及农产品的种植和销售似乎都穿上了"合法外衣"。津巴布韦农业白人现代化商业农场形式初见雏形。但是原有的非洲黑人农业没有得到任何发展，相反却遭到大大削弱，国内市场特别是玉米市场几乎遭到毁灭性打击。

　　第二次世界大战的爆发进一步刺激了津巴布韦欧洲白人商业化农业的发展，英国成了其农产品的主要输出地。战后，欧洲大量新移民的涌入、现代化耕作方式和机械化生产方式的引入以及农业科研工作的不断深入都使白人商业化农场无论是在规模上，还是在产品的品种和产量上都有了较大发展。20世纪50年代，马绍纳兰各省烟叶种植业得到全面发展，其他较干旱省份的玉米种植业也有迅速发展。20世纪60年代初，津巴布韦商业农业产品的出口已占到国家外汇收入的1/3，就业人口已占到全国总就业人口的近35%①。

　　1965年白人殖民主义者宣布单方面独立，招致来自国际社会的经济制裁，津巴布韦农业受到严重打击。到1975年，超过一半的烟草和主要出口农作物种植者被迫转产，这些农场开始侧重多样化农产品的种植和经营。1980年独立前，商业化农场生产逐步恢复，其产品不但可以满足国内市场需求，而且还有大量出口。津巴布韦农业形成了以大型现代化商业农场为主的农业格局。

　　1980年独立后，津巴布韦政府在强调利用原有的农业发展形式以保障国家粮食生产自给自足的同时，还采取措施鼓励和推动黑人农业经济的发展，特别是全面参与主要农作物的生产。津巴布韦政府一方面继续支持白人商业农场的发展，另一方面加大了对黑人农场资金和物资的支持。1980～1986年间，津巴布韦总共有白人大型农场约5000家，黑人所有的小型农场（100～300英亩的村社农场为主）由9000家增加到1万家。在政府的支持下，20世纪80年代初的旱灾过后，黑人农户的玉米生产取

---

① Steven C. Rubert & R. Kent Rasmussen, *Historical Dictionary of Zimbabwe*, Third Edition, The Scarecrow Press, London, 2001, p. 16.

得丰收，1984～1985年的玉米产量由原设想的10万吨增加到40万吨。1980年时，黑人农户所生产的玉米和棉花占这两种作物总产量的比例很小，但到了1987～1988年时，这一比例已经占到近50%。与此同时，白人商业农场烟叶和玉米的产量和产值在1985年时也达到历史高峰。白人农场还经营种植小麦、茶叶、咖啡、棉花、大豆等作物，以及出产牛肉和蔗糖等产品。两种不同规模、不同形式的农场经营带来了农业经济的繁荣。根据津巴布韦政府统计数字，20世纪90年代中期农业部门的就业人数已经占到总就业人数的近一半。

尽管黑人农业经济独立后得到很大发展，但长期以来存在的土地占有极大的不平等成为制约黑人农业经济发展的瓶颈。1988年早期，津巴布韦约有3400个大型白人农场主，占有全国土地面积的约34%，1990年时约4000个白人农场主拥有土地1200万公顷，而75万非洲黑人农民所拥有的土地仅为1500万公顷[①]。而且从土地的质量上说，白人占有的绝大部分土地均为土质较好、自然条件有利耕作的土地，而黑人所拥有的土地大多土质贫瘠、自然条件较差。这种状况长期没能得到根本的转变。土地问题一直是津巴布韦农业全面发展的主要障碍之一，也成为国内政治经济面临的焦点问题。

1995年土地所有状况如下：

	数量(个)	土地平均公顷数(公顷)	产量占市场份额(%)
白人商业农场	4700	3000	80
黑人村社农场	800000	20	18
黑人重新安置土地	62000	50	2

资料来源：EIU, *Country Profile-Zimbabwe*, *1996－1997*, p. 25。

① Steven C. Rubert & R. Kent Rasmussen, *Historical Dictionary of Zimbabwe*, Third Edition, The Scarecrow Press, London, 2001, p. 16.

由此可见，黑人和白人在农业发展中存在着巨大的结构性差异，这既反映出土地占有上的差异，也反映出生产力水平的差异。农业总产值一般占 GDP 的 15% ~ 20%，其中 2/3 来自白人大型商业农场，1/3 来自黑人农业经济。白人大型商业农场经济在农业部门始终占据主导地位。

津巴布韦的农业生产水平在非洲曾经是比较高的，一般有三种经营类型：第一种是大规模现代化商业农场，主要由欧洲移民经营，实行机械化生产，有引水喷灌设施。第二种是小规模非洲人的商业农场，使用部分中小型农业机具，但主要靠人力和畜力耕种。第三种是传统的家庭式非洲人农业，他们完全依靠人力和畜力生产，很少使用农业机械，靠天灌溉，在水利、农具、化肥、交通运输等方面远远落后于欧洲人的商业农场。2000 年以来，津巴布韦政府实施的土地改革"快车道"政策打乱了原有的农业生产和经营模式，使原有占农业产值约 70% 的白人大型商业农场和种植园大部分解体，许多白人农场主逃往他国。而新分到土地的农民由于生产计划性不强，管理能力不足，使生产迟迟得不到恢复，农业生产力严重受挫。农业连年持续出现负增长，2000 ~ 2004 年农业年均增幅为 - 5.5%，其中 2002 年为 - 22.7%。农产品出口产值连年下降，由 2000 年的 8.56 亿美元下降到 2004 年的 3.84 亿美元。此外，加上旱灾的影响，粮食产量连年下降，饥荒较为严重。据联合国粮食计划署有关统计数字估测，2005 ~ 2006 年津巴布韦粮食生产只能满足 60% 人口的日常需求，2007 ~ 2008 年的情况更加糟糕。经济作物也因受上述影响连年减产。

津巴布韦农业以种植业为主，经济作物和粮食作物并举。畜牧业以饲养肉牛为主。林业和渔业规模较小。

（二）农业资源

仅从地质条件上来讲，津巴布韦农业可资利用的土地资源不甚理想。由于地处南部非洲高原区，其特殊的地质构造使全境一半以上为花岗岩为基础的土地。因此，农业用地多为土质贫瘠、自然肥力不高的沙地。这类土地只有经过土壤改良和在较好的自然环境条件下才能够满足农业生产的需要。此外，卡拉哈里沙漠地带的沙壤土质也不利于农业生产。因此，就土壤条件来说，农业土地的开发和利用主要局限在低草原地区。在其他地区中地质构造以玄武岩为基础的黑色土壤区，农业发展中的条件稍好些。土质肥沃和红色黏土土壤区大多分布在片岩①底层裸露地面的区域，而这些地区又通常是津巴布韦的矿业开采区。

津巴布韦的农作物生长主要集中在马绍纳兰和马尼卡维尔地区。这一带土质肥沃，气候温和，适于农作物生长，是津巴布韦的玉米、小麦和烟叶的主要生产区。中部和西部的马塔贝莱地区，由于地势高和多霜，除8%的地区适于种植农作物外，85%的土地适于发展畜牧业，畜牧场主要集中在这一地区。林波波河与萨比河间的低维尔地区，气候温热，适于种植甘蔗和棉花。这一地区也有少量水稻种植。东部伊扬戈山区，气候湿润，适于种植咖啡和水果。

除了土壤条件之外，气候也是确定农业土地资源如何利用和发展的最主要因素之一。津巴布韦地处热带非洲，但由于地势原因，亚热带气候特征突出。全年绝大部分地区常年无霜冻期，只是东部山区偶尔出现霜冻。全年大部分地区平均日照时间在8小时左右。而不同地区影响到农业生产的降雨量却不尽相同。因此，津巴布韦的农业用地可据此划分成6个不同的区域：

1. 雨量充沛，适合多种农作物生长和多样化农业耕作的土

---

① 具片状构造的变质岩，主要由片状或柱状矿物组成，结构一般为鳞片变晶结构、纤维变晶结构和斑状变晶结构。根据主要矿物成分的不同，可分为多种片岩。——著者

地。这部分土地约占到土地总面积的 1.6%；

2. 雨量适中偏上，适合集约商业农作物生产和相关畜牧业发展的土地。这部分土地约占土地总面积的 18.7%；

3. 雨量中等，适合半粗放商业化畜牧业生产和辅以抗干旱作物种植的土地。这部分土地约占土地总面积的 17.4%；

4. 雨量不足，并且无保证，只适合半粗放畜牧业生产的土地。这部分土地约占土地总面积的 33%；

5. 半干旱地区，只适合畜牧业粗放经营的土地。这部分土地约占土地总面积的 26.2%；

6. 无法耕作的坡地、极度贫瘠的土地和沼泽地等。这部分土地对农业生产无任何可利用价值，约占土地总面积的 3.1%。

（三）种植业主要品种

1. 玉米

玉米是津巴布韦最重要的粮食作物，也是主要出口农产品，19 世纪前开始引种。玉米在全国各地广泛种植，主要分布在雨水较为丰沛的东北部地区。20 世纪时玉米基本上替代了小米和高粱，成为当地非洲人的主食。第二次世界大战前，玉米列津巴布韦农产品出口首位，战后出口仅次于烟叶。20 世纪 60 年代至 70 年代，国际社会对单方面宣布独立的白人政权实行经济制裁，致使许多种植烟草的农场转产玉米，使玉米的种植面积迅速扩大。独立后津巴布韦政府采取大力扶持黑人农场、农户的政策，在财力和物力上给予他们大力支持，使当地黑人农场、农户种植的玉米产量大幅增长，占到全国总产量的约 50%。20 世纪 90 年代初，受严重旱灾影响，玉米种植业严重受损，产量大幅减少约 80%。1992 年玉米的总产量约为 36.2 万吨。20 世纪 90 年代中期后玉米种植有所恢复，1999～2000 年度，玉米产量超过 120 万吨。此后，由于受国内土改风波的影响，玉米产量一路大幅下跌，玉米的种植面积已经由 1999/2000 年的 85 万公顷下降为

2007/2008 年的 50 万公顷①。由于种植面积缩减，玉米的总产量有所下降。2008 年的产量约为 58 万吨，2009 年恢复到 120 万吨左右②。

2. 烟叶

津巴布韦的烟叶闻名于世界，多年来占非洲烟叶产量和出口量的首位，其中尤以烤烟著名。津巴布韦长期以来是仅次于巴西、美国的世界上第三大烟草生产国。据传说，烟叶的种植是由葡萄牙人在公元 16 ~ 17 世纪时引进的。19 世纪时，当地的绍纳人就已经种植出了质量上乘的烟叶。后来欧洲移民开发出烟叶的商品价值，20 世纪末烟叶的种植和销售规模迅速扩大，但也一度因产量过剩而造成市场价格暴跌，烟叶的生产规模也随之萎缩。二战期间烟叶种植再度恢复，1945 年烟叶成为最主要的出口创汇产品。1965 年，烟叶的产量为 1.12 亿公斤，产值占当时农业产值的近一半。此后，烟叶的种植面积大幅减少。1980 年独立后，随着国际市场需求的增加，津巴布韦烟叶种植规模再度扩大。1992 年烟叶产量达 2 亿公斤，出口创汇达 16 亿英镑③。20 世纪末以来，津巴布韦国内由于土改政策所引发的"土地危机"，对农业造成极大影响。尽管如此，1999 ~ 2002 年烟叶在出口商品中一直占有主导地位，占到商品出口总值的 20% ~ 30%，占农产品出口总收入的 50% ~ 70%。2004 年津巴布韦烤烟出口创汇 2.27 亿美元，占当年农产品出口创汇总额的约 59%④。

烟叶的交易要通过拍卖市场，烤烟占交易总量的 95% 以上。1990 ~ 2001 年，津巴布韦烤烟的产量已经超过独立前的水平。

① Wikipedia, the free Encyclopedia, http://en.wikipedia.org/wiki/Zimbabwe.

② EIU, *Country Report-Zimbabwe*, March 2010, p. 27.

③ Steven C. Rubert & R. Kent Rasmussen, *Historical Dictionary of Zimbabwe*, Third Edition, The Scarecrow Press, London, 2001, p. 325.

④ EIU, *Country Profile-Zimbabwe*, 2007, p. 55.

1999～2000 年度烟叶（烤烟）产量曾创历史高峰，达到 24 万吨。此后，由于受到土改政策和煤炭短缺的影响（煤炭是制作烤烟的主要能源），2001～2004 年烤烟的产量分别减少到 20.4 万吨、16.4 万吨、8.3 万吨和 5.5 万吨[1]。近两年来，烟叶的种植面积大幅减少，已由 1999～2000 年的 18 万公顷下降为 8 万公顷[2]。在一些大型商业农场生产受挫后，津巴布韦政府试图通过鼓励黑人经营的小型农场提高种植面积和产量，但由于生产技术水平、定价等多种因素的影响，以及政府承诺提供的种子和其他帮助恢复生产的措施没有到位，所以烟叶生产未见起色。2007 年烟叶的产量略有回升，达到 6.7 万吨[3]。

津巴布韦种植的烟叶传统上有三种类型：弗吉尼亚烤烟（Virginia flue-cured）、伯莱烟叶（Burley）和土耳其烟叶（Turkish），其中弗吉尼亚烤烟的种植面积和出口值最大，独立前基本上全部产自于白人经营的大型商业农场，独立后津巴布韦政府鼓励黑人也大量种植。目前，烟叶的产地主要集中在马绍纳兰各省地区，因为那里的土壤和气候条件更加适宜。津巴布韦烤烟的出口主要是通过双边贸易合同和位于首都哈拉雷世界上最大的烟草拍卖市场进行。

3. 棉花

津巴布韦是撒哈拉以南非洲最大的棉花生产国。津巴布韦种植的棉花色白且丝长，是重要的出口产品。棉花的种植在津巴布韦有着悠久的历史，早在公元 15 世纪之前，当地的绍纳人就开始种植棉花，并用棉花纺线制衣。长期以来，棉花的种植无论是在当地黑人还是在白人移民中都占有重要位置。1980 年独立后，

---

① EIU, *Country Profile-Zimbabwe*, 2007, p. 54.

② Wikipedia, the free Encyclopedia, http//en. wikipedia. org/wiki/Zimbabwe.

③ EIU, *Country Report-Zimbabwe*, June2008, p. 16.

在国家政策的大力扶持下，棉花种植业发展迅速。1980 年全国棉农约 5 万人，1986 年增至 16 万人，棉花产量也明显上升。1970 年年产皮棉 4.9 万吨，1980 年年产 6.2 万吨，1987 年达到 10 万吨，2000 年达到 14.5 万吨。随后，棉花产量急剧下滑，2001 ~ 2004 年，棉花产量分别下降到 4.8 万吨、3.1 万吨、2.1 万吨和 0.3 万吨①。

4. 甘蔗

津巴布韦甘蔗种植始于 20 世纪 20 年代，50 年代随着水利灌溉系统的不断完善，甘蔗种植业有了较大发展。20 世纪 60 年代，在西方国家的经济制裁下，甘蔗种植业受到沉重打击，直到 70 年代末才开始逐渐恢复生产。1980 年独立后，甘蔗种植业发展迅速，1991 年甘蔗原料及蔗糖的出口占到国家出口总产值的 3% 左右。甘蔗的种植主要集中在东南部低草原地区。甘蔗除主要用于蔗糖生产外，同时还用于生产一些副产品，如牛饲料中的营养添加剂、蔗汁饮品以及酿酒等。另外，甘蔗也是津巴布韦乙醇汽油生产的重要原材料来源。蔗糖生产基本可以满足国内需求。1995 年，蔗糖的产量为 52 万吨，1998 年为 33.8 万吨，2002 年为 58 万吨。预计 2007 年蔗糖的产量约为 40 万吨②。2004 年，津巴布韦蔗糖出口创汇达 5400 万美元，列农产品出口创汇的第三位，约占农产品出口总额的 14%③。

除上述农业种植品种外，津巴布韦农业种植业还包括小麦、高粱、小米、稻米、薯类等粮食作物生产，以及花生、向日葵、豆类等油料作物生产，还有以花卉、水果为主的园艺生产。园艺生产是在 20 世纪 90 年代中后期逐步发展起来的，使津巴布韦成

---

① EIU, *Country Profile-Zimbabwe*, 2007, p. 54.

② EIU, *Country Profile-Zimbabwe*, 2007, p. 33.

③ EIU, *Country Profile-Zimbabwe*, 2007, p. 55.

为继肯尼亚之后的非洲第二大花卉出口国。近年来，园艺产品成为津农产品出口中，出口值一直仅次于烟草的第二大出口农产品。2004 年园艺产品出口创汇 8400 万美元，仅次于烤烟的出口，约占农产品出口总额的 22%①。

（四）畜牧业

津巴布韦以养牛为主的畜牧业发展历史悠久。养牛业在津巴布韦传统社会中有着重要意义。过去，当地津巴布韦人传统上以养牛的数量来确定人的财富和地位。他们很少宰杀牛来食用，只是作为农业歉收或遭遇旱灾时的不时之需或常作为儿女结婚的嫁妆。第二次世界大战后，随着国内和国际市场需求的不断旺盛，欧洲白人逐渐发展起以肉制品和奶制品生产为主的畜牧业养殖。20 世纪 60 年代至 70 年代，肉牛的出口一度成为津巴布韦的主要出口产品。此后，牛的存栏数量一路下降，独立前仅有约 20 万头。1980 年独立后，养牛业迅速恢复，到 1997 年时，牛的存栏数约达到 540 万头②。自 1985 年起，津巴布韦牛肉和奶制品开始大量销往欧洲。出口的牛肉和奶制品主要由白人经营的大型牧场提供，因为这里的饲养条件好，肉牛和奶牛的品种优良，饲料品质高，产品质量好。虽然当地非洲人养牛的数量更多，但多以家庭饲养为主，饲养技术落后，畜产品的质量不佳，加之他们受传统观念的束缚，不愿意宰杀出售，因此商品率较低。除养牛业外，在畜牧业生产中养猪业次之。目前，畜牧业除满足本国需要外，牛肉和黄油、奶酪等奶制品以及肉猪主要用于出口。2000 年以来，畜牧业生产一直呈现下降趋势。肉牛的出栏数由 2000 年的 38.2 万头下降到 2004 年的 18.5 万头，肉猪的出栏数同期

① EIU, *Country Profile-Zimbabwe*, 2007, p. 55.

② Steven C. Rubert & R. Kent Rasmussen, *Historical Dictionary of Zimbabwe*, Third Editio, The Scarecrow Press, London, 2001, p. 45.

由 21.9 万头下降到 10.9 万头。全脂牛奶的生产也由 2000 年的 14.5 万吨下降到 2004 年的 9 万吨①。

（五）林业和渔业

津巴布韦原始林地的开发很有限，只是在北马塔贝兰德省地区有些开采。该地区主要生产柚木和一些硬木。绝大部分硬木用于出口。津巴布韦现有原始林地面积约 2577 万公顷，人造林地面积约 15.6 万公顷②。现有林地主要集中分布在东部山区。人造林主要提供国内如建筑业、造纸业等工业原材料的木材需求，平均每年木材产量约 6.5 万立方米，其中软木 4.6 万立方米，硬木 1.9 万立方米。主要树种有松树、桉树、金合欢树等。近年来，由于农村地区严重的滥砍滥伐以及森林大火不断，致使森林面积迅速减少。官方部门预测在未来 10 年内津巴布韦将成为木材的净进口国。

津巴布韦淡水鱼类有 100 多种，但渔业生产规模很小，主要集中在卡里巴水库。卡里巴水坝饲养、繁殖淡水鱼和小沙丁鱼，并制成罐头少量出口到邻国。同时，卡里巴湖用淡水养殖对虾已获得成功，并开始投放市场，但生产成本较高。来自河、湖及数千个小鱼塘的渔业捕捞主要用于当地消费。

（六）农业科研与教育

津巴布韦农业科研与教育的发展得益于独立前就已建立的较完善的体制。在白人统治时期，为了促进大型商业农场的发展和生产力的提高，殖民当局曾投入大量资金进行农业科研工作，包括种子改良、先进生产方式的引进和推广以及进行农业技术培训等项工作。但是当时所有这些工作几乎都是针对白人，黑人几乎被忽视。独立后，广大黑人才有机会受益于农业的科研、教育与

---

① EIU, *Country Profile-Zimbabwe*, 2007, p. 54.
② E. M. Shumba, *A Brief on the Forestry Outlook Study*, FAO, December 2007, p. 7.

技术培训。津巴布韦政府在独立之初就建立了一些专门为了培养农业技术骨干的农业大学和专业技术学校。这类学校对培养农业人才、促进农业发展起到了非常积极的作用。

此外，津巴布韦政府还建立了许多农业科研机构，对农业发展中所遇到的实际问题提供帮助。这类科研机构包括研究所、研究中心和研究站等，如农业研究所和农业服务局就是农业部下属最大的两个科研机构，它们下面设有多个研究中心或研究站。一些科研机构的研究成果很快可以应用到农业生产中去。这些研究机构与生产密切结合，并服务于生产。这些研究机构的类别涉及农业领域的各个方面，如土壤、生物化学、动植物、园艺、林业、兽医、咖啡、棉花、烟草等。他们不仅负责掌握国内有关的资料，还要及时了解国际的信息，并把重要情况及时反馈到有关部门和农场。成立较早的棉花研究所和烟草研究所是津巴布韦最为著名的农业科研机构，在非洲国家曾享有盛誉。

20世纪90年代后期始，由于国内政治经济形势不断恶化，国家财政困难，政府对农业科研的投入大幅削减，致使科研机构大量萎缩，由20世纪80年代中期时的70多家减少到如今的十几家。现有的机构有些更面临着资金和人员，以及技术援助匮乏的困境，名存实亡。

二 矿业

津巴布韦矿业在经济发展中占有重要地位。虽然矿业部门的产值并不高，一般占到GDP的5%左右，但在出口贸易中占有较大比例，是外汇收入的重要来源。矿产品90%以上用于出口，一般占到外汇收入的约30%～40%。近年来，由于受到国内政治经济形势以及国际市场价格的影响，矿业生产下滑。2001年，矿业产值仅占GDP的1.5%，2004年占GDP的

4.3%，占外汇收入的 34.8%。矿业部门正式就业人口约 5 万人，占全国正式部门就业人口总数的约 5%[1]。津巴布韦矿业产品基本上是初级产品，主要供出口。由于加工能力薄弱，矿产品出口附加值较低，而且受资金、技术和市场因素限制，使津巴布韦在自主开发矿产资源的过程中不得不依赖于跨国公司。因此，外资企业在矿业生产中一直居重要地位。独立后，津巴布韦政府成立了矿业发展公司（ZMDC）和矿业销售公司（ZMMC），加强了国家对矿业的控制和管理，前者主要是为了协调矿业生产，后者则是代表国家控制矿产品销售的机构。

（一）采矿业的发展

津巴布韦采矿业历史悠久，早在公元 2 世纪就已经开始开采铁矿，使用铁制工具。金矿的开采始于公元 7 世纪前后，主要集中在北部地区。11 世纪时，金矿的开采扩大到中部高原大部分地区，也就是如今的主要采矿区，那里最早的矿工是讲绍纳语的当地居民。在公元 10 世纪时，当地居民就开始用开采出的黄金与当时在非洲东海岸的穆斯林进行商贸往来，用黄金来交换一些日常用品。到了 12 世纪，这种黄金贸易不断兴盛。15 世纪，当时在东北部地区建立的莫塔帕王国控制了大部分与东部沿海地区的贸易通道。王国的统治者开始对黄金生产征税。当时开采的黄金大部分通过阿拉伯商人和后来的葡萄牙商人出口到亚洲和欧洲，换回当地人所需要的布匹、日用品以及其他王国上层所能享用的奢侈品等。当时从事金矿开采的主要是绍纳人，主要采取露天开采方式，但偶尔也打些深达 30 米以上的矿井进行采掘。当时的黄金开采量有限，基本上是用于以货易货贸易。阿拉伯商人和葡萄牙商人都曾通过各种方式企图控制黄金贸易。19 世纪早期，由于来自南非若干民族的入侵，使当地金矿开采业绝大部分

---

① EIU，*Country Profile-Zimbabwe*，2006，p. 52.

停顿下来。后来在这里定居的恩德贝莱人建立王国后，逐渐从绍纳人手中取得了黄金出口的控制权，并试图阻止欧洲人染指金矿开采。但欧洲人最终还是利用威逼和欺骗等手段取得了部分地区金矿的开采权。尽管如此，当时的黄金开采量也并不大，原有的绍纳人的黄金开采业基本上处于停顿状态。

19 世纪末，随着英国南非公司的到来，大批欧洲淘金者蜂拥而至，他们多是想利用绍纳人原有的金矿开采黄金。在 1900年前很短的时间内，就有超过 15 万人正式注册采矿。但当时黄金的总产量仅有 2259 公斤[①]。此后，黄金开采业直至 20 世纪 30年代都是津巴布韦最主要的产业。到 1940 年黄金产量有了大幅增长，当年达到 2.35 万公斤，绝大部分用于出口，占出口商品的第一位、对外贸易额的近 60%[②]。第二次世界大战后，由于石棉的国际市场需求量增加，石棉的出口超过黄金而跃居首位。20 世纪 70 年代末，国际金价上涨刺激了黄金的生产，使黄金产量持续增加。1982 年，黄金再次成为出口创汇最重要的矿产品。

津巴布韦其他矿产品的开采大致始于 20 世纪初，包括铜、铬、镍、石棉等矿产的开采。第一次和第二次世界大战的爆发刺激了津巴布韦基本金属矿产的开发，因而也促进了整体矿业的发展。20 世纪 50 年代后，大多数矿产品产量迅速增加，1974 年达到历史最高水平。但由于受国内战争等因素影响，矿业不断萎缩，矿业生产衰退，独立之前矿业已经下降到历史的最低点。

津巴布韦最初的矿山采掘业主要由数以千计的个体矿主经营，雇用少量工人靠人力开采和冶炼，生产水平较低。后来这些

---

① Steven C. Rubert & R. Kent Rasmussen, *Historical Dictionary of Zimbabwe*, Third Edition, The Scarecrow Press, London, 2001, p. 101.

② Steven C. Rubert & R. Kent Rasmussen, *Historical Dictionary of Zimbabwe*, Third Edition, The Scarecrow Press, London, 2001, p. 101.

以个体经营为主的矿业逐步由大型矿业公司所取代。因为这些矿业公司拥有雄厚资金，可以购置大型设备从事大型矿山和深井开采，从而大大提高了产量，而这是个体小矿主所做不到的。例如，独立前，金矿的数量约有 260 家，其中 10% 的企业生产出 75% 的产品。津巴布韦最大金矿的采掘深度接近 2000 米[1]。

国家独立后，随着在赞比西河流域发现了铂金矿和铀矿，以及黄金产量的逐年上升，一度发展处于停滞状态的矿业重新活跃起来。但除黄金生产外，其他矿产品产量的增长不尽如人意。独立后两年间，按照实际产值计算，矿产品年产量平均下降 3.7%[2]。1982 年，津元的贬值刺激了出口，曾使矿业生产一度有所好转，当年产值实现 4.8% 的增幅。随后几年，矿业的发展仍不理想。20 世纪 80 年代后期，津巴布韦矿业再次复苏，1990~1999 年间，主要矿产品产量保持稳定增长，其中黄金产量在 1999 年达到 27.1 吨，创历史最高水平[3]。此外，镍的产量激增，成为出口值仅次于黄金的第二大出口矿产品。20 世纪 90 年代中期，矿产品中的黄金一般约占到全部矿产品产值的一半，镍、石棉、煤三项矿产品占到矿业总产值的约 40%，其中煤主要用于国内火力发电厂和大型制造业企业（如水泥、烟草工业）的能源消耗。占矿业产值不足 2% 的铬，主要为国内铬铁和铁合金加工业提供原料。

（二）矿业发展近况

1992 年以来，除金、银、铂外，其他矿产品的销售均须通过津巴布韦国有矿产销售公司，该公司从中收取 0.875% 的佣

① Steven C. Rubert & R. Kent Rasmussen, *Historical Dictionary of Zimbabwe*, Third Edition, The Scarecrow Press, London, 2001, p. 101.
② 何丽儿：《南部非洲的一颗明珠——津巴布韦》，当代世界出版社，1995，第 207 页。
③ EIU, *Country Profile-Zimbabwe*, 2006, p. 32.

金。金、铂等产品则要由津巴布韦储备银行（中央银行）专营。近年来津巴布韦国内经济形势恶化，通货膨胀加剧，而按照官方汇率收购矿产品，损害了生产者的利益，挫伤了他们的积极性，而电力供应不足，生产所需设备缺乏等也都直接影响到矿业的发展和矿产品的出口。以通常占矿产品出口值约一半的黄金产品为例，根据津巴布韦中央银行统计，2000 年该行所收购的黄金数量达 21.9 吨，而 2002 年和 2003 年的数字分别下降为 15.47 吨和 12.56 吨[1]。此后，津巴布韦政府对所有大型或小型金矿公司实行黄金收购"支持价格"政策，使黄金的收购价格更接近于实际汇价。这一政策的出台加上产品价格的回升，促进了 2004 年黄金收购量的增加，达到 21.33 吨。但 2005 年后，受通货膨胀迅速攀升和汇率大幅波动以及中央银行收购黄金后的支付拖延等因素的影响，黄金收购量再次下跌，2005 年为 14.02 吨，2006 年更降至 11.35 吨[2]。此外，津巴布韦政府对矿产开采政策的变化等因素也都直接影响到矿业部门的进一步发展，使矿业部门扩大再生产和投资的成本不断增加。因此，近年来矿业部门除 2004 年由于黄金价格上涨和铂金生产增加使矿产品出口值出现较快增长外，总体呈下降趋势。2003 年矿产品产量仅及 1999 年的一半左右。2005 年矿业减产 5.7%[3]。津巴布韦矿业滑向低谷的另一个原因是矿业部门技术人才的外流。据相关数字显示，仅 2007 年一年在矿业部门就业的技术工人就有约一半以上离开津巴布韦到南非和其他邻国寻求新的就业机会。这对津巴布韦矿业的复苏和发展产生了重大影响。

几年前，津巴布韦东部马兰戈（Marange）地区发现钻石矿

① EIU, *Country Profile-Zimbabwe*, 2007, p. 36.

② EIU, *Country Profile-Zimbabwe*, 2007, pp. 36, 54; EIU, *Country Report-Zimbabwe*, June 2008, p. 16.

③ 中国商务部：中国驻津巴布韦使馆经参处网站。

藏，据说储量颇为可观。有消息说，这一地区钻石矿的产能将可望达到 3000 万美元/月以上。但由于目前该地区尚未进入正规开采，致使违法开采和钻石走私现象严重泛滥。

津巴布韦矿山主要集中在绵延数百公里、呈东北至西南走向的大戴克（Great Dyke）地区。津巴布韦矿业公司主要有以开采镍、铬为主的南非英美公司（South African's Anglo American Corporation）；开采镍、金矿为主的津巴布韦里奥—廷托矿业公司（Rio Tinto Zimbabwe），该公司为英国和澳大利亚所属公司；开采石棉为主的澳大利亚特纳—尼维尔公司（Australia's Turner Newell）；开采黄金为主的英属津巴布韦法尔孔公司（Falcon of Zimbabwe）；开采铂金为主的澳大利亚和南非所属的津普拉兹公司（Zimplats of Australia/South Africa），该公司中南非股份占 83%；开采黄金为主的南非英金阿山迪公司（AngloGold Ashanti of South Africa）等。此外，还有一些规模较小的当地公司。

近些年来，由于受津巴布韦国内政治经济形势不断恶化以及津巴布韦政府有关矿业国有化政策变化的不确定性等因素的影响，许多矿山已经在当地被出售。到 2004 年底时，从事金矿开采的公司主要是南非人所属米塔伦（Metallon）公司，英属法尔孔金业公司（Falcon Gold），里奥—廷托矿业公司，英金阿山迪公司等。尽管矿业部门近来一直并不景气，但是来自南非的投资者对开采金矿的热情不减。2007 年 2 月，来自南非的中非金业公司（Central African Gold）就相继购买了两家金矿，一家原属于法尔孔金业公司 84.7% 的股份，另一家是原属于奥林巴斯（Olympus）公司 100% 的股份[①]。

1999 年 6 月，以开采铂金为主的澳大利亚哈特里（Hartley）矿业公司，由于矿山地质条件不稳定，以及在设备和人员方面出

---

① EIU, *Country Profile-Zimbabwe*, 2007, p. 36.

现困难而宣布关闭，致使铂金生产受挫。但是，随着铂金国际价格的上涨以及南非的矿业公司对开采铂金矿藏的渴望，进一步刺激了对津巴布韦铂金开采业的投资。同时津巴布韦政府也给予了铂金开采投资者以特殊优惠政策，如给他们以更大的自主权；为了生产需要可以直接留存外汇等。以南非股份为主的津普拉兹公司，于2002年1月开始了一项大型露天铂矿的开采计划，同时开采的还有原澳大利亚哈特里矿业公司关闭的矿山。该公司计划增加7亿美元的投资，以扩大铂金生产。但由于津巴布韦政府有关矿业"本地化"的政策尚未明晰，使得这一投资一拖再拖。2006年5月，津巴布韦政府宣布将出台矿业投资的新政策，5月31日，该公司即与津巴布韦政府达成有关投资协议。根据协议，该公司将位于大戴克矿区36%的采矿基地交给津巴布韦政府，以满足津巴布韦政府新的矿业政策中有关矿业"本地化"的要求。据说这里铂金的总开发量约有5100万盎司，价值约1.53亿美元[1]。津普拉兹公司向津巴布韦政府出让的采矿区并不包括在公司扩展计划当中。因此，与津巴布韦政府达成协议后，该公司的第一阶段的扩展计划是要由露天开采扩大到地下开采，计划将铂金的产量翻番，由目前的年产量9万盎司提高到16万盎司。在提高铂金生产的同时，促进铑、镍、黄金等矿产品的开发。该公司还计划建造一个矿产品加工中心，为公司员工建造715栋住房，提供2100个就业岗位，招收3000个合同工等。该项计划的总投资额为7亿美元，目标是实现铂金年产量达到100万盎司。

为了推动实现矿业的"本地化"，2006年5月初，穆加贝总统和津巴布韦矿业部长阿莫斯·米兹表示，政府要对《矿业法》进行修订，宣布津巴布韦政府计划在未来7年内对一些矿山要收回控股权或增加股权，以实现"矿业本地化"。该法案的核心是

① EIU, *Country Profile-Zimbabwe*, 2006, p. 32.

为保障国家与津巴布韦国民能自主参与矿山开采，保护国家矿产资源。该法案修订内容如下：

1. 津巴布韦政府将持有能源矿种、铂金与钻石矿山 51% 的所有权。对外国投资者所持有的以上矿山，从新矿业法颁布之日起，津巴布韦政府将无偿占有其 25% 的股份，其余 26% 的股份将在未来 5 年中以购买方式获得。

2. 国家与津巴布韦国民将持有黄金、祖母绿矿 51% 的所有权，国家只参与大型黄金矿的开采。

3. 对于其他矿种的矿山，津巴布韦当地公司必须持有至少50% 的股份。新矿开采必须要有津巴布韦政府或当地公司参与，其股份不得少于 50%。已开采的矿山开采权转让时间为：2 年内转让 20%，5 年内转让 40%，7 年内达到 50%。

因此，《矿业法》的重新修订将会对矿业发展产生重要影响。许多外资公司都已制订了庞大的矿业投资计划，涉及黄金、铂金、镍、铬、煤炭等多种矿产品的开发。虽然新的《矿业法》将会使外国公司所持有的股份大大降低，使几乎所有公司都会因此受到影响，但是未来国际市场矿产品价格的上升趋势，以及矿产资源不可再生性所带来的巨大的利益前景，将会驱使更多投资者作出选择，或许会带来津巴布韦矿业发展的新机遇。修订后的《矿业法》尚未正式出台。

三　制造业

长期以来，以制造业为龙头的津巴布韦工业综合发展水平在撒哈拉以南非洲仅次于南非，名列第二。根据20 世纪 90 年代中期统计，制造业主要部门包括金属和金属加工业（约占制造业总产值 25%）、食品加工业（15%）、石油化工业（13%）、饮料和烟草工业（11%）、纺织工业（10%）、服装工业（8%）、造纸和印刷业（6%）。津巴布韦制造业基础较好，轻重工业较齐全，并具有相当的加工能力，从日常必需的食品饮料、轻纺、化工、医药、建材，到农业机械、矿山机械和钢材等。津巴布韦制造业产品曾经不仅能满足国内需求，还能远销到邻国甚至欧洲地区。独立时，津巴布韦本国可以生产商品多达6000 多种，满足了国内 90% 以上的需求，产值约占 GDP 的25%。20 世纪 90 年代后期，随着国内政治经济形势的不断恶化，津巴布韦制造业持续衰退，其中有些部门不得不减产或停产以应付原料供应不足以及生产成本上升等问题，设备利用率下降，产值降至约占 GDP 的 15%[①]。许多制造业企业被迫临时或永久性的关闭。此外，许多现有企业因设备陈旧，一些新的技术产业和技术产品成为空白，产品面临着更新换代。农产品加工业和纺织服装等领域也同样面临提高档次、增加技术含量等问题。这些都成为制造业出现下滑的重要原因。2000 年后，制造业连年呈现负增长。2000~2004 年总产值增长幅度（按 1990 年不变价格计算）为 -10.68%。制造业正式部门就业人数由 2000 年的18.1 万人下降到 2004 年的 13.6 万人，占正式部门总就业人口的 13.61%[②]。2005 年，制造业产值约占 GDP 的 13.2%[③]。

　　津巴布韦独立前，制造业是发展最快的经济部门。20 世纪30 年代起，白人殖民政府开始实施鼓励创建地方工业政策。第二次世界大战期间，由于制造业产品进口渠道受阻，许多产品不得不在本地生产。另外，也由于英国当时把津巴布韦（时称南罗得西亚）作为其战时的后方基地，需要为其提供战争所需的物资。这些也都刺激了南罗得西亚制造业尤其是钢铁和棉纺工业的迅速发展。中非联邦时期，由于制造业产品出口需求不断增

---

① EIU, *Country Profile-Zimbabwe*, 2006, p. 34.

② EIU, *Country Profile-Zimbabwe*, 2006, p. 52.

③ EIU, *Country Profile-Zimbabwe*, 2008, p. 12.

加，使白人殖民政府直接参与创办了一些工业，进一步促进了制造业的发展，使制造业一度在国内生产总值构成中占据首位，并在出口创汇中占有重要地位。

1965 年后，白人殖民当局单方面宣布独立，招致国际社会对其采取了全面制裁措施，迫使殖民当局实行了"进口替代政策"，以满足国内需求。该政策包括政府对汇率的行政干预、对进口商品的严格控制、对进口商的严格审批、对外国投资利润汇出的严格限制以及对商品价格和农产品市场销售的严格控制等多项措施。这一政策在减少进口依赖、培育国内市场方面起到了重要作用，也促使其快速发展。1965～1974 年间，由于发展进口替代工业，制造业产值翻了一番，其结构也相应地发生了变化，逐步形成了制造业产品多样化的格局。除制烟、炼油和车辆装配等制造业部门受到经济制裁影响较大外，大多数制造业部门发展很快，特别是金属加工和金属制品工业，以及食品加工工业等。这一时期，由于制造业的投资大幅增长，生产规模和产值增长很快。其中罗得西亚钢铁公司（RISCO）产量由年产 40 万吨提高到 100 万吨，为金属加工和制造业部门提供了充足的原材料，促进了这些部门的快速发展。另外，纺织业和食品加工业也获得大量投资，生产规模不断扩大。大部分投资来自南非公司的直接投资，或来自其他外国公司所得利润的再投资。与此同时，这一时期制造业产品着眼于国内市场的特点突出，产品出口大幅萎缩，由占制造业产品总值的 25% 下降为 13%[1]。1974 年以后，受国内政局影响，津巴布韦制造业生产有所下降。1979 年，制造业的产值比 1974 年最高峰时下降了 6%[2]。尽管如此，制造业所奠

[1] Jan Willem Gunning and Remco Oostendor, *Industrial Change in Africa: Zimbabwe Firms under Structural Adjustment*, Palgrave, 2002, p. 9.
[2] 何丽儿：《南部非洲的一颗明珠——津巴布韦》，当代世界出版社，1995，第 202 页。

定的良好基础，使其成为撒哈拉以南非洲制造业最发达、产品丰富多样、制造业体系最完善的国家之一。

独立之初，制造业的产品结构基本上没有发生变化，仍是以面向国内市场为主，并具有如下明显特点：其一，大部分制造业企业由外资控制，以南非和英国资本为主。其二，生产的高度集中，体现在多数产品由少数公司垄断生产，且制造业生产部门主要集中在哈拉雷和布拉瓦约市，两市合计共占制造业总产值的71%[1]。其三，制造业产品多种多样，既包括矿产品和农产品的加工，也包括制造本国需要的各种日用品和生产必需品，还有远销到邻国甚至欧洲的传统产品。

随着国内市场需求的不断增长，独立后前两年制造业产品产量分别增长了14.7%和9.4%，但出口下降了29%。1982年后由于连续旱灾，加上世界性经济衰退，投资减少，外汇短缺影响到设备和生产原料的进口，以及独立后白人技术人员的流失等原因，导致制造业连年出现负增长，直到1985年才在政策调整中开始恢复。1990年达到独立后生产的最高水平。独立后前10年，津巴布韦制造业的发展除个别年份外，总体呈现平稳增长。1980~1990年，制造业产量年均增长率为4.42%，其中1982~1984年为负增长，年均增幅为-2.6%[2]。

独立后制造业部门出现的最大的变化是所有权的变化。1984年以后津巴布韦推行社会主义方针，采取政府直接收购某些制造业公司股权，并鼓励制造业企业实行本地化政策。津巴布韦政府通过"工业开发公司"（IDC）实现对外资企业的并购，建立政府与外资的合营公司。许多外资企业为避免被国有化或被收购，

---

① 何丽儿：《南部非洲的一颗明珠——津巴布韦》，当代世界出版社，1995，第202页。

② Staffan Darnolf and Liisa Laakso, *International Political Economy Series*: *Twenty Years of Independence in Zimbabwe*, Palgrave Macmillan, 2003, p. 10.

采取或出售部分中、小企业给当地人，或采用改头换面的形式由当地人充当法人，这使当地黑人中小型企业迅速增加。到20世纪80年代末，制造业中非洲当地人所属企业的比重由独立时的26%左右提高到58%，而欧洲白人企业所占比例由58%下降为32%①。据20世纪90年代初的一项调查资料显示，当时黑人所属企业的用工人数平均为8.8人，而白人企业的用工人数平均为60.2人，雇用工人5人以下的企业都是黑人企业②。由此可见，当地非洲人所属的制造业企业，绝大多数是小型或中型企业，而大型和超大型企业还基本上由白人控股。这种状况在纺织业却有例外，纺织业中黑人大型和超大型企业分别占到8%和3%。食品和金属加工业中大型和超大型企业中没有黑人当地企业。但是通过国家的参与，一些大型的国有或国家参股企业已经形成，如津巴布韦钢铁公司（Zisco）、津巴布韦有色金属公司以及一些生产矿山机械和铁路设备的公司、纸浆和造纸公司、制造轮胎的公司、塑料制品公司等。其中津巴布韦钢铁公司是撒哈拉以南非洲除南非以外最大的钢铁企业，年生产能力100万吨，一般年产量70万吨左右③。

20世纪90年代后，随着经济结构调整计划的实施和经济的不断开放，虽然津巴布韦政府还在积极鼓励企业的本地化，但政府直接参与的国有化政策已有所变化，并开始取消对国有企业的保护性措施。政府对国有企业的补贴随着市场化的进程也逐年减少，有些重复性的企业按照市场规律实行自生自灭。尽管如此，大部分国有企业没能扭转长期亏损的局面。1999年9月，津巴

---

① Jan Willem Gunning and Remco Oostendorp, *Industrial Change in Africa：Zimbabwe Firms under Structural Adjustment*, Palgrave, 2002, p. 44.

② Jan Willem Gunning and Remco Oostendorp, *Industrial Change in Africa：Zimbabwe Firms under Structural Adjustment*, Palgrave, 2002, pp. 41 – 43.

③ EIU, *Country Profile-Zimbabwe*, 2006, p. 35.

布韦政府开始推行私有化政策，由津巴布韦政府所属"私有化管理局"负责实施出让部分国有企业的股份，但私有化步伐缓慢。20 世纪 90 年代末，津巴布韦国内宏观经济形势不断恶化，高利率、高通胀、外汇短缺以及来自国际市场的竞争对制造业造成很大的打击，制造业整体出现衰退，产值由独立初期占 GDP 的 25% 下降到 20 世纪 90 年代末的 15%，1997 年以后产值年均递减 5%[1]。截至 2005 年，许多大中型制造业企业，迫于政治经济环境的影响，以及缺少外汇购进生产原料等原因纷纷歇业，如最大的轮胎和橡胶制品厂邓禄普公司（Dunlop）在上半年宣布停产，另外出口加工区的 33 家企业（约占加工区企业的 1/5）也已经关闭，其中的 12 家是食品加工企业[2]。

津巴布韦主要工业制造业：

（1）钢铁工业。最早形成于 20 世纪 50 年代初。目前位于中部省奎奎市（Kwekwe）附近的国营津巴布韦钢铁公司是该国最大的钢铁企业。其产品质量优良，不仅供应本国所需产品，还出口到非洲其他国家，有时还远销至南美和中东地区。由于体制和经营不善等原因，该公司亏损严重，负债累累。20 世纪 90 年代津巴布韦政府就已决定该公司实行私有化，准备向私人投资者出售该公司股份，以筹措资金用来恢复和扩大生产。最早有一家德国公司在 1999 年有意收购，但最近津巴布韦政府与一家印度公司（Global Steel Holdings Limited，GSHL）达成有关并购协议。

（2）合金工业。津巴布韦合金工业以生产低碳铬铁为主。1949 年开始冶炼铬铁，主要集中在奎奎。津巴布韦的铬铁产品主要出口到美国、英国、南非、加拿大及澳大利亚等国。

---

① EIU，*Country Profile-Zimbabwe*，2005，p. 35.
② EIU，*Country Report-Zimbabwe*，December 2005，p. 32.

（3）纺织服装业。20 世纪 40～50 年代时，津巴布韦纺织工业规模很小。20 世纪 60 年代开始兴起，20 世纪 70 年代迅速发展。纺织工业主要集中于加图马、布拉瓦约和哈拉雷等地。津巴布韦纺织工业可生产家庭用布及工业用布、亚麻制品、针织品等多个品种。随着纺织工业的发展，服装业也有了相应的发展，主要集中在布拉瓦约市和哈拉雷市等地。

独立后的头 2 年，由于广大黑人生活的改善，纺织和服装业发展很快。随后 2 年，纺织业开始出现负增长。1984 年开始回升。1985 年因棉花丰收，纺织业产量增加了 40%。以后几年虽有增长，但增长幅度都没有超过 1985 年。根据津巴布韦政府官方统计数字，截至 20 世纪 90 年代中期，正式注册的纺织服装业雇用工人 50 人以上的企业有 57 家，5～50 人的企业有 32 家，另有 5 人以下、家庭作坊式的企业数千家①。

津巴布韦的纺织品和服装曾长期不仅能够满足国内市场需求，而且在国际市场上也具有一定的竞争力，每年有大批纺织品出口到南非和博茨瓦纳等国。纺织品和服装的出口值 1999 年为 5930 万美元，2003 年降到 1700 万美元②，约占出口总值的 1.4%。以英资为主的戴维—怀特海德公司（David Whitehead）和南非的联合纺织公司，在津巴布韦纺织业中占有重要地位。近些年来，由于受到国内宏观经济状况不佳、国际纺织品市场的激烈竞争以及整个制造业的不景气等因素影响，纺织和服装业出现萎缩。

（4）食品工业和饮料工业。食品工业在独立以前曾居制造业的首位，以后退居第二位。在整个制造业中所占的比重，1965

---

① Jan Willem Gunning and Remco Oostendorp，*Industrial Change in Africa：Zimbabwe Firms under Structural Adjustment*，Palgrave，2002，p. 27 - 29.

② EIU，*Country Profile-Zimbabwe*，2005，p. 58.

年为 26%，1975 年降为 20%，1985 年又降为 14%①。以南非资本为主的德尔塔公司（Delta Corporation）是津巴布韦食品工业中最大的一家公司，在食品饮料行业中占据主导地位，控制着包括啤酒、软饮料以及各种酒类、食品、罐头等的生产。同时该公司涉及的门类还包括零售业、家具制作和旅店行业。

（5）制糖工业。1936 年布拉瓦约建立了第一家制糖厂。战后首都建立了第二家制糖厂。1981 年糖产量为 37 万吨，1982 年为 39 万吨，1989/1990 年为 47.3 万吨。1992 年后食糖产量下降，1992/1993 年和 1993/1994 年分别为 2.2 万吨和 5.6 万吨。1995 年后，食糖产量再度恢复。英国的塔特—莱尔糖业有限公司控制着津巴布韦制糖业 50.1% 的股份。津巴布韦生产的食糖曾不仅能够满足国内需求，而且还有大量出口。1999～2003 年，食糖年均出口创汇 6740 万美元，其中 2000 年出口创汇 9640 万美元，约占当年出口总值的 4.4%；2003 年出口创汇 5490 万美元，约占当年出口总值的 4.5%。

（6）制烟工业。津巴布韦制烟工业最早形成于 20 世纪 20 年代，在第二次世界大战中得到很大发展。在白人当局单方面宣布独立遭受国际经济制裁期间，制烟工业受到很大影响，从烟草的种植到烤烟的加工大幅下滑。二战后烤烟业复苏，烤烟出口一度占到农产品出口总值的一半以上。此后再度萎缩，直到 1980 年独立后再次复苏。津巴布韦烤烟的制作一般是由白人大型农场加工完成。英国、美国和南非有数家烟草公司在津巴布韦生产烤烟、纸烟和雪茄。烤烟是津巴布韦最主要的出口产品之一，出口值长期占据出口产品的首位。1999～2003 年，烤烟出口年平均值为

---

① 何丽儿：《南部非洲的一颗明珠——津巴布韦》，当代世界出版社，1995，第 206 页。

5.02 亿美元，约占同期商品出口平均总值的 30% 以上[①]。

（7）化学工业（包括化肥和农药）。津巴布韦化学工业是 20 世纪末以来发展起来的新产业。独立前主要为英国和南非合资公司所控制。独立后，津巴布韦政府收购了其中部分股份以控制化肥的生产。化学工业在独立后头 2 年平均年增长 18%。以后增加速度放慢。1984 年底出现负增长。1985 年增长 8.6%，此后几年增长较快的是 1989 年。20 世纪 90 年代，化学工业增长较慢，1999~2003 年呈下降趋势。2003 年，化工产品（包括石油产品）的产量仅为 1990 年时的 68%[②]。

（8）建筑业。津巴布韦建筑业的兴起始于第二次世界大战中。1965~1975 年间，建筑业总产值从 2600 万美元增至 9400 万美元，雇佣劳动力增加一倍以上。1975 年以后，由于国内政局不稳导致白人外流，私人建筑明显减少，建筑业开始出现萧条。20 世纪 80~90 年代，建筑业总体呈下降趋势，产值由 20 世纪 70 年代平均约占 GDP 的 5% 下降到 90 年代末的 2.5%[③]。但 1996~1998 年间增长较快，其中 1997 年增长 16.6%。2001 年中期增长降到 5.2%，产值占 GDP 的 2%，2003 年产值占 GDP 的 2.4%。根据津巴布韦政府官方统计，1998 年中在建筑业就业的人数有 8 万多人，占当时总就业人口的 4.5%。2000 年，建筑业就业人数约为 6 万人，2001 年更下降到 4.18 万人，仅占总就业人口的 3.5%[④]。

（9）服务业。津巴布韦服务业在国民经济的发展中占有举足轻重的地位。该行业主要包括金融保险业、交通与通信业、零售业以及水电供应等第三产业的各个部门。近年来，服务业的整

---

① EIU, *Country Profile-Zimbabwe*, 2005, p. 58.

② EIU, *Country Profile-Zimbabwe*, 2005, p. 57.

③ EIU, *Country Profile-Zimbabwe*, 2008, p. 17.

④ EIU, *Country Profile-Zimbabwe*, 2006, p. 35.

体状况不佳，大多数部门受到国内经济状况不断恶化的影响，经营出现困难。2005 年，服务业总产值占到 GDP 的 60.5% [1]。

四 旅游业

津巴布韦旅游业兴起较早。白人政权宣布单方面独立前，旅游业曾是国家外汇收入的重要来源。但在民族独立和解放战争期间，由于游客锐减，旅游收入骤降。津巴布韦独立后，旅游业开始复苏，一度发展很快。津巴布韦劳动力总数中有 4.5% 从事旅游业，另有 4% 从事与此相关的行业。1980年，来津巴布韦旅游的人数为 27 万人，此后每年以 10% 的速度递增，1990 年游客人数超过 60 万人。1994 年游客首次超过 100万人次，1999 年游客人数已达到约 270 万人，其中 60 万人是来自欧美的游客。1999 年，旅游业创汇约 2 亿美元。20 世纪 90 年代，来津巴布韦的游客人数年均增长率接近 20% [2]。但是近年来由于国内政治经济局势不稳定以及西方国家发布赴津巴布韦旅行警告等原因，致使来津巴布韦旅游的欧洲和北美游客人数以 20% 的速度骤减。据津巴布韦旅游局公布的数字，2005 年津巴布韦接待游客人数共计约 150 万人次，其中欧美游客约 20 万人次。2005 年，旅游业创汇下降为 3000 万美元。2005 年前 9 个月，津巴布韦旅游饭店的入住率为 38%，2006 年同期下降为 32% [3]。在欧美游客人数下降的同时，来自非洲（主要是周边地区国家）、中东地区以及来自中国和亚洲其他国家的游客人数分别增长了 52%、160% 和 30% [4]。

津巴布韦气候宜人，风景秀丽，阳光充足，旅游资源丰富，具

① EIU, *Country Profile-Zimbabwe*, 2008, p. 12.
② EIU, *Country Profile-Zimbabwe*, 2006, p. 37.
③ EIU, *Country Report-Zimbabwe*, December 2006, p. 32.
④ EIU, *Country Report-Zimbabwe*, December 2006, p. 32.

有很大的发展潜力。这里既有像大津巴布韦遗址这样的历史文化遗迹，也有像闻名于世的维多利亚瀑布这样的自然景观，津巴布韦全国有 26 个国家公园、野生动物保护区和狩猎区。在著名景区和首都哈拉雷，有一流的饭店和较好的旅游服务设施。全国有约 70 家星级饭店。一旦津巴布韦国内政治经济形势好转旅游业将会迅速复苏。

五　金融业

津巴布韦金融服务业较发达，在撒哈拉以南非洲地区仅次于南非。津巴布韦金融业以中央银行（津巴布韦储备银行，Reserve Bank of Zimbabwe）为各商业银行的业务活动指导。中央银行负责制定国家金融政策、发行货币和政府贷款、控制外汇储备、黄金专卖交易等。津巴布韦金融体系以中央银行为主导，包括商业银行、发展银行、贴现银行等金融机构。按照津巴布韦《银行法》的规定，津巴布韦各商业银行、贴现银行、金融贷款银行及其他金融机构必须将股金和吸收的存款按一定比例存于储备银行。2006 年，津巴布韦中央银行决定提高所有商业银行资本金最低数额到 1000 万美元，准备金比率由 60% 降至 40%[①]。津巴布韦银行体系除了津巴布韦中央银行，即津巴布韦储备银行外，主要有两家国际商业银行：巴克莱银行（Barclays Bank）和渣打银行（Standard Chartered Bank），以及多家地区和当地银行。这些商业银行在津巴布韦的金融网点超过 200 家。近年来，由于经济不景气，银行的业务量急剧萎缩，加之银行利率政策和银行准备金规定以及外汇兑换率特别是国家金融政策的不确定和不稳定性，目前多数商业银行处于维持状态，惨淡经营，前程未卜。

津巴布韦金融业在 1991 年实施经济结构调整计划后，有了

---

① EIU, *Country Report-Zimbabwe*, 2007, p. 40.

较大发展。政府鼓励金融业实现"本地化",使得一些地方和商业银行以及相关金融机构应运而生。但是由于中央银行监管力度薄弱,再加上受一些政治因素的影响,使金融机构没有建立起统一的行业标准,致使许多新兴的金融部门运作不规范。虽然这些金融部门大多实行较低的流动性利率,最初有所赢利。但 1997年后,随着整体国民经济的下滑,对这些部门产生了一系列影响。1998 年后,津巴布韦政府开始对金融部门进行整顿,如制定了新的银行行业规范、对现有的金融机构实行重组、进一步加强了央行的调控作用等。2001 年后,由于国内经济政策导致金融业经营出现高额亏损,促使许多金融机构开始涉足一些投机性的投资,如地产、股票和外汇交易等市场的投资。但是 2003 年末,名义利率一度迅速攀升,对上述市场造成了沉重打击。许多银行资金周转困难,出现变现危机。为应对危机,津巴布韦政府于 2004 年将 10 家金融机构并入央行进行统一管理。其中的 3 家合并成立了"津巴布韦联合银行集团"(Zimbabwe Allied Banking Group, ZABG),另外 3 家也开始进行资产清算。有关方面的工作正经历着非常复杂的法律程序。与此同时,津巴布韦央行开始实施更加严格的规定,主要有提高资本金的最低限额、银行要有国际信用等级评估资质等。

津巴布韦的股票市场是金融业的重要组成部分。津巴布韦股票交易市场历史悠久,成立于 1896 年。1993 年,津巴布韦政府开始允许外国资本进入津巴布韦股票市场,带动了股市的发展。1996 年允许外资扩大持股份额,并逐渐成为南部非洲地区最为活跃的股票市场之一。1997 年末,津巴布韦国内经济出现衰退,当年 8 月至 1998 年 12 月,股指由 12000 点下降到 6000 点以下,股本市值同期出现大幅下降,由 52 亿美元下降为 13 亿美元①。近 10

---

① EIU, *Country Profile-Zimbabwe*, 2006, p. 36.

年来，虽然经济一直不景气，但股票交易却时有呈现牛市态势。1999 年和 2000 年股指稳健上升，2000 年底工业股指攀高至 17988 点。2001 年初，由于利率呈现负数，以及国家更严格控制资金外流，使国内投资者唯一的投资选择就是股票市场，从而大大促进了股市的发展。2002 年底，津巴布韦股票市场的工业股指达到 103495 点。此后，加入股市的投资者和投机者数量激增，2003 年 8 月底津巴布韦股市的工业股指再度冲高至 754604 点，并在随后的数月内基本保持平稳。2003 年底，由于利率上调和银行业出现危机，使股市受挫，股指下降为 401543 点，直至 2004 年初股市一直呈下跌趋势。此后至 2005 年底，股市再度出现大幅反弹，股指攀升至 18483884 点。但由于近年来汇率出现大幅变化，已经很难对股指作出实际估价。截至 2005 年底，津巴布韦股票市场共有 79 家上市公司，其中的 7 家矿业公司始终主导着股市风云。津巴布韦股票市场发布的工业指数和矿业指数是股票交易中的风向标。

六　零售业

津巴布韦零售业主要由当地和南非公司连锁经营。食品、服装、家具以及轻工业日用消费品供应商主要是国内的加工企业。零售业主要分布在首都哈拉雷中心地区、布拉瓦约等大中城市及周边郊区。近年来，由于国内经济状况不佳，商品供应短缺，零售业发展停滞不前。

第三节　对外贸易、外资、外债

津巴布韦长期以来经济上一直都是一个以出口为导向的国家。因此，对外贸易在津巴布韦国民经济中始终占有重要地位。津巴布韦传统上的出口商品品种多样，包括矿业产品（金、镍、铂金等）、农业产品（烟草、食糖、棉花、园艺产品等）和工业制成品（铬铁、钢、服装产品等）。进口商品以机械设备、运输设备、石油及化工产品和部分工业制成品为主。2000年后，津巴布韦对外贸易结构没有出现根本变化，但贸易额总体呈现下降趋势，贸易条件不断恶化。

一 商品贸易概况

津巴布韦从20世纪90年代初开始实行贸易自由化政策，放开了基本商品进口许可，采取了刺激出口奖励措施。津巴布韦商品出口具有多样性的特点，出口商品的1/3以上销往南部非洲国家市场，主要是南部非洲发展共同体各国和东南部非洲共同市场国家，其中南非是津巴布韦商品主要出口国。其余2/3的出口商品销往欧盟和世界其他国家和地区。津巴布韦出口贸易以农业和矿业初级产品为主，约占国家外汇收入的70%。出口的农产品主要包括烟叶、食糖、棉花、玉米和以鲜花为主的园艺产品等。出口的矿产品以黄金、镍、铂金为主以及经过加工后的铁合金等。制成品出口主要包括合金制品、钢铁和服装等。津巴布韦主要进口的商品有机械设备、运输设备、能源及化工产品、食品和工业制成品等。1997年产品出口总值达24亿美元，创历史最高，此后出口贸易大幅下滑。2002年出口总值为13.98亿美元。2003~2005年，由于黄金和铂金的出口增加，商品出口状况有所好转，年出口总额平均为16亿~17亿美元①。近年来，由于国内经济形势不断恶化、外汇短缺、津元大幅贬值和进口税增加以及国际借贷的减少等因素，津巴布韦商品进口不断减少。1997年商品进口总值为27亿美元，2003年减少至18亿美元。2005年，由于津巴布韦国内粮食和石油短缺，进口需求增

---

① EIU, *Country Profile-Zimbabwe*, 2006, p. 38.

长，促使进口额再度攀升，总额超过 20 亿美元。另外，由于汇率的原因致使非正常贸易增长较快，许多商品贸易的进出口通过非正常渠道进行，包括走私，而这些均未被统计在官方数字之内。总而言之，2000 年以后，津巴布韦对外贸易结构没有出现根本变化，但贸易额总体呈现下降趋势，赤字增加，贸易条件不断恶化。2008 年津巴布韦出口总额为 13.6 亿美元，较 2007 年下降 14.32%；进口总额为 20 亿美元，较 2007 年增长 7.6%[①]。

　　津巴布韦传统的贸易伙伴主要有南非、英国、美国、日本、德国以及周边一些国家。但是近年来，由于津巴布韦同西方国家关系紧张，国内经济状况持续恶化以及缺乏从其他国家获得商品信贷的渠道等因素，贸易情况有所改变。目前南非成了津巴布韦主要的贸易伙伴。2006 年，津巴布韦与南非的贸易额占到贸易总额的约 45%[②]。同时，由于津巴布韦政府实施"东看"政策，使得津巴布韦与中国的贸易额近年来稳步增长。

　　2006 年，津巴布韦出口商品主要目的地国有南非（占总量的 43.5%）、中国（占 8.5%）、赞比亚（占 8.4%）、日本（占 8.0%）；津巴布韦进口商品的主要来源国家有南非（占总量的 46.1%）、中国（占 5.9%）、博茨瓦纳（占 4.8%）、赞比亚（占 4.1%）[③]。2007 年的情况有所变化，津巴布韦商品出口主要目的地国南非（33.8%）、民主刚果（8.3%）、日本（8.1%）、博茨瓦纳（7.4%）、荷兰（5.2%）、中国（5.2%）、意大利（4.1%）、赞比亚（4.1%）；津巴布韦进口商品的主要来源国家有南非（50.7%）、中国（8.4%）、美国（4.5%）、博茨瓦纳（4.3%）[④]。

---

① 根据津巴布韦政府《2009 年财政预算报告》公布的数字。
② EIU, *Country Profile-Zimbabwe*, 2008, p. 20.
③ EIU, *Country Profile-Zimbabwe*, 2008, p. 20.
④ 中国商务部网站：2007 年中国同东南非国家和地区贸易统计。

二 贸易平衡

津巴布韦长期以来受到周期性国际贸易收支不平衡的困扰，进出口贸易周期性失衡一直未能解决。自 1980年独立后直到 20 世纪 90 年代中期，津巴布韦对外贸易收支随着国内经济政策和经济结构的调整呈锯齿形运行，又以对外贸易赤字为主要特点。20 世纪 90 年代末，贸易失衡问题再度出现。1997 年后，虽然商品进口有所下降，但出口商品下降的幅度更大，对外贸易再次出现赤字，导致经常性账户逆差增加。1997 ~ 1998 年，经常性账户赤字平均占到 GDP 的 5% 左右①。1999 年后，由于外汇短缺和外部信贷减少，商品进口大幅下降，使进出口贸易趋向平衡。根据英国《经济季评》、国际货币基金组织以及津巴布韦财政与经济发展部分析数字显示，2000 ~ 2001 年经常性账户趋衡。此后，由于津巴布韦国内统计的困难，因而较难给出准确数据。但是，根据多数机构尤其是国际货币基金组织的估计，经常性账户已经出现巨额赤字，2006 年经常性账户逆差已达到约 5. 32 亿美元②，相当于 GDP 的约 30%。

三 外资与外债

(一) 外国投资

津巴布韦独立后，民盟政府宣布以社会主义为发展方向，从政策层面上强调国家的参与，主张企业的国有化、本地化，实际上对私人投资并没有明确的鼓励措施，更没有将投资纳入正常的法律轨道，潜在的投资者担心国有化会使投资毫无保障，加之当时较高的营业税也使投资者认为无利可图而望

---

① EIU, *Country Profile-Zimbabwe*, 2006, p. 38.
② EIU, *Country Profile-Zimbabwe*, 2008, p. 14.

而却步。因此，津巴布韦独立后的头 10 年，外国直接投资基本上没有增长，另外独立后原有的一些白人资本抽资外逃，使得这些年投资净增长常呈现负数。尽管独立之初投资少的问题已经暴露，津巴布韦政府也已经开始意识到经济的快速发展需要不断有新的资金注入，但直到 1989 年津巴布韦政府才将促进私人投资的问题提上日程。1989 年 4 月，津巴布韦政府颁布《促进投资政策和规定》，这是保护外国投资者的第一部法令，同时这也是独立后有关外国投资的最详细的说明性文件。根据该规定，津巴布韦政府成立了投资中心（Zimbabwe Investment Centre，ZIC），负责 500 万津元以下投资项目的审批。该规定针对外国投资者提出了若干关于税收、外汇利润支配等方面的优惠政策。1991 年经济结构调整计划实施后，津巴布韦政府再次出台了一系列鼓励外商投资政策，针对外商对农业、制造业和矿业的投资，尤其是对中心城镇以外地区投资，政府将给予特殊优惠政策。此后外资流入逐渐增多。1998 年津巴布韦投资中心由政府部门独立出来，开始将国外投资纳入正式轨道并对投资者提供政策优惠和一条龙式服务。国外直接投资开始有了明显增长。1998 年当年的投资额达到历史最高峰 4.44 亿美元[1]。2000 年后，由于津巴布韦国内政治经济形势恶化，导致外国直接投资骤减至 2001 年的 400 万美元[2]，且由于 2000~2001 年国内资金外流严重，实际外国投资额仍呈负数。2002 年后，津巴布韦铂矿开采吸引了外资增加，另外南非公司投资收购一家津巴布韦移动通信公司也使外国直接投资额恢复增长，2004 年和 2005 年外国直接投资净流入分别达到 900 万和 1.03 亿美元[3]。2006 年和 2007 年这一数字分别为

[1] EIU, *Country Profile-Zimbabwe*, 2007, p. 44.
[2] EIU, *Country Profile-Zimbabwe*, 2007, p. 44.
[3] EIU, *Country Profile-Zimbabwe*, 2007, p. 44.

5500 万美元和 1.05 亿美元[①]。值得注意的是，这些年来外国直接投资的部门集中在矿业部门，又以铂金矿产开采为主。虽然津巴布韦的外国直接投资有所增长，但与南部非洲邻国相比还有不小的差距。另据联合国贸发会议 2008 年出版的《世界投资指南——非洲卷》公布的数字，2003～2006 年津巴布韦年均外国直接投资额约为 3880 万美元[②]。截至 2003 年底，津巴布韦外国直接投资额列前五位的国家分别是南非（3.06 亿美元）、美国（1.46 亿美元）、英国（8570 万美元）、加拿大（2090 万美元）和德国（1360 万美元）[③]。2007 年，列津巴布韦外国直接投资前四位的国家分别是加拿大、中国、黎巴嫩、南非。主要投资领域集中在制造业和矿业部门。

（二）债务状况

20 世纪 90 年代初开始的经济结构调整使外债额持续增长，1995 年达到高峰，总额超过 50 亿美元[④]。20 世纪 90 年代末以来，由于国外借贷减少，债务偿还额由 1998 年的超过 6 亿美元骤减至 2002 年的 2500 万美元。根据世界银行统计，截至 2001 年底津巴布韦负债总额下降到 36 亿美元。此后，受美元贬值和偿债率降低造成债务拖欠，致使短期债务增加等因素影响，债务总额持续上升，2002 年为 39 亿美元，2003 年为 43.52 亿美元，2004 年为 45.63 亿美元，2005 年为 42 亿美元。2006～2008 年的债务总额分别为 45.37 亿美元、50.35 亿美元和 57 亿美元[⑤]。2001～2005 年年均偿债率为 5.28%，其中 2003～2004 年偿债平

① EIU, *Country Risk Service-Zimbabwe*, 2008, p. 13.

② UNCTAD, *World Investment Directory Volume X, Africa 2008*, Part 2 of 2, p. 700.

③ UNCTAD, *World Investment Directory Volume X, Africa 2008*, Part 2 of 2, p. 703.

④ EIU, *Country Profile-Zimbabwe*, 2006, p. 39.

⑤ EIU, *Country Risk Service-Zimbabwe*, 2008, p. 14; EIU, *Country Report-Zimbabwes December* 2009, p. 9.

均值为 2.6% 。津巴布韦外债中绝大部分为中、长期债务，2005年占债务总额约 76% ，其中短期债务约占 21% 。2005 年外债总额相当于 GDP 的约 222.7% ，2007 年这一比例达到约 300%[①]。

近年来，津巴布韦受国际借贷来源减少，利用国外资金偿债能力不断减弱以及出口创汇状况不佳等因素影响，津巴布韦政府大幅增加发行国债筹措资金，内债持续增长。2002 年政府发行的公债总额高达 106.97 亿美元，相当于当年 GDP 的 223.2% 。截至 2004 年底，政府公债约为 14.66 亿美元，相当于 GDP 的 32.3%[②]。目前内债总额是 20 世纪 90 年代的 20 多倍。发行的国债中约 80% 为两年期债券，且大部分由银行持有。由于外债偿还来源受限，使债务本息拖欠严重，债务偿付能力有限。

（三）外汇储备与汇率

近年来，津巴布韦外汇储备总体呈下降趋势。1996 年底，外汇储备（不包括黄金）总额为 5.99 亿美元，1997 年底下降为 1.6 亿美元，1998 年仅为 1.31 亿美元，只相当于 3 个星期的进口用汇需求。1999 年在国际货币基金组织的财政支持下，外汇储备有所回升，年底达到 2.68 亿美元。此后，储备量再度下跌至 2001 年的 6470 万美元。2002 年底的外汇储备为 8300 万美元[③]。国际货币基金组织对此作出的分析认为，津巴布韦外汇储备中很大一部分是非现金储备，因此实际上可利用的外汇储备到 2004 年底时，估计仅有 2500 万美元，大约相当于 3 天商品和服务贸易进口所需外汇量，实际外汇储备近乎枯竭。

1980 年独立后，津巴布韦货币津元兑美元的比价一再贬值。近 30 年来，特别是近年来，津元贬值幅度之大超出了人们的预

① EIU, *Country Risk Service-Zimbabwe*, 2008, p. 14.
② EIU, *Country Risk Service-Zimbabwe*, 2008, pp. 8 – 10.
③ EIU, *Country Profile-Zimbabwe*, 2006, p. 41.

想。1980 年时，0.64 津元可以兑换 1 美元，而 1998 年时 21.41
津元兑换 1 美元；1999 年 44 津元兑换 1 美元。为了扭转津元持
续贬值的局面，津巴布韦中央银行实行了固定汇率制，要求金融
机构将汇率保持在约 38 津元兑换 1 美元的水平上。但是不久就
发现这一措施对稳定汇率所起的作用微乎其微。津巴布韦政府随
后于 2000 年 10 月将固定汇率调整为 55 津元兑换 1 美元，津元
再度贬值约 24%。由于经济的衰退和通货膨胀率的急剧攀升，
津巴布韦政府所采取的这种固定汇率政策已经名存实亡，对于保
持汇率的稳定已经失去了其特定的意义。汇率所表现出的不真实
性使许多企业面临生存困境，甚至被迫倒闭。对此，2004 年上
任的津巴布韦储备银行（央行）行长吉迪恩·戈诺（Gideon
Gono）宣布要打破固定汇率，引入了多重汇率制度，使现存汇
率更接近实际。2005 年 10 月，津巴布韦央行宣布重新建立"银
行间外汇交易市场（IMEF）"制度。根据相关规定，出口商要将
出口所得外汇收入的 27.5% 按照央行制定的新的官方汇率，即
30000 津元兑 1 美元，出售给央行。其余部分外汇所得，可以设
立外币账户。该账户期限为 30 日，30 日内未使用的外汇则要按
照银行间外汇交易市场利率出售。该利率根据外汇的交易量来确
定。

多重汇率制度的引入，使津巴布韦出现了最基本的三种汇
率，即重新制定的官方汇率、根据交易量而定的银行间外汇交易
市场汇率以及平行市场汇率，即黑市汇率。除此之外，津巴布韦
政府对金矿和烟草出口商还另有优惠政策，如允许将出口所得的
40% 设立为外币账户用于扩大再生产的需要，其余的 60% 可以
按照银行间外汇交易市场利率出售。对于那些不能到银行间外汇
交易市场兑换外汇的公司和个人来讲，大多数是选择黑市进行交
易。尽管央行人士表示，多重汇制政策旨在缩小银行间外汇交易
市场与黑市间汇率的差距，但目前两者间的差距仍显而易见。

2006 年中期，银行间外汇交易市场的汇率约为 100000 津元兑 1
美元，而黑市的汇率约为 300000 津元兑 1 美元。

由于津元的大幅贬值和居高不下的通胀率，近年来津巴布韦
央行一直在酝酿发行新货币，但因为发行的成本太高而迟迟未能
实现。2004 年后，津巴布韦央行宣布将发行一种作为现金流通
使用的无记名支票。这种支票采用单面印刷，成本较低。2006
年 6 月 1 日正式发行的无记名支票面额为 100000 津元，约相当
于 0.30 美元，同时市面上广泛使用的 1000 津元纸币继续流通。

此后不久，2006 年 7 月 31 日，津巴布韦央行行长吉迪恩·
戈诺再次宣布有关货币和信贷方面的三个新举措①：

第一，新发行的无记名支票将取代现行纸币，面额为 1000
津元纸币将由新的 1 津元无记名支票所替代，这种支票的最小面
额为 1 分。吉迪恩·戈诺在对此作出解释时说，这完全是为了避
免财政部门信息技术方面的问题，同时也考虑到津巴布韦人民在
购物时会更加方便。他同时宣布，币种的置换期将历时 3 周。届
时，个人可以将面值 1 亿津元的现钞置换为面值 10 万津元的新
币。任何个人对置换额超过此限的，须说明来源，并提供纳税凭
证。对公司的货币置换也有类似规定，置换限额为 50 亿津已。
为了保障货币置换工作的顺利进行，津巴布韦机场和边境口岸已
加强警力，严防邻国现有津元的倒流。因为津巴布韦政府认为，
国家发行货币总量的 2/3 以上实际上是由他国人所持有，置换期
间严格控制货币的倒流才可以减少货币的实际供应量。

第二，银行间（官方）外汇交易汇率由原来的 101800 津元
兑 1 美元调整为 250000 津元兑 1 美元，即置换后的新货币兑换
率为 250 津元兑 1 美元。同时，吉迪恩·戈诺还宣布，津巴布韦
政府计划任命一个新的外汇交易影响评估顾问委员会，为政府未

---

① EIU，*Country Briefing*，*Zimbabwe economy*：*Time for the kilo-dollar*，2006.

来利率的调整提供咨询。此次汇率的调整，使津元实际贬值率达
59.3%，工商界对此表示欢迎，但同时也抱怨缺乏足够力度。因
为此时黑市汇率已达 550000 津元（新货币 550 津元）兑 1 美元。

第三，银行的年放贷率由 850% 下降为 300%。这其中包括
各银行从央行的借贷。吉迪恩·戈诺表示，希望商业银行主动减
少消费贷款，对农民的低息贷款要实行"滚动"政策，在新的
播种季节到来前尽量减少他们的还贷压力。

除以上三项措施外，吉迪恩·戈诺宣布，原有对金矿生产者
的优惠条件再度调整，调整后金矿出口创汇总额的留成由原来的
40% 增加到 75%，剩余的 25% 由央行按照最新官方汇率进行收
购。这一调整的目的旨在鼓励金矿生产者增加官方渠道的除扣，
减少黄金非正规渠道出口和走私贸易。因为据不完全统计，2006
年前 5 个月，由官方渠道出口的黄金总量下降了约 1/3。

尽管津巴布韦央行采取了多项拯救汇市的措施，但是近两年
来津元的贬值势如破竹，不可阻挡。2006 年底津元对美元的黑市
价为 3000:1，2007 年初（4 月初）则上升到 10 倍，为 30000:1，
年底更是达到了 2000000:1。为了应对津元畸形贬值所带来的货
币供应紧张，津巴布韦中央银行于 2008 年 1 月 18 日开始发行无
记名限有效期的个人支票，最大面值 1000 万津元。同年 4 月 4
日，津巴布韦央行再度发行了面值为 2500 万和 5000 万津元的个
人支票。发行之初，上述两种支票在黑市兑换美元的比价分别为
0.70 和 1.40。随后，津巴布韦央行又在 5 月份先后发行了面值 1
亿、2.5 亿、5 亿、50 亿、250 亿和 500 亿等现钞或不同形式的
无记名支票。7 月 30 日，津巴布韦央行行长吉迪恩·戈诺宣布，
从 8 月 1 日起 100 亿津元要去掉 10 个零，改作为 1 津元。此举
仍不能抑制急剧恶化的通货膨胀。津巴布韦政府只有用加印钞票
和增大钞票面值来弥补现钞供应的不足。2008 年 9 月始，津巴
布韦中央银行先后发行了多种巨额面值的津元现钞纸币，包括 1

万、2万（9月29日发行）；5万（10月13日发行）；10万、50万、100万（11月3日发行）；1000万（1月2日发行）；5000万、1亿（12月4日发行）；2亿（12月9日发行）；5亿（12月11日发行）；100亿（12月19日发行）等。事实上，津巴布韦货币正在渐渐失去作为通货的基本功能。据最新消息，2009年3月，津巴布韦政府已宣布本国货币"津元"暂停使用。目前美元和南非货币"兰特"为津巴布韦市场主要流通货币。

第四节　基础设施与法律环境

一　基础设施

津巴布韦是内陆国家，进出口贸易在国民经济中居重要地位，因而交通运输的状况对津巴布韦经济影响甚大，公路、铁路和航空构成全国的交通网。近些年来，由于津巴布韦国内经济困难、财政拮据、外汇短缺以及西方国家对津巴布韦停止援助或延缓援助等原因，使津巴布韦在基础设施建设方面停滞不前，现有设施亟待维护和改善，而津巴布韦政府对此却无能为力。近年来，由于电力供应严重不足，工业和民用电力供应常常中断。燃油也严重短缺。

公路　津巴布韦公路网的建设始于欧洲殖民主义者入侵之后。当时的公路网建设，主要是为了在主要欧洲白人定居点间实现连接，服务于当地白人，非洲人地区只有砾石公路，雨季常常不能通行。20世纪40年代津巴布韦开始出现柏油路。20世纪70年代中期，全国共有柏油公路约8000公里，没有铺设柏油的公路约2.5万公里，地方级公路约1万公里。独立前，津巴布韦已建成较为发达的公路网络。20世纪90年代初，公路总长约为5万公里。根据世界银行资料统计，2001年津巴布韦公路总长约

8.7万公里，其中柏油路约1.5万公里，碎石路约4.9万公里，其余为等级较低的土路。津巴布韦全国城镇及工业中心之间均有公路网连接。津巴布韦最近的海运通道是一条经陆路向东到莫桑比克的贝拉港（距首都哈拉雷约600公里），另一条是通往南非的德班港（距首都哈拉雷约1700公里）。除此以外，津巴布韦同其他周边国家，如博茨瓦纳、赞比亚、民主刚果、布隆迪等国均有直接的公路运输往来。

铁路 殖民地时期矿业的开采促进了铁路建设的发展。现存的铁路网络基本上是在独立前完成的。铁路运输业曾承担了大量的进出口货物运输以及国内电厂大量的煤炭运输任务，在国家经济发展中起到过重要作用。20世纪80年代中期，铁路的承运能力达到90%以上，年货运能力超过1300万吨。1991年货运量达到1500万吨，客运量接近2500万人次[1]。

津巴布韦现有铁路总长约5000公里，有两条铁路通往莫桑比克的贝拉港及马普托港；另外还有两条铁路，一条经维多利亚瀑布通往赞比亚，可衔接坦赞铁路通往坦桑尼亚的达累斯萨拉姆港，另一条通往博茨瓦纳的铁路，可以直达南非的德班港和开普港。此外，1999年由布拉瓦约直达南非的铁路通车。

独立后，津巴布韦铁路主要由国有的津巴布韦铁路公司（NRZ）负责运营。20世纪90年代中期在世界银行的支持下，铁路部门着手进行私有化改革，向商业化、市场化方向迈进。1999年布拉瓦约到南非的铁路开始由一家私营公司运营，该铁路运营后30年将归属国有的津巴布韦铁路公司。独立之初，津巴布韦政府计划逐步实现国内铁路电气化，但目前只完成了第一

---

① Steven C. Rubert & R. Kent Rasmussen , *Historical Dictionary of Zimbabwe* , Third Edition, The Scarecrow Press, London, 2001, p. 265.

阶段，即圭洛—哈拉雷一线，约 300 公里。津巴布韦铁路运输价格受国家控制，多年来举步维艰，至今仍亏损经营。根据津巴布韦储备银行统计，铁路的货物运输量已经从 1999 年的 1200 万吨下降到 2005 年的 390 万吨，远未达到最低运输能力 600 万吨的水平。

航空 津巴布韦全国有多个机场，其中哈拉雷、布拉瓦约和维多利亚瀑布等重要城市和旅游地均有国际机场。津巴布韦航空公司是在 1980 年独立后由原罗得西亚航空公司改名而来，主要经营国内、地区和国际客运航线。2006 年，津巴布韦航空公司将原有的 15 条国际航线减少到 9 条，其中原有的 6 条非洲地区国际航线减少到 1 条。目前外国航空公司飞往哈拉雷的航班也已经从 1998 年高峰时的 28 条航线减少到 14 条，其中主要包括博茨瓦纳、马拉维、英国、南非、赞比亚、埃塞俄比亚等国的航空公司。津巴布韦航空公司自 2004 年始开通了哈拉雷至北京航线，每周一班往返。津巴布韦国家空运公司是一家公私合营的货运公司，主要承接航空货运业务。

通信 津巴布韦的电讯条件在非洲国家中曾是比较好的。独立初，津巴布韦所有的电讯业务都要经南非中转，1984 年以后津巴布韦利用日本帮助建造的人造通信卫星实现了与世界各地直接通信。1990 年时，津巴布韦手机的普及率以及互联网的用户均为零，固定电话的普及率约为 12 部/千人。1994 年津巴布韦允许一家当地私营公司于 1996 年投资 5 亿津元（6000 万美元）建立了蜂窝式通信网络，打破了津巴布韦邮政电讯公司（PTC）独家垄断的局面。随后，德国的西门子公司承揽的固定电话网建设项目也使津巴布韦通信有了更快发展。近年来，津巴布韦邮政电讯公司投入大量资金发展光纤数字通信网络，但由于国内经济下滑，投资减少影响了设备的扩容，加上原有的通信设备、线路等严重老化，急需资金维修，致使目前远不能满足固定电话用户

增长需求①。2002 年津巴布韦政府批准成立第二家固定电话服务
公司，但目前该计划也因资金问题仍被搁置。截至 2005 年，津
巴布韦只有一家固定电话和三家移动电话运营商从事运营。此
外，据国际电讯联盟（ITU）最新统计数据，目前津巴布韦主要
有三家互联网运营商，2005 年互联网用户达到约为 34 人/千人。
手机用户 2005 年达到约为 33 部/千人，普及率约为 3.3%②。固
定电话普及率 2004 年约为 25 部/千人。

电力 津巴布韦电力供应主要依靠赞比西河上的卡里巴水电
站和以万基火力发电站为主的 4 个火力发电站。电力的生产和营
运早在独立之前就已经实行了国营。独立后由国有津巴布韦电业
局（ZESA）经营。20 世纪 80～90 年代初，电力设施发展较快，
水力和火力电站的扩容和新建曾使城市地区的电力供应基本得到
了保证。但 1992 年，由于旱灾的影响，水力发电不足，政府采
取了电力进口和在大城市实行部分限电的措施。20 世纪 90 年代
末，津巴布韦电网与南部非洲地区电力总库实行了并网供电，与
南非、赞比亚、刚果（金）和莫桑比克等国的电网联网。

近年来，由于煤炭供应紧张，电力销售与成本价格倒挂等原
因，电力供应极度紧张，工业用电连续数小时、民用电连续数日
实行限电的事情司空见惯。2006 年初，在政府对供电价格的限
制下，电力的销售价为 218 津元/千瓦小时（约合不到 1 美分），
而成本为 1386 津元/千瓦小时。另外，津巴布韦日用电量一般平
均在 2000 兆瓦左右，而津巴布韦电业局目前只能满足 55%～
60% 的国内电力需求，其余部分依赖从邻国进口来弥补用电缺
口。电力的主要进口国是南非、莫桑比克、赞比亚和刚果

---

① 目前中国华为公司在津巴布韦有近 2 万条固定电话中继线路参与运营，且经
营良好。
② EIU, *Country Report-Zimbabwe*, 2007, p. 24.

（金）。津巴布韦电业局在长期亏损的情况下，既不能按时支付国内电厂能源（主要是煤炭）供应所产生的费用，也不能按时支付进口电力所需的外汇，这直接影响到国内电力的稳定供给。2006年初，南非埃斯科姆（Eskom）电力公司曾宣布因津巴布韦方面拖欠费用而暂停对津巴布韦供电。此后，津巴布韦电业局虽与赞比亚电业公司达成协议由赞比亚进口非高峰期用电100兆瓦，这对津巴布韦目前的用电紧张起到一定的缓解作用，但终不能解决根本问题。

石油 津巴布韦是贫油国，国内所需石油完全依赖进口。独立后，随着经济制裁的取消，津巴布韦开始直接从中东地区国家（如伊朗）进口石油。莫桑比克贝拉港，经过东部穆塔拉到首都哈拉雷铺设有石油输送管道，这是津巴布韦石油进口的主要通道。1998年后，津巴布韦国内成品油的供应日趋紧张。2005年后，由于外汇短缺津巴布韦国有石油公司已经无力进口石油。为此，政府放开了对石油进口的限制以应对国内石油供应的紧张局面。许多公司开始借机从事石油进口贸易并抢占了原来国有石油公司的份额，使国营的津巴布韦石油公司因此受到了高达数千万美元的巨额损失。目前，津巴布韦成品油的进口主要来自南非。但近两年来，由于政治上的某些原因以及南非国内无铅汽油的供应出现紧张，南非供应商大量削减了对津巴布韦的油品供应，致使津巴布韦国内石油供应更加紧张，许多加油站已无油可供，只有在很有限的几个加油站才能加到油，而且要支付外汇。这造成了一些不法商人囤积居奇，高价出售，油品走私也因此愈演愈烈。

二　政策环境

津巴布韦政府自20世纪90年代中期开始实施鼓励外国投资政策，在鼓励同时又对外资实行了必要的限制，在本金和利润汇出方面，采取了更精细的计算方法，试图最大限

度地维护本国的利益。津巴布韦于 1989 年成立了投资中心
(ZIC) 专门负责审批私人在津巴布韦的投资项目 (1998 年该中
心正式从政府分离出来成为独立机构)。1996 年又设立了出口加
工区管理局。在出口加工区内的外资企业只需在津巴布韦投资中
心备案。

津巴布韦企业的营业执照大致分为 3 种,即公司执照、工厂
执照和商店执照。如申办公司执照须向公司注册管理局递交申请
书,并交纳申请费。如果外国公司欲在津巴布韦设立分支机构,
则须从津巴布韦司法、法律和议会事务部获得许可证。工厂执照
应向职业健康部申请。商店执照必须每年更新。

津巴布韦长期实行较严格的外汇管理制度。1994 年以前,
汇率由储备银行根据贸易外汇额确定。随着允许出口留成、取消
外币持有禁令和允许在津巴布韦股市投资等经济和金融改革措施
的逐步实施,1994 年 7 月储备银行宣布实行汇率并轨,取消官
方汇率,由津元根据外汇交易市场供求情况实现经常项目下自由
兑换,但储备银行仍保留干预外汇交易市场的权力以保持津元稳
定。同时,津巴布韦政府开始允许本国和外国公司、个人在银行
开设"外汇账户",建立起外汇调剂市场;取消了"出口外汇留
成计划",出口外汇留成为 100%;公司可以通过其外汇代理自
由出售其留成外汇;取消进口许可证制度;商业银行之间可以自
由进行外汇同业拆借等。根据上述规定,任何公司、团体或个人
均可通过外汇代理,按市场汇率出售其拥有的外汇 (不限金额、
不问来源),特殊情况下个人可以根据有关规定通过外汇代理银
行购进限量外汇。但近年来,随着国内经济的衰退,津元大幅贬
值,通胀加剧,外汇奇缺,津巴布韦政府对现存外汇管理制度进
行了一系列调整。

公司税收管理方面的有关规定包括所得税:一般公司税率
30%;国外红利 (总税额) 20%;扣缴税 10% ~ 20%;增值税:

所有的出口型企业免增值税，普通企业增值税率15%。出口加工区（EPZ）企业（产品出口至少达到80%）头5年免所得税，之后每年缴纳15%的所得税，免资本收益税、专利权税和汇款税，进口免关税，退还增值税。同时对一些特殊企业，如工业园区、增长区域、特定旅游开发区内企业的税收也有不同程度的减免。此外，对诸如农业、矿业、制造业、旅游业、交通运输业等鼓励投资领域企业的生产经营采取不同程度的税收减免政策。

在津巴布韦工作的外籍人士须交纳所得税，依据外国人的国籍不同征收不同的税率：德国人征收7.5%，英国人与荷兰人征收10%，其他国家的人征收20%。外国股东的股红收入，按股东的国籍税率不同，德国人征收5%的股息税，荷兰人和英国人征收10%的股息税，其他国家的人征收20%的股息税。对于非居民的利息收入则不分国籍，一律征收10%的利息税。

此外，津巴布韦国内的法律还包括《环境管理法》、《自然资源法》、《矿业法》、《森林法》、《工业产权法》、《劳工法》、《专利法》、《商标法》、《海关税收法》、《版权及相关权益法》等法律法规。

虽然津巴布韦在非洲是法律制度比较健全的国家之一，但由于政治上的集权和政府官员的腐败之风较严重，曾引起国际社会的强烈批评。在推进土改运动中，许多政府官员利用国家征收土地的机会为自己或亲属大肆捞取好处，把应分配给无地农户的土地据为己有。政府官员利用国家财政购买高级豪华轿车，利用职权参与走私等，常常引起民众强烈不满。

另据透明国际（Transparency International）组织①的《2005

---

① 透明国际（Transparency International），国际著名反腐监督机构，非政府组织。该机构每年对世界各国的腐败情况和政府工作效率情况作出评价和建议，并定期出版《全球腐败报告》指导海外投资者的投资行为。

国家腐败指数报告》对 159 个国家的数据显示，津巴布韦的排名为 107 位，腐败指数 2.6，倒数第 44 位。该指数最高为 10，指数越低腐败程度越严重。指数 3 以下的国家被认为腐败程度相当严重。根据该报告，指数为 3 以下的国家共 74 个。

第五节　人民生活

津巴布韦独立前，白人在社会经济生活中占绝对主导地位。在较为发达的农业、矿业和制造业的发展中，白人无论在社会地位上还是生活条件上都远远优于当地黑人。由于长期以来土地占有的不合理使广大黑人不得不依赖于白人经济的发展以维持生计。大多数黑人在白人农场做工，或是受雇于工矿企业从事非技术性劳动。因此，他们的收入很低，在许多部门，白人与黑人间收入的差距可达二十几倍甚至更多。社会财富分配的严重不公平使白人与当地黑人生活水平形成了鲜明的对比和反差。

独立后不久，津巴布韦政府即以公平增长为原则来发展国民经济特别是农业经济，使经济的发展能够惠及广大民众。津巴布韦政府一方面对原有的大型商业农场采取鼓励措施，促进其不断发展。另一方面将重点放在本土农业经济的发展上，特别是制定了对无地黑人农户的重新安置计划，并推行包括"合作社"等类型的农业发展模式，旨在使生活在社会最底层的广大黑人的生活环境和条件能够有所改善。津巴布韦作为传统的农业国，人口的 70% 以上依赖农业，农村人口生活水平的改善和提高成为独立后津巴布韦政府首先要面对的问题。

要实现农业的发展、生产结构的变化，以及对无地农户的重新安置都需要大量的资金投入。因此，1981 年 3 月津巴布韦政府召开了由捐助国和捐助机构参加的津巴布韦重建与发展会议，要求有关国家和机构遵守独立谈判时所作出的相关承诺，向津巴布韦提供资金支持。此次会议所得到承诺的财政支持总额约合19亿美元，大部分为有条件贷款（援助额 10%～30% 要用于购买援助国产品等）。世界银行为最大援助机构，承诺金额约为4.2亿美元。其次是美国，承诺金额为2亿美元。当时的欧洲经济共同体（EEC）承诺提供援助的金额约为1.6亿美元①。但是，由于各方援助承诺并没有很好兑现，一些援助资金没有按时到位，以及旱灾等因素的影响，农业发展和生产结构调整的目标未能完全实现，特别是对无地农户的安置工作远未达到预期目标，广大农村人口的生活状况未能得到根本改善。

独立后 10 年间，津巴布韦经济增长较快，粮食生产已达到自给有余，并且教育和医疗卫生等公共事业的发展使广大黑人享受到了应有的权利。例如独立后津巴布韦政府对教育的投入大幅增长，小学实行免费义务教育，学校的入学人数从独立前 1979年的 81.9 万人增加到 1985 年的 226 万人②。独立后的津巴布韦成人识字率一度达到约 90%，成为非洲这一比率最高的国家之一。但是随着经济形势的恶化，大量师资外流，引起教育下滑。独立后前 10 年，人民实际生活水平虽有提高，但并不快。按照1980 年的价格计算，当时的人均收入为 438 津元，而 1990 年时的人均收入也只有 452 津元，比独立前 1974 年高峰期人均收入556 津元的水平要低很多③。

20 世纪 90 年代初，津巴布韦政府开始实行经济结构调整政策，随着贸易自由化和物价的放开，国内市场受到冲击，通货膨

---

① Christine Sylvester, *Zimbabwe*: *The Terrain of Contradictory Development*, Westview Press, 1991, p. 104.

② Christine Sylvester, *Zimbabwe*: *The Terrain of Contradictory Development*, Westview Press, 1991, pp. 123 – 124.

③ EIU, *Country Profile-Zimbabwe*, 1996 – 1997, p. 14.

胀加剧，广大黑人的实际生活水平没有得到更多改善，人口的就业岗位的增长远不能满足就业人口的需求。1985～1990 年间就业增长率为 2.4%，1991～1995 年降至 0.8%，1996～1999 年为1.5%[①]。1990/1991 年，津巴布韦贫困户的比例为 40.4%，而1995/1996 年这一比例升至 63.3%。同期特贫户的比例也由16.7% 上升为 35.7%[②]。津巴布韦政府曾采取多种措施试图改变这种状况，如 1995 年设立社会发展基金、实施减贫行动计划等，为广大黑人提供就业培训机会，提高他们的就业技能和自主创业能力，并为他们提供免费的医疗和教育资助以及粮食补贴等。但是所有这些都没能从根本上解决贫困问题。

20 世纪 90 年代末以来，津巴布韦国内政治经济形势不断恶化。1998～2004 年间，津巴布韦 GDP 下降了 40%（按 1990 年不变价格计算），其中 2003～2004 年下降了 9%[③]。1999 年平均工资的涨幅低于通胀率约 20 个百分点，导致实际工资水平下降。2000 年，实际工资降到 1996 年的水准，正式就业岗位急剧减至125 万个，为 1995 年以来最低点。2004 年失业和准失业人口迅速增加，多数临时就业人员的工资所得远低于政府规定的最低工资标准，造成如今津巴布韦人民生活水平直线下降。根据 2007年最新数字统计，目前津巴布韦人口失业率已经超过 80%[④]。

与此同时，近年来由于农业部门的投资不足，且受气候条件影响以及种子、化肥供应短缺，加上土改运动使大型商业农场生产结构遭到破坏等因素，粮食歉收情况严重，使津巴布韦国内粮

---

① Staffan Darnolf and Liisa Laakso, *International Political Economy Series*: *Twenty Years of Independence in Zimbabwe*, Palgrave Macmillan, 2003, p. 63.

② Staffan Darnolf and Liisa Laakso, *International Political Economy Series*: *Twenty Years of Independence in Zimbabwe*, Palgrave Macmillan, 2003, p. 65.

③ 联合国粮农组织 2004 年 7 月 5 日特别报告：津巴布韦。

④ EIU, *Country Profile-Zimbabwe*, 2008, p. 18.

食供应出现危机，约一半以上人口需要依靠国际粮食援助。根据联合国粮农组织的一项调查，2004～2005 年津巴布韦农村地区约 230 万人、城市地区约 250 万人缺粮。津巴布韦人民的生活状况正在经历自独立以来最为困难时期。

根据联合国开发计划署《2006 年人类社会发展报告》，2004年，津巴布韦饮用健康水人口比例为 81%；2000～2005 年，40岁以前的死亡率占 65.9%，60 岁以前死亡率约占 82.3%，寿命达到 65 岁的女性平均占 15.5%，男性占 15.7%；2000～2005 年人均寿命为 37.2 岁，其中 2004 年人均寿命为 36.6 岁（女性人均寿命 36 岁，男性 37.2 岁）；1990～2004 年，人口平均生活费不足 1 美元的占 56.1%，不足 2 美元的占 83%；2004 年卫生设施总体普及率 53%；1990～2004 年，平均每 10 万人中有医生 16名；2005 年，15～49 年龄段艾滋病感染率平均为 20.1%。由于人民生活水平的大幅下降，津巴布韦男女平均寿命，根据世界银行《2007 年世界发展指数》统计，已经下降到分别为 37 岁和 34岁。津巴布韦已经成为世界上人口平均寿命最低的国家之一。

第五章

军 事

津巴布韦现代军队是伴随着国家的独立组建完成的。独立之初，为了维护民族独立，巩固政权，保障一个相对稳定、和平的发展环境，津巴布韦政府即着手创建一支忠于国家、忠于政府的统一的国防军。独立前，津巴布韦原有的三支武装力量，即民盟所属的民族解放军、人盟所属的人民革命军以及白人统治下的殖民军队（罗得西亚安全部队），共约有 12 万人。经对上述军事力量进行整编和重组后，津巴布韦成立了统一的国防部队，当时的兵力约有 7 万人，其中陆军约 6.5 万人，空军约 2800 人。同时，津巴布韦政府还对警察部队进行了整编和重建，并通过对成年男女的准军事训练，建立起一支负责民防的民兵部队。目前，津巴布韦国防军的总兵力不足 4 万人，其中陆军人数超过 3 万人，空军人数 5000 余人。另外津巴布韦警察部队（包括后勤支援、军事辅助人员、交通警察等）总计约 2.5 万人①。8 月 12 日被定为国防军日，即建军节。

---

① Wikipedia, the free Encyclopedia, http：//en. wikipedia. org/wiki/Zimbabwe.

第一节　军队简史

一　前殖民地时期的军事力量

历史上，津巴布韦曾出现过颇具军事传统的诸王国，其中又以昌加米腊和恩德贝莱等王国最为著名。这些王国都有组织较为健全的军队，且战斗力很强，在实现领土扩张和抵御外来侵略中，这些军事力量起到了至关重要的作用。公元17世纪末，昌加米腊王国就曾以强大的军事力量不断扩大自己的版图，并给予最初来到这里的葡萄牙人以沉重打击，使他们闻风丧胆。据说当时昌加米腊军队最多时曾有数千名士兵，纪律严明，英勇善战。恩德贝莱王国则更是一个高度军事化的国家，实行军事管理体制。王国的成年男子平时要为王室耕作，一旦需要都要参加国家的军事行动。全国的成年男人几乎都是亦战亦耕的战士。由于恩德贝莱人沿袭了南部非洲祖鲁人英勇善战和非常强的团队意识，因此他们有很强的战斗力。历史上，他们曾用武力控制了近一半的津巴布韦疆土。19世纪末，恩德贝莱人用武力反对英国殖民主义者的入侵，举行了津巴布韦历史上著名的反英武装起义。起义最终虽遭失败，但开创了津巴布韦近代历史上武装斗争抗击殖民主义统治的先河。

二　独立前的罗得西亚安全部队

20世纪50年代初，白人殖民主义者开始着手建立起一支常规军事力量——罗得西亚安全部队（Rhodesian Security Forces），建制包括陆军和空军，空军实行自治管理。1953年该部队曾并入当时的中非联邦军事体系。1963年中外联邦军事体系解体后，其军事力量又重归到当时殖民地政府的控制之下。1964 年后近 10 年的时间里，其常备军事力量总人数只有约 3400 人[①]。1973 年后，津巴布韦争取民族独立和解放的武装斗争不断高涨，这给白人统治者造成了越来越大的压力，并迫使其采取了增加安全预算和扩充兵员的政策，以加强其军事实力对付游击战争。随着战事的不断升级，殖民地政权国内的经济负担加重，且由于国际上对罗得西亚采取的制裁措施，使白人政府军事装备的更新和维护遇到困难，其大部分军需都要依靠当时南非的提供。同时，以白人为骨干的安全部队兵员奇缺，特别是1974~1975 年后，民族解放运动组织的军事实力不断壮大，与殖民地政府在军事实力对比上更加接近。白人统治者对此更加惶恐不安。1972 年，当时的殖民政府规定年满 18~25 岁的罗得西亚男性欧洲白人要参加安全部队 12 个月的服役。而到了 1974年，规定的服役年限延长至 38 岁，1976 年又将服役期延长至 18个月。1977 年，18~38 岁的白人预备役人员要按照要求每年服役期不少于 6 个月，且年龄上限提高到 50 岁[②]。1979 年，殖民政府再次宣布要征召年龄在 50~59 岁的白人服役，以充实中心城市地区的安全力量。由此不难看出，民族独立和解放组织对殖民政府所开展的游击战争对白人政权造成的压力越来越大，这也是其最终不得不走向谈判桌的重要原因之一。在不断扩充白人兵员的同时，殖民地当局于 1974~1977 年间采取扩大招募黑人士兵的办法扩充军力，建立了两支黑人占 80% 以上的部队，但指挥官全部由白人担任。

　　由于在数年内罗得西亚安全部队的人数和规模都迅速扩大，使国防开支不堪重负。1972~1978 年间殖民地政府用于国防的

---

① Steven C. Rubert & R. Kent Rasmussen, *Historical Dictionary of Zimbabwe*, Third Edition, The Scarecrow Press, London, 2001, p. 278.

② Steven C. Rubert & R. Kent Rasmussen, *Historical Dictionary of Zimbabwe*, Third Edition, The Scarecrow Press, London, 2001, p. 279.

预算开支增长了 610%，而一半以上的国防开支都是由当时实行种族隔离制度的南非提供的①。如果没有当时南非的支持，很难想象罗得西亚白人政权在与争取民族独立和解放的游击战的打击下能够维持多久。

三 民族独立与民族解放运动武装力量

早建立于 20 世纪 60 年代中期的津巴布韦非洲民族解放军（Zimbabwe African National Liberation Army，ZANLA）和津巴布韦人民革命军（Zimbabwe People's Revolutionary Army，ZIPRA）是分别属于当时民族独立和民族解放组织"民盟"和"人盟"的两支武装力量。这两支武装力量最初都是在邻国（赞比亚、坦桑尼亚、莫桑比克）开办军事训练营开始的，其主要基地和指挥机构也均设在邻国境内。

津巴布韦民盟所属的民族解放军主要由绍纳人组成，民盟在开展大规模的反对殖民统治的武装斗争方面在某种程度上要稍早于人盟的人民革命军。20 世纪 60 年代中期至 70 年代初，这支部队常常以设在赞比亚境内的基地为中心，派出小股部队到津巴布韦境内与罗得西亚安全部队作战。但是，这种战略战术对白人政权的实际威胁有限，且由于缺乏支持，导致最初的武装斗争频频失利，损失较大。此后，这支队伍不断总结经验和教训，并学习了毛泽东关于游击战争的理论，对武装斗争的战略战术进行了调整，利用灵活机动的游击战，取得了军事上的不断胜利。同时这与部队还在周边国家的帮助和支持下，武装力量不断发展和壮大，补充了大量的兵员，建立起多个游击队营地，游击队根据地和解放区的面积不断扩大，掌握了战争的主动权。1971 年时，

① Steven C. Rubert & R. Kent Rasmussen, *Historical Dictionary of Zimbabwe*, Third Edition, The Scarecrow Press, London, 2001, p. 279.

在津巴布韦活动的民族解放军战士仅有百人左右，到了1976年
人数增加到约700人。1977年中期，津巴布韦境内游击战士的
人数达到3000人。到独立前的1979年，津巴布韦境内游击战士
的总数超过了1万人，其中还包括1500～2000名女游击队战士。
1975年莫桑比克的独立为这支武装力量在莫泰特省建立了更加
稳定和便捷的基地，使其有了更便利的后援保障和兵员补充条
件。此时，这支武装国内外的总兵力超过了3万人。

隶属于津巴布韦人盟的人民革命军人员多来自恩德贝莱族
人。虽然20世纪60年代中期，人民革命军就在赞比亚卢萨卡建
立了军事指挥机构，但由于人盟领导人一度主张以非暴力手段争
取民族独立和解放，致使其武装力量的发展较迟，对白人政权所
采取的军事打击在规模和范围上较小。20世纪70年代初，该武
装力量在赞比亚境内的营地仅有约1000人，到津巴布韦境内参
战的人数极少。20世纪70年代中期后，该武装力量发展很快。
独立前的1979年，该武装力量在赞比亚和安哥拉的训练营地中
已发展到约有2万人。

上述两支民族武装力量由最初与殖民统治者军事力量的对
比，无论从人员还是武器装备上来说都悬殊较大，到独立前总兵
力达到5万多人，双方军事实力的对比差距明显缩小，这在军事
上与殖民主义政权形成了对峙局面，为民族独立和解放运动的胜
利创造了必要的条件。

四　津巴布韦国防军的组建

1979年末，就有关津巴布韦独立问题而召开的兰凯斯
特谈判会议上，与会各方一致同意独立后的津巴布韦
组建一支统一的国防部队，这与国防部队由原有的三部分武装力
量构成，即民盟的民族解放军、人盟的人民革命军，以及原白人
政权的罗得西亚安全部队。新政府对这三部分武装力量进行整编

和重建后，成立津巴布韦国防军（Zimbabwe Defence Force,
ZDF）。但是，要对这三支原本相互敌视或互不信任的队伍实行
改组和重建，是摆在津巴布韦新政府面前的一项艰巨的任务。穆
加贝政府本着团结、平等的原则，制定出了细致和正确的军队整
编方案。在整编中坚持对等原则，吸收三支武装部队的领导人参
加军事最高司令部工作，以人数相对平均的原则实行军队合并，
对年龄小、不适宜编入正规军的人员实行劝其退伍政策。军队整
编过程中虽然出现过一些阻碍，甚至在局部地区出现过一些骚乱，
但津巴布韦政府克服了重重困难，最终于 1981 年 10 月基本完成了
军队的整编和重建工作，建立起了一支统一的津巴布韦国防军。
这支部队包括正规军——津巴布韦国民军（陆军）和津巴布韦空
军。此外，津巴布韦武装力量还有警察部队和准军事部队等。

第二节　国防政策与国防体制

一　国防政策

19 96 年 2 月，津巴布韦政府正式宣布其国防政策的主
要核心内容是：保持国家的和平、安全与领土完整；
拒绝使用武力进攻或威胁他人；军事的使用只作为防御目的；津
巴布韦只在其利益、和平与安全遭受到明显和实际侵略的威胁
时，予以反击；对那些与津巴布韦签署了双边或多边协议、条
约、协定、公约，并共同履行双边或国际义务的国家，津巴布韦
政府保留对其单一国家或多个国家提供支持的权利；参与创建地
区共同安全机制；为国际和平与稳定作贡献。

津巴布韦是《核不扩散条约》签约国、《禁止生物化学武器
条约》签约国，但尚未签署《全面禁止核试验条约》。但是，津
巴布韦目前尚未拥有战略弹道导弹、生物化学武器与核武器。

二 国防体制

津 巴布韦国防力量由正规军和准军事部队组成。正规军，即津巴布韦国防军，分陆、空两个军种；准军事部队由警察部队、警察支援部队和民兵组成。国家总统为津巴布韦武装力量的最高统帅。最高国防决策机构为国防委员会。国防部为政府中的一个部，是最高军事行政机关，负责国防政策、国防预算、军事行政和对外军事关系等工作。国防军司令部是全军最高军事指挥机关，负责全军的统一管理、军事训练和作战指挥及装备调控、军兵种协调等项工作。总统通过国防部和国防军司令部对全国武装力量实施领导和指挥。

津巴布韦主要军事领导人：

总统兼武装部队总司令罗伯特·穆加贝；

国防军总司令康斯坦丁·奇温加（Constantine Chiwenga）上将；

国防部部长埃默森·穆南加瓦（Emmerson Mnangawa，2009年2月）；

陆军司令菲利浦·瓦拉里奥·思班达（Phillip Valario Sibanda）中将；

空军司令佩伦斯·希里（Perrance Shiri）中将。

津巴布韦国防军军阶：军官官衔分三等12级，士兵分为5级。

1. 将官4级，包括上将、中将、少将、准将；

2. 校官3级，包括上校、中校、少校；

3. 尉官5级，包括上尉、中尉、少尉、一级准尉、二级准尉；

4. 士兵5级，包括上士、中士、下士、一等兵、二等兵。

三　军事院校

在完成部队整编和建立统一的国防军后，为了进一步加强国防建设，使重建后的原三支武装力量统一军事思想，特别是重点培养新一代指挥官，津巴布韦政府于 1982 年建立了全国最高军事学府——津巴布韦参谋学院（Zimbabwe Staff College）。该学院位于首都哈拉雷，与陆军司令部毗邻。学院成立之初，曾聘请英国人担任院长和教官，后随着津巴布韦国民军的发展，院长已改由津巴布韦将军担任，一些黑人教官也相继走上讲台。

该学院的培养对象主要是陆军、空军和警察部队中的校级军官，以中校和上校为主，也招收少数优秀少校军官。学习的主要内容有战争史、战略学、营团（旅）战术、参谋业务、国际形势、武器常识等。学制为 1 年。

该学院治学严谨，教学质量高，在培养军事指挥官、加强国防建设中发挥了重要作用。该学院曾在非洲国家中享有较高声誉。

此外，为了加强各级指挥员和其他军事人员的培训工作，津巴布韦政府还在独立后相继成立了位于圭洛的津巴布韦军事学院（Zimbabwe Military Academy）和步兵学校（School of Infantry），位于首都哈拉雷的津巴布韦军事工程学校（Zimbabwe School of Military Engineering）、电子与机械工程技术学校和南部非洲发展共同体地区维和训练中心（SADC Regional Peacekeeping Training Centre）以及位于尼扬戈地区的陆军战斗营学校（Battalion Battle School）等军事院校和军事培训基地。在这些军事院校中，除了有本国的军事指挥官、教官从事教学外，还有不少主要来自英国的军事教官。自 1980 年独立后，英国军事顾问和军事训练队（British Military Advisory and Training Team，BMATT）即派驻津巴布韦，但随着津巴布韦与英国关系的恶化，2001 年该队已全部撤出津巴布韦。目前津巴布韦各军事院校教官基本上都由本国人担任。他们中的许多人都曾在苏联、中国、朝鲜或英国接受过军事培训。此外，一些中国军事教官目前也在津巴布韦任教。

空军军事院校包括空军参谋学校、空军技术训练学校、空军初级飞行学校、空军训练学校、空军伞兵训练学校、空军防空学校等。

四 国防开支

独立后津巴布韦的国防预算一般要占到国家预算总支出的 10% 左右。1996 ～ 2003 年每年的军费开支平均占国内生产总值的 3. 21%。其中 1999 年和 2000 年的军费开支均占到当年国内生产总值的 4. 5% 以上。2006 年的国防开支为 6000 万美元，占 GDP 的 3. 8%。由于近几年来，津巴布韦国内通胀率一路走高，2005 ～ 2006 年通胀率已经超过 3000% ～ 4000%，2008 年 7 ～ 8 月间官方公布的通货膨胀率达到 2200000%，但实际上有经济学家和研究机构认为，通胀率已创下了 231000000% 的惊人数字。由于官方汇率与实际汇率相去甚远，所以国防军事开支的统计和计算十分困难，无法反映出实际经费数额。近年来，军费预算对于维持日常开支（包括军人的工资、津贴）都有困难，且状况日趋恶化。由于国防预算紧张，外汇短缺以及欧美等西方国家对津巴布韦所采取的制裁和武器禁运政策，致使津巴布韦近年来武器装备的进口和更新换代以及武器装备日常维护所需零部件的采购严重受阻。

虽然近年来有近一半的国防预算开支主要用于改善部队的基本生活条件、提高军事人员的工资等，例如 2006 年军队人员的工资就提高了 231%。但尽管如此，由于通货膨胀的影响，军人的实际收入并未增加，而是在某种意义上呈下降趋势。此外，

1998～2002 年，津巴布韦又派驻到刚果民主共和国军事人员8000 多人，这加剧了军费的开支，使国防开支愈加捉襟见肘。为了摆脱困境稳定军心，津巴布韦政府一方面承诺要进一步改善军队的生活条件，另一方面不得不采取强制休假措施，以相应减少必要的军费开支。

五　兵役制度

巴布韦政府于 1987 年颁布征兵法，实行自愿兵役制。根据 1989 年 11 月的征兵规定，年龄在 18～30 岁的男性青年必须要履行到军队服役的义务。他们先要接受 6 个月的军训，然后再进行 6 个月的非军事训练。此后的服役期限未作明确规定。

六　军火生产

巴布韦国防工业的发展得益于其较好的工业和制造业基础，其生产能力在撒哈拉以南非洲仅次于南非。目前津巴布韦可供生产的主要军工产品包括：7.62×39mm 和7.62×51mm 规格口径的子弹；60mm、81mm 和 120mm 口径的迫击炮弹；手雷；RPG—7 型火箭发射架等军火产品。此类军火产品除供应国内军需外，同时还出口到其他国家，主要是非洲国家。其他军需物资，如武器装备、军装（包括军鞋、军帽、头盔等）、帐篷等常备装备主要通过国际采购获取。

七　军事科研

巴布韦国防部早在 20 世纪 80 年代就成立了军事研发办公室（Military Research and Development Directorate），最初主要从事扫雷和轻武器的研发和生产项目，旨在加强在轻武器方面的设计和生产能力，以不断增加轻武器进口替代产品的生

产。但是，这方面的研发工作鲜有成就，只是在一款澳大利亚进口的喷气轰炸机的发动机的马达研制上取得过成绩，该项经改进后的装置使成本大大降低。20 世纪 90 年代，该研发机构的多个项目并未取得明显进展，特别是对 4~6 吨军用卡车的改进项目研究，虽然做了大量研究试验，但仍是无果而终。

对有关航空航天业的研发津巴布韦政府也早有设想。独立之初即把这方面的研发工作定位在开发用于探测和联络的轻型飞机，试图通过本国和外国的共同设计，利用美国所提供的发动机，生产出此类新型飞机。但是这一研发设想至今仍未实现。

第三节 兵种[①]

因津巴布韦为内陆国家，国防军中没有海军建制，正规军只包括陆军和空军。目前，国防军总司令为康斯坦丁·奇温加（Constantine Chiwenga）上将。他曾于 1994 年 7 月始任陆军司令，2003 年 12 月担任此职。

一 陆军

20 06 年陆军的总兵力约为 4.2 万人，但由于军费拮据，津巴布韦政府采取裁军减员等措施，2007 年初陆军的总兵力减少到约 2.5 万~3 万人。现有成建制部队如下：1 个陆军司令部、5 个步兵旅部（包括 2 个营和若干工程支持部队编制）、1 个炮兵旅、1 个机械化旅、1 个总统卫队（2 个营建编

---

① 本节中的数字统计和信息来源主要依据解放军出版社《世界军事年鉴 2000~2006》、时事出版社《SIPRI 年鉴 2005~2006》、解放军出版社《世界各国军事力量手册》（2006 年出版），以及英国简氏数据库（www.2.janes.com）和 Wikipedia, the free Encyclopedia, http://en.wikipedia.org/wiki/Zimbabwe 所提供的信息和资料整编而成。——著者

制）、3 个特种兵团、1 个炮兵团、1 个装甲兵团、1 个高炮团、1 个防空团、1 个工兵团、12 个步兵营（含 1 个机械化营、1 个突击营、1 个伞兵营）、1 个通讯营、1 个船艇中队等。陆军的兵力主要驻扎在一些大城市的兵营中。哈拉雷、布拉瓦约、奎奎、马辛戈、马塔雷等地均有陆军营地。船艇中队主要负责卡里巴湖上的巡逻任务。总统卫队驻扎在国家宫。

目前陆军的武器装备主要有：

1. 战车类

T59/T69 型主战坦克 40 辆（30 辆服役）；

EE9 型装甲侦察车 90 辆（70 辆服役）；

T63（YW531）型和 UR416 型装甲运兵车共 80 辆（70 辆服役）；

"鳄鱼"装甲车 80 辆（60 辆服役）；

ACMAT 型装甲运兵车 23 辆。

2. 火炮类

122 毫米牵引榴弹炮 12 门；

T60 型 122 毫米野战炮 20 门（18 门服役）；

T54 型 122 毫米野战炮 12 门；

RM70 型 122 毫米/T63 型 107 毫米火箭炮共 38 门（6 门以上服役）；

M43 型 120 毫米/M43 型 82 毫米/L16 型 81 毫米/T61 型 60 毫米迫击炮共 372 门。

3. 反坦克武器

B12 型 107 毫米无后坐力炮、M40 型 106 毫米无后坐力炮、T69 型 40 毫米反坦手雷（发射架数量不详）；

RPG7 型火箭筒 300 支。

4. 防空武器

M1939 型 37 毫米高射炮 50 门（40 门以上服役）；

ZU23 型 23 毫米/ZPU 系列 14.5 毫米高射机枪 400 挺（200 挺以上服役）；

SA7b 型地对空导弹 200 枚（20 枚服役）。

5. 步兵常规武器

7.62~9 毫米不同口径的手枪；AK47/FN 型步枪；7.62~12.7 毫米不同口径和型号的轻、重机枪等。

津巴布韦陆军司令菲利浦·瓦拉里奥·思班达中将。他于 2003 年 12 月接任奇温加中将担任此职。

近年来，陆军武器装备的更新成为许多部队所面临的主要问题，特别是一些机械化摩托部队的车辆已经退出现役。2001 年虽然重新装备了不少中型卡车和轻型装甲运兵车，但这些装备几乎都投入到了刚果民主共和国执行任务，致使境内实际装备仍旧不足。此外，津巴布韦部队所面临的另一个重要问题是艾滋病问题。根据津巴布韦卫生部和联合国有关机构分别于 1992 年和 1999 年的调查统计数字，津巴布韦部队中艾滋病的感染者分别高达 60% 和 55%。这一数字高出了国内艾滋病感染人群平均数的两倍以上。虽然 2004 年的统计数字表明，军队中艾滋病感染人群的百分比下降了 13.3%，但仍然很高。毫无疑问，这种状况将会影响到部队未来的实际军力。

1998 年 8 月至 2002 年 11 月，津巴布韦部队约 1/3 的兵力（包括少量空军）被派往邻国刚果民主共和国，包括一些最精锐的战斗部队。期间，无论是在指挥、战略战术方面，还是后勤保障、通信等方面津巴布韦部队均受到实战的检验。2002 年底，绝大部分兵力撤出刚果后重新部署在哈拉雷、布拉瓦约以及马辛戈和西部、东部、北部边境地区。

除了在刚果的军事行动外，津巴布韦部队参与的国际军事行动还包括 1993 年 1~4 月根据联合国有关协议派往索马里的 1000 人部队，其主要负责控制摩加迪沙西部大部分地区的局势。此外，津巴布韦部队还曾参与了有关联合国的维和行动，主要是在卢旺达、乌干达、安哥拉、利比里亚、塞拉利昂以及科索沃、东帝汶等国家和地区的军事活动，派遣的军事观察员共有数百人。

二　空军

目前津巴布韦空军兵力约 4000 人。编制有 1 个空军司令部、1 个空军团、8 个飞行中队（2 个攻击战斗机中队、1 个战斗机中队、1 个侦察中队、1 个训练侦察联络中队、1 个运输机中队、2 个直升机中队）、8 个空勤中队、2 个安全警卫中队和 1 个防空中心。作战飞机 58 架、武装直升机 28 架。

津巴布韦空军主要机型包括：

1. 攻击战斗机："猎人"FGA90/F80/T81 型共 11 架、"隼"式 MK60 型 5 架；

2. 战斗机：F7（米格—21）型 9 架；

3. 侦察机：塞斯纳 337 型 14 架；

4. 教练/侦察/联络机：SF260M 型、FT7BZ 型等共 22 架；

5. 运输机：BN2 型 6 架、C212—200 型 8 架、安 12 型若干；

6. 直升机：SA319 型 24 架、AB412 型 8 架、米 35 型 8 架；

7. 专机：AS532UL 型专机 2 架。

津巴布韦空军司令部位于首都哈拉雷，主要基地有两个：一个位于圭洛（Gweru），另一个与哈拉雷国际机场共有。此外，菲尔德（Fylde）基地通常被用来做防空训练基地，用以演练防空火炮和雷达系统。津巴布韦各地还有几个较小的空军基地，但基本上很少使用。

津巴布韦空军司令为佩伦斯·希里（Perrance Shiri）中将。他于 1992 年 8 月担任此职。

津巴布韦空军曾在相当长的一段时间里无论从装备还是从飞行作战能力方面，在南部非洲地区都是屈指可数的。2000 年以后，情况有所变化。由于国内经济滑坡，外汇紧缺，再加上欧盟国家和美国等西方国家对津巴布韦实行的制裁措施，特别是武器装备的禁运，造成飞机零部件进口受阻，使津巴布韦空军装备的维护遇到困境，飞机和地面设备的完好状态下降。此外，由于空军飞行员的培训和飞行小时减少，军事素质有所降低也是空军实力有所削弱的重要原因之一。1998～2002 年，空军部队在配合地面部队在刚果民主共和国的军事行动中因各种原因损失了近 10 架飞机，其中有些完全就是由于飞行员的原因。2001 年后，大批有经验的飞行员退出飞行行列，而补充的新生力量在数量、能力和经验上与之相比都存在一定差距。鉴于上述主要原因，目前津巴布韦空军的实际作战能力正处于低谷，真正可投入使用的空军军力严重不足。许多飞机或因缺少飞行员，或因缺乏维护等原因已被闲置。

津巴布韦空军的主要任务除了配合支持地面部队的军事行动外，如刚果（金）维和行动等，还接受一些自然灾害期间的救援任务，如 2000 年津巴布韦东南部发生水灾，空军部队奉命前往救灾，为灾区人民运送急需的粮食和药品；2004 年 3 月，邻国纳米比亚发生洪涝灾害，空军也派出两架直升机前往救灾等。

津巴布韦长期以来就有较好的飞行员培训传统，除了有正规的飞行学校外，在课程设置和训练标准方面也都有严格的规定。独立初期，原有的主要来自英国的欧洲白人教官一度遭到排斥，但 20 世纪 80 年代末他们再度受到重视，并与当地的黑人教官一起从事教学工作。他们不但培养本国飞行员，还曾承担过为南非空军培训黑人飞行员的任务。按照培训计划他们一般每年要招收 80 人，经初步筛选后留下约 25 人正式参加培训，最后只有 12～18 人能成为合格的飞行员。训练课程最初是 31 周的基础军事训练，然后是 19 周的地面培训和理论学

习，培训合格者开始进入飞行训练阶段，飞行训练的主要机型为 SF260 型飞机，此课程要在 9 个月内累计飞行 140 小时。完成训练课目且成绩合格者方可毕业，成为飞行员进入空军部队服役。有些毕业生经选拔后继续深造，再经强化培训后成为飞行教官。

三　准军事部队

津巴布韦国防武装力量除陆军、空军作为正规军以外，还包括以警察为主的准军事部队。其主要职责是维护国内治安，在战时作为正规军的后备力量。目前警察部队的全职人数约 1.9 万人，警察支援部队、监狱的狱警及交通警察共6000 余人，总计约 2.5 万人。该警察部队为国家武装力量的一部分，在全国布防，但多数部署在城市地区，农村地区兵力较少。全国共有警察局（所）54 个。该部队直接受津巴布韦内政部管理。

警察支持部队作为武装警察部队的补充，主要负责城市治安和边境巡逻，在和平时期被看作是第一道国防线。全国监狱的狱警作为武装警察的一部分，归司法和法律与议会事务部管辖。津巴布韦全国监狱可容纳犯人约 1.6 万人，但 2001 年所关押犯人的总数已有约 2.3 万人。

四　国防预备役

根据津巴布韦 1993 年的国防修正案相关条款由国防部组建国防预备役部队（Defense Reserve）。该预备役部队主要由正规部队经裁军或退役的军人，以及目前登记在册的解放战争时期的游击战士中选拔组成。该预备役部队人员由国防部负责并适时给予少量补助，以利于随时补充国防力量之需要。该预备役部队设有正式指挥机构。

此外，2000 年末，津巴布韦政府为了顺利完成每年的征兵工作，开始酝酿出台成立全国青年服务队（National Youth Service）。2001 年 8 月，由政府青年发展与创造就业部负责牵头组建了自独立后第一支作为军队后备军的全国青年服务队。据说全国 5 个青年训练营地每年共招收约 6000 名青年参加训练，实行准军事化管理。但目前由于经济形势堪忧，经费短缺，青年服务队的活动受到很大制约。

第六章

文教、体育和卫生事业

津巴布韦的文化与教育水平在撒哈拉以南非洲地区国家中名列前茅。传统文化在文化艺术历史的发展中占有重要地位。教育长期以来受殖民地时期的教育体制的影响。独立后，津巴布韦政府致力于创建新型的教育体制，将原有为少数白人服务的体制转变为为全体国民服务的体制，将教育与受教育的权利真正给予广大人民。独立后教育事业的发展及所取得的成就引人注目。医疗卫生事业也取得重大进展，医疗卫生水平进步较快，但近些年来艾滋病感染者比例仍然较高，成为较严重的经济和社会问题。

第一节　教育

一　独立前教育概况

西方式教育最早由基督教传教士在 19 世纪中叶传入津巴布韦。1859 年伦敦传教士协会在这里创办了第一所非洲人学校[①]。此后，其他基督教团体如天主教教派和新教教

---

① 李建中：《战后非洲教育研究》，江西教育出版社，1996，第 348 页。

派都先后开办了一些以传播基督教教义为主要目的的非洲人学校[1]。19世纪末20世纪初，随着英国南非公司[2]的入侵以及白人移民的逐渐增多，殖民统治者开始在主要城市专门开办了一些白人学校。津巴布韦历史上第一所正规小学成立于1892年，第一所正规中学成立于1898年[3]。当时面向广大黑人的正规学校极少，当地黑人的教育几乎全部都由教会承担。殖民统治者的办学思想和目的与此前基督教传教士有着较大区别。传教士认为，对当地非洲人的教育应以识字和接受宗教教育为主，而殖民主义者为了加强其统治，奴役非洲人民，将对广大非洲黑人的教育定义为"接受为欧洲少数人工作和服务的教育"。他们对当地非洲人教育的唯一目的就是培养廉价的劳动力。

因此，在教育体制和教学内容上，殖民统治者利用立法形式将黑人和白人的教育体系明确分离，充满种族歧视和种族隔离的二元教育体制逐步形成。其鲜明的特点是：政府对白人学校（主要指中、小学校）给予经费方面的特殊待遇，甚至负担全部经费，这些学校的教学内容侧重于文化知识方面的教育，重点是要培养能够继续接受高等教育的人才。而主要由教会办的黑人学校教学经费来自政府预算的部分非常少，且在教学内容上还要按照殖民政府培养下层劳动者的指导思想侧重职业和技能训练，而这些职业和技能又不能对白人形成威胁。按照颁布的教育法令的相关规定，这类学校每天的教学内容要有一半以上用于职业培训，并作为殖民政府向这些学校提供财政支持的必要条件。因为殖民统治者认为，只有这样才能培养出更加适合他们的工具。殖民当局所制定的教育法令此后虽经过多次修改，但本质上并未改

---

① 李建中：《战后非洲教育研究》，江西教育出版社，1996，第348页。
② 参见本书第二章历史部分有关殖民主义者的入侵。
③ 何丽儿：《南部非洲的一颗明珠——津巴布韦》，当代世界出版社，1995，第229页。

变，这种黑人和白人教育分隔的格局持续了相当长的时间。

1925 年，殖民统治当局针对当地黑人教育设立了专门的"土著教育部"①。该机构几经变化，于 1964 年确立为"非洲人教育部"。尽管殖民当局对黑人教育的重视程度有所改善，但直到 1970 年，全国面向广大黑人的官办小学的比例仍不足 3%，官办的中学也很少。当时教会学校占有相当大的比重，不仅在城镇地区，就连边远的农村地区也有教会学校。当地黑人子女只能选择教会学校就读。理论上非洲人可以接受正规教育，但殖民当局针对白人和当地黑人教育的财政支出却对比悬殊。长期以来教育部门针对极少数白人学校的教育经费预算一般要占到总预算的 95% 以上，而对非洲人教育经费的拨款则一般只占到教育总预算的 1% ~4%，甚至更低。教育设施、经费、师资乃至课程的设置等均向少数白人严重倾斜。根据一项调查统计，1977 年时，政府用于一个白人学生和一个非洲黑人学生的经费分别为 557 罗得西亚元和 46 罗得西亚元，两者之间的差距高达十几倍之多②。非洲人口的快速增长使这一比例严重失衡的现象愈显突出，使得许多黑人适龄儿童没有机会走进学校，城市中有超过 40% 的津巴布韦儿童被无形剥夺了受教育的机会，农村地区的这一比例则超过了 50%，例如，在 1976 年，当时全国 660 万非洲人中有一半以上年龄在 15 岁以下，但入学人数仅有约 85 万人，其中还有一多半中途辍学，完成小学学业的比例仅占到 0.5%③。全国文盲占人口总数的比例达 60%，其中妇女占到 62%。

① Steven C. Rubert & R. Kent Rasmussen, *Historical Dictionary of Zimbabwe*, Third Edition, The Scarecrow Press, London, 2001, p. 81.

② Steven C. Rubert & R. Kent Rasmussen, *Historical Dictionary of Zimbabwe*, Third Edition, The Scarecrow Press, London, 2001, p. 81.

③ Steven C. Rubert & R. Kent Rasmussen, *Historical Dictionary of Zimbabwe*, Third Edition, The Scarecrow Press, London, 2001, p. 81.

　　直到 1980 年独立前, 津巴布韦的教育体制一直是这种以种族隔离和种族歧视为基础的殖民地教育体制, 当地非洲人受教育的地位和机会大大低于白人移民, 他们接受基本教育的权利被严重剥夺, 而所能接受的教育往往只限于参加农业和工业生产的技能培训。当时殖民政府所实行的免费义务教育, 主要针对的是白人学生, 对占人口绝大多数的黑人学生采取自愿和选拔的制度。白人学生小学毕业后可以自动升入初中, 如果成绩好还可以保送升入高中, 而黑人学生的升学一方面要看成绩, 另一方面还要根据家长的经济负担能力, 这也就决定了黑人学生在更高一级学校接受教育的比例逐步降低, 而最终能够走进大学的黑人学生比例则更低。

　　在争取民族独立和解放的斗争中, 为了反对殖民当局所推行种族隔离的教育制度, 抵制殖民当局对非洲人接受教育的种种歧视, 许多学生拒绝到校读书, 殖民当局也以国内局势紧张为借口关闭了许多学校, 致使非洲学生在校人数更是大幅减少。

　　津巴布韦独立前的教育体系基本上包括小学 (含 3~5 周岁的学前教育)、初中、高中和高等教育四个层次。高等教育前的教育体制以教会学校和私立学校为主。这一基本结构一直延续至独立后。独立前的 1979 年, 津巴布韦共有小学 2401 所, 在校学生约 82 万人; 中学 177 所, 在校学生约 6.6 万人。津巴布韦大学[①]是当时国内唯一的高等学府, 正式成立于 1953 年。成立之初仅有学生 68 名, 其中黑人学生 8 名。1980 年独立时, 津巴布韦大学的在校生达到 2240 名, 白人学生占绝大多数。

二　独立后教育事业的迅猛发展

　　独立后的津巴布韦政府对教育事业的发展给予了特别的关注, 致力于彻底改变和废除教育领域中一切形式的

---

① 其前身为罗得西亚大学, 1980 年改为现称。——著者

种族歧视和特权，将教育与受教育的权利真正给予人民。津巴布韦政府始终强调要加强对教育的投资，把培养本民族的中、高级知识分子作为一项根本的战略任务，将教育视为国家经济发展和国富民强的根本。为此，津巴布韦政府在教育改革和发展方面制定了一系列政策。通过不断实践，教育事业的发展和所取得的成就成为独立后津巴布韦最引以为豪的发展成果之一。

独立之初，津巴布韦政府就将教育改革作为社会经济发展的首要目标之一。虽然教育体系的整体结构没有大的变化，但教育发展的指导思想有了根本的转变。津巴布韦政府认识到，要想获得真正意义上的独立和解放，就需要培养出自己的有知识、有技术的专门人才，不能依靠外来力量。而人才的培养必须要从教育入手，要提高全民的知识水平。基于这样的认识，津巴布韦政府首先提出要废除教育领域的种族歧视和特权，提出教育要为大多数人服务，要不分种族、性别，要面向全体儿童和青少年，而且还特别提出要在农村特别是在落后的村社地区和边远地区大力发展教育事业。在教育改革中，津巴布韦政府提倡利用独立前原有的旧教育制度中有益的东西，要充分发挥原有的私立学校、教会学校等教学机构的积极性，使它们在培养新型人才中发挥重要作用。与此同时，在教学内容上津巴布韦政府提出理论与实践相结合、教育与生产相结合的指导方针，强调教育的根本目标是要提高全民族的文化素养、培养德才兼备的一代新人，指出教育要与技术培训相结合，要与本国的历史、地理、文化和传统特别国家独立后经济发展的总任务和总目标紧密结合，尽快实现科学技术和人力资源上的本土化。

根据上述的指导思想，在津巴布韦教育部的直接领导下，独立之初就开始进行了一系列教育体制和教学内容方面的改革，并制定了教育发展的具体政策和措施。首先是从资金方面给予保障，政府的财政预算拨款向教育部门倾斜。从独立后第二年开始，教育部门预算经费拨款就一直居政府各部门首位，达到财政预算总额的 1/5 ~ 1/4 以上。在增加财政预算的同时，津巴布韦政府还通过多种渠道筹集资金发展教育，如号召各阶层人士在人力、物力和财力上对教育事业提供支持，通过社会团体及国际机构的资助、赠款等方式发展教育。独立之初津巴布韦政府即宣布全国小学实行免费教育，并于 1987 年颁布了新的《教育法》，通过立法形式正式宣布免费义务教育小学 7 年实行。《教育法》明确指出："受教育是每个津巴布韦人的基本权利。" 与此同时，津巴布韦政府还大大降低了中等教育的入学门槛和收费标准，使所有小学毕业生均有机会进入中学就读，学费每学期最低为 5 ~ 25 津元（按 1980 年津元对美元比价 0.64∶1，约合 8 ~ 39 美元）[1]。为了实现教育的公平，津巴布韦政府彻底取缔了教育体制中原有的种族隔离和性别歧视等带有殖民主义色彩的制度，要求各类学校在招生时一视同仁，不分肤色、性别，特别要注意招收当地黑人青少年，而且还规定学校中黑人学生的比例不得低于 60%。在教材的改革方面增加了符合当地非洲人特点的内容，要求中学教学内容要增加职业与技术课程，以便为那些将来不能继续接受高等教育的学生提供就业的基本条件。此外，津巴布韦政府为了继承和发扬民族文化，在独立后的《教育法》中还规定了当地主要民族语言——绍纳语和恩德贝莱语与英语同为小学的必修课。为了适应教育事业的快速发展，津巴布韦政府还大力加强了本地教师队伍的培养工作，特别是中、小学教师队伍的培养。同时，津巴布韦政府为了进一步加强教学工作、提高教学质量、促进教育事业发展，还聘用不少外国教师参加教学工作。

---

[1]　Steven C. Rubert & R. Kent Rasmussen, *Historical Dictionary of Zimbabwe*, Third Edition, The Scarecrow Press, London, 2001, p. 82.

在津巴布韦政府关注和大力扶持下，独立后作为全民的教育事业发展很快。在独立不到5年的时间里，小学的数量已由独立前的2401所增加到4161所，中学由原来的177所增加到1129所。独立之初，广大的农村地区没有一所中学，1986年时农村地区已有中学54所，小学升中学的学生比例也由原来的不足18%增长至83%，在非洲国家中名列前茅。1990年时，小学和中学在校生分别约为227万人和95万人，占到当时5～19岁人口的近85%。1994年，津巴布韦政府又通过立法，规定初等义务教育的年限为9年，包括7年小学和2年初中教育。全体适龄青少年有责任和义务接受政府提供的受教育的机会。

根据津巴布韦官方统计，截至2005年底，津巴布韦小学已达到4800所，男女生入学人数分别为1255990人和1237270人。中学已由独立时的不足200所发展到1600所[①]。近年来，由于国内经济困难，中小学生的辍学率不断增加。根据世界银行的最新统计数字，小学的入学率已由2001年的80%下降至2005年的65%，师生的比例为1∶39[②]。同时，2005年适龄中学生的入学比例为36%[③]。为了减少辍学特别是中小学生的辍学现象，津巴布韦政府从2001年开始实施一项"基础教育扶助计划（BEAM）"。该计划由公共服务、劳动与社会福利部负责实施，教育、体育与文化部同时参与，通过各地方政府贯彻落实，旨在向社会弱势群体提供基本教育保证。孤残儿童或家庭生活困难的儿童由政府提供帮助，对相关费用，如学杂费、考试费用等实行减免，以减少他们因生活困难而辍学的可能。该计划实施5年里受惠的在校学生已达到约400万人。但是由于近两年来国家经济

---

① 津巴布韦官方网站：http：//www. zimfa. gov. zw。
② EIU, *Country Profile Zimbabwe*, 2007, p. 20.
③ EIU, *Country Profile Zimbabwe*, 2007, p. 20.

状况未见好转，人民生活每况愈下，中小学生辍学的比例仍在不断提高。

津巴布韦大学由 1990 年时仅有 1 所大学发展到今天拥有 8 所综合性大学和 3 所高等学院，在校学生人数由 1980 年独立时的 9000 多人发展到 2000 年的 3.3 万多人[①]。其中仅津巴布韦大学学生就超过 1 万人。此外，全国还有 12 所师范院校和 10 多所技术学校，另外还建有 25 个职业培训中心。但是，完成中等教育后能够接受高等教育继续学习的学生人数比例在 2005 年时只有约 4%[②]。

在发展学校正规教育的同时，津巴布韦政府还重视发展成人教育，为那些失去受教育机会的人们提供平等的受教育的机会，培养他们基本的文字、计算及实用的读写能力。独立后津巴布韦政府即开始实施扫盲计划，成效显著。据有关统计，1962 年时，津巴布韦成人识字率仅有 39%，到 2005 年津巴布韦成人的识字率高达约 92%，其中男性约占 95%，女性约占 89%，成为非洲国家成人识字率最高的国家之一，在世界各国中也名列前茅。那些已完成基础扫盲课程的成年人还可以继续学习其他成人教育课程。此类课程相当于小学七年级课程，并包括职业技术方面的教育。

虽然津巴布韦政府对教育事业的发展给予了充分重视，促进了教育的全面发展，取得了令人瞩目的成绩，但长期对教育投入过大，非国力所能支撑。特别是近年来，由于国家经济整体下滑，政府财政拮据，人民生活水平下降，教师待遇偏低，毕业生就业困难等原因，致使教育部门的发展面临困境。中小学生辍学现象不断增多；由于经费困难，教学设施、设备严重

---

① EIU, *Country Profile Zimbabwe*, 2007, p. 21.
② EIU, *Country Profile Zimbabwe*, 2007, p. 20.

缺乏；由于工资待遇不高，许多优秀教师放弃在津巴布韦的教育事业转而到周边国家或欧美国家就职；许多大学毕业生、研究生、博士生毕业后也会选择到其他国家发展，寻求就业机会，据有关材料显示，目前研究生和博士毕业生的70%以上都是选择出国就业或继续深造，多数大学毕业生也会寻求到国外继续求学的机会。综上所述，津巴布韦正在面临教育和人才资源的严重流失。

第二节　卫生

津巴布韦医疗卫生状况独立后有了较大改变，由主要服务于少数白人转而面向广大黑人，使每一个津巴布韦人都能够享受到政府所提供的医疗服务，广大黑人的健康状况和所能享受到的医疗卫生条件有了很大的改观。男女平均寿命在1987年曾分别达到57.9岁和61.4岁。但20世纪90年代后，随着艾滋病的泛滥以及政府对医疗卫生事业投入的不足，医疗卫生事业每况愈下，其发展和人民健康状况均面临挑战。

一　发展概况

19世纪90年代欧洲移民到来之前，由于缺乏现代医疗知识和药品，当地居民一旦染病都是通过一些传统的方法来治疗，或请来"土医"（亦称"非医"）[1]使用一些当地草药治病，或请来巫医帮助驱除病魔，这些治病的方法都与传统和宗教信仰密不可分，由于缺少科学手段，大病的治愈率很低。虽然19世纪60年代欧洲基督教传教士带来了西方

---

[1] "土医"指用传统非洲草药治病的当地民间大夫。——著者

的一些较科学的医疗手段，但那时很难在当地推广。当地人仍是沿用传统的非洲草药治病或采用富有宗教色彩的方式治疗疾病。

　　1890 年英国南非公司在津巴布韦实行殖民统治后，于 1897 年成立了专门的医疗卫生机构，1923 年正式更名为"公共卫生局"。因为殖民当局唯恐当地非洲人的疾病会殃及白人，而且他们也需要在所把持的矿山和农场中保持一支健康的非洲劳力大军。殖民当局为此建立起一些专门为当地黑人看病的发热诊所和矿山医院。这些医院或诊所最早出现在 1909 年，但也只是存在了几年的时间。1927 年殖民政府采取资助大多设在农村地区的教会医院或诊所的措施，鼓励这些医疗机构为当地黑人服务。截止到 1945 年，逐渐形成了以一所医院为中心、以多个诊所为外围的、可以为当地黑人提供服务的医疗机构。这些医疗机构中还包括由白人农场主为农场雇工开办的一些小型诊所。

　　独立前津巴布韦的医疗卫生体系主要以保障白人健康为主，广大黑人所能享受到的最基本的医疗服务也是为了能向白人提供源源不断的下层劳动力，因此，殖民统治者用于医疗卫生的财政预算的绝大部分流向了城镇中专门为白人服务的医疗机构。那里具备先进的医疗设备，并集中了优秀的医务人员。白人被纳入社会医疗保险体系，而广大黑人则被排斥在这个体系之外。1976 年，当地黑人平均 1261 人占有一张医院床位，而白人则为平均 255 人一张床位。平均约每 830 个白人就会有一名医生，而相对一名医生对黑人的比例则高达 8235 人。白人所享有的良好的医疗条件使其多项健康指标达到或超过了当时一些工业发达国家的水平。根据统计数字，1977 年时白人的自然死亡率为 8.2‰（当时英国为 11.2‰），婴幼儿死亡率为 17‰（当时英国为 16‰）。相比之下，当地黑人的婴幼儿死亡率高达 122‰，而在一些医疗条件更差的边远地区这一比例则高达 300‰①。1980 年独立时，全国仅有 4 家大的综合性正规医院，首都哈拉雷两家，布拉瓦约两家，其中两家只接待白人患者②，另外两家也由于高昂的医疗费用而使绝大多数黑人患者望而却步，迫使他们不得不到一些农村地区的诊所去看病。

1980 年独立后，津巴布韦政府重视发展广大农村地区的医疗卫生事业，新建农村医疗中心并提升了农村地区医疗诊所的技术和设备水平，以满足农村广大人口的需求。在新建的农村医疗中心的医生实行巡回医疗制度，以解决当地就医难的问题。同时在城市中彻底取消了具有种族隔离色彩的医疗体制，城市中的各大医院均取消了对黑人患者的限制与歧视。津巴布韦政府还通过制定相关法律对低收入人群采取免费医疗的政策，规定月收入低于 150 津元（20 世纪 90 年代提高到 400 津元，后规定收入低于最低工资线）的居民（包括其家属）可以享受政府提供的免费医疗保障。此外，津巴布韦政府还采取多项措施努力改变广大黑人的卫生与健康条件，例如实行婴幼儿防疫疫苗的普种、改善农村地区生活用水及卫生条件、推行农村自助医疗保障计划和儿童营养监督计划等。其中值得一提的是旨在降低津巴布韦人口出生率的计划生育（家庭人口计划）政策。该计划于 1983 年开始实施，具体措施是先由政府部门培训骨干，再由他们回到农村宣讲家庭人口计划的重要性以及介绍计划生育的办法和措施。该计划并不是限制人口的出生，而是重点强调人口出生的间隔。该计划的实施取得了明显成效，使约38% 的津巴布韦育龄妇女采取了节育措施。这一比例是当时撒哈拉以南非洲国家育龄妇女平均值的 4 倍。该计划使津巴布韦

① 津巴布韦官方网站：http://www.zimfa.gov.zw。
② 津巴布韦官方网站：http://www.zimfa.gov.zw。

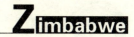

育龄妇女的生育率由 1970 年的 53‰下降为 1990 年的 41‰、1995 年的 39‰。该计划的成功同时受到国际卫生组织和机构的赞扬。但尽管如此，当时津巴布韦人口出生率仍处于较高水平。

独立后的津巴布韦政府鼓励继承和发展"土医"传统医术，并通过立法形式于 1981 年成立了"津巴布韦传统医术协会"，大力提倡利用非洲传统草药和医术与现代医疗技术相结合诊治疾病。但长期以来当地"土医"并未见有大的发展。然而，津巴布韦独立后健康事业的发展得到了国际社会的普遍认可。

二　医疗卫生现状

独立后津巴布韦医疗卫生保障体系的改革与进步使占人口绝大多数的当地黑人的医疗卫生状况得到了根本的改善。但是，长期以来医疗卫生服务侧重于城市的总体格局没有太大的变化，这也就造成了医疗卫生事业发展的不均衡。广大农村地区医疗卫生机构网点仍显不足，医疗卫生保障体系也仍是以城镇居民为主。

20 世纪 90 年代初，津巴布韦人口健康所面临的最大问题是营养不良和因此而导致的疾病。据当时津巴布韦卫生部门估算，每年约有 3.6 万人因此而死亡，约 50 万人面临营养不良和因此而带来的多种疾病的困扰。20 世纪 90 年代中后期，艾滋病又成为津巴布韦人口健康所面临的最大威胁。1992 年，津巴布韦卫生部门曾估计约有 60%的士兵和 30%～50%的医院的病人是艾滋病携带者。据世界银行统计数字，1994 年津巴布韦人口中约 17.4%为艾滋病感染者，这一数字到 1999 年时上升为 25%。根据 1995 年的中期统计，死亡人口的 90%都与艾滋病有关。同时，这也造成了津巴布韦人均寿命的不断下降，使津巴布韦的人均寿命由 20 世纪 80 年代末的平均 59.6 岁降至 90 年代中期的

53.7 岁，其中男女人均寿命分别为 52.4 岁和 55.1 岁①。

20 世纪 90 年代始，由于经济困难，津巴布韦政府对医疗卫生部门的投入逐渐减少，致使许多医疗卫生机构因缺少经费不能增加新的设备，医院的现有设备也因缺少资金不能进行维护，造成很多机器设备由于缺少零部件而不得不搁置起来。由于预算经费短缺，医院的药品采购也成为问题。此外，长期以来医务人员的工资待遇没能随着物价和通胀的变化而提高，致使人员流失现象愈来愈严重，医疗服务机构的医务人员出现严重不足。许多医生和护士为了获取更高的待遇和更好的工作条件，开始寻求在境外就业的机会。根据世界银行最新统计数字，2000～2005 年津巴布韦平均每 1000 人仅有 0.2 名专业医师，且这一比例仍有下降趋势。另据 2006 年底官方估计数据，约有 70% 的医务专业人员到国外谋职，津巴布韦大学医学院毕业后享有初级职称的医生中的 90% 在毕业后的 4 年中选择了出国。这种严重的人才流失现象，使津巴布韦医疗卫生事业的发展岌岌可危，人民的健康水平不断下降，例如儿童 5 岁前的死亡率已由 1990 年时的 80‰上升为 2000～2005 年的年均 132‰。与此同时，根据世界银行《2007 年世界发展指数》数据，津巴布韦男女人口的平均寿命比 20 世纪 90 年代初时又有了大幅下降，分别为 37 岁和 34 岁，大大低于撒哈拉以南非洲国家男女平均寿命 47 岁和 46 岁的平均水平，成为世界上人均寿命最低的国家之一。

近年来津巴布韦医疗卫生水平和人民健康水平下降的主要原因是由于国家经济形势的恶化造成了政府对医疗的投入严重不足，人民生活水平普遍下降，食品供应短缺以及艾滋病的影响等。其中艾滋病的形势近年来有所改观。由于政府的重视，加大

---

① Steven C. Rubert & R. Kent Rasmussen, *Historical Dictionary of Zimbabwe*, Third Edition, The Scarecrow Press, London, 2001, p. 112.

了对艾滋病防治的宣传力度，人们对艾滋病的认识不断加深，自我保护意识有所加强，使人群中艾滋病感染者的数量有所降低。据联合国的一项调查，津巴布韦艾滋病感染率已由 2002 年的26% 下降到 2004 年的 21%。另据津巴布韦政府卫生部门 2006 年年底的一项调查显示，在 30～40 岁这一艾滋病高发人群中，艾滋病感染率已由 2004 年的 20.1% 下降为 18.1%。目前，津巴布韦艾滋病感染者在城乡地区的分布已没有明显差异。津巴布韦目前仍是世界上艾滋病感染率较高的国家之一。有关资料显示，2005 年津巴布韦 15 岁以上的艾滋病感染者人数约为 160 万人，其中女性感染者人数超过 90 万人。

最近两年，由于津巴布韦国内经济形势的急剧衰退，造成包括医疗卫生部门的全面萎缩，公共卫生条件急剧恶化。有消息说，截止到 2008 年底，津巴布韦 4 家正规医院的 3 家已经关闭，剩下的一家也只是在勉强维持，另外关闭的还有津巴布韦医学院。那些尚在支撑的医院，也是缺医少药举步维艰。城市饮用水、卫生设备以及垃圾和污水处理等设施也由于管理不善，损坏严重，广大津巴布韦人民的健康正在遭受前所未有的严峻考验。2008 年 8 月，由于城市水源遭到污染，津巴布韦暴发了大规模霍乱，疫情由城市地区迅速扩展到农村，来势之凶猛，感染率之高，超乎寻常。根据联合国儿童基金会（UNICEF）统计估算，截至 2009 年 1 月底，津巴布韦患病人数已逾 6 万人，死亡人数超过 4000 人，高发地区人群感染率高达 2.5%～18%。津巴布韦政府就此宣布国家进入"紧急状态"，并请求国际社会的援助。目前津巴布韦的霍乱疫情已蔓延到周边邻国，首先波及南非，然后逐渐蔓延至赞比亚、莫桑比克、民主刚果、马拉维等南部非洲国家。据说东部非洲的肯尼亚、索马里、坦桑尼亚等国也受到影响，因霍乱死亡的患者已有数十人。一些联合国组织、非盟、欧盟、国际红十字会以及一些国家正在陆续向津巴布韦提供现汇、药品或其他物资援助，以帮助津巴布韦早日渡过难关。

津巴布韦

第三节　文化与体育

历史上，津巴布韦人民曾经创造过灿烂的文化，为人类社会的进步特别是非洲文明的发展作出过重要贡献。但是，由于在 16 世纪前缺少文字记载，当地非洲人千百年来所积淀的文化与文明几乎丧失殆尽。代代相传的口头传说几乎成了后人了解先辈，传承历史、文化和一些特殊文学形式的唯一方式。20 世纪以来，历史学家和考古学家们通过对当地的研究和考古发掘，向人们展示出一幅非洲文明的绚丽画卷。辉煌的"绍纳文明"遗迹、与南部非洲国家同渊的"岩画"艺术等反映出津巴布韦原始文化发展的轨迹。前面的相关章节中对此作过简要叙述。这里仅就本土现代文学艺术的发展概况作一介绍。同时，对于具有现代意义上的津巴布韦体育事业的发展也作一简介。

一　文学简况

20世纪之前，津巴布韦尚没有以文字形式出现的文学作品，但当时以口头传说形式出现的文学作品已经很丰富，包括历史、神化与寓言故事、民间故事、谚语、诗歌等。这些口头流传下来的许多作品日后都被翻译整理并发表于殖民统治时期出版的《土著事务局年鉴》①，使许多珍贵资料得以用文字的形式保留了下来。

---

① 《土著事务部年鉴》（*Native Affairs Department Annual，Nada*）是一份 1923～1980 年间由官方出版的定期年刊。该期刊为一些非洲地方官员，以及有志于从事非洲研究的民间学者提供了一个学术论坛。期刊上发表的文章多集中在根据多种口头传说翻译、加工整理出来的涉及历史、神话传说、民间故事、当地风情习俗等方面的文章，在口头传说得以转化成文字加以保留方面，该期刊曾起到重要作用。1964 年，该期刊正式更名为《内政部年鉴》（*The Ministry of Internal Affairs Annual*），但原期刊缩写 Nada 习惯上一直被人们沿用。——著者

津巴布韦最主要的两大民族绍纳族和恩德贝莱族都有着绚丽多彩的传统文化，其中最有代表性的口头流传文学包括语言非常简练的民间谚语、不同场合咏诵的韵文，例如颂词或挽歌，以及表达敬仰、怀念或爱慕之情的诗句和如同散文一般的民间故事等。此外，人们在劳动时还创造了劳动歌曲，以使劳动或家务变得更加轻松快乐。所有这些作为传统文化，通过口头流传的形式代代相传，并不断丰富，对津巴布韦不同形式的现代文学的发展奠定了基础，同时对津巴布韦现代文学形式的发展产生了重要影响。

上述以口头形式流传下来的历史以及各种各样的传统文学形式是人们在日常生活中经过长期积累所形成的。由于缺少文字记载，只能靠口口相传的方式流存，这是当时许多非洲国家的基本情况。随着欧洲传教士的进入，特别是学校的出现，部分当地黑人的读写水平开始有所提高，促使传统口头文学形式渐渐地有了新的载体。但是以当地民族文字写出的作品一直到 20 世纪中期之后才渐渐多了起来。1954 年，当时的殖民地政府成立了"罗得西亚文学局"（Rhodesia Literature Bureau），该机构的主要工作是负责开发和推广当地民族语言的写作，鼓励当时的出版社出版非洲人能够看得懂的、以当地语言写作的出版物。该机构利用多种方式，如资助文学竞赛、组织作家研讨会等形式，使用当地民族语言写作的一些作品得以问世。但这些作品得以出版的必要条件是要赞同和接受少数白人统治的理念，至少是该作品不能对白人统治形成某种威胁或挑战。在"罗得西亚文学局"的资助下，1956 年后，先后有两部用当地非洲语言写作的文学作品出版，一部是绍纳语作品，另一部是恩德贝莱语作品①。这两部历

---

① Oyekan Owomoyela, *Culture and Customs of Zimbabwe*, Greenwood Press, USA 2002, p. 48; Steven C. Rubert & R. Kent Rasmussen, *Historical Dictionary of Zimbabwe*, Third Edition, The Scarecrow Press, London, 2001, p. 211.

史题材小说开创了津巴布韦历史上以非洲当地语言写作出版的先河。

出版的第一部绍纳语作品是一部名为《法索》（*Feso*）的短篇小说，该小说是以故事主人公的名字命名的。故事讲述的是殖民者入侵津巴布韦之前绍纳人传统社会的生活状况。该作品以历史浪漫主义色彩呈现了一位绍纳族英雄的传奇故事。该部作品充分表现出绍纳族泽祖鲁人传统口头文学的特点，包括他们口口相传下来的歌颂和讲故事的技巧。这部作品拥有着越来越多的读者，甚至被当作学校的教材使用。后来，一些非洲民族主义者将此书寓意于讽刺殖民统治对津巴布韦所造成的破坏，使该书的政治性有所增强。但也因此在 1968 年遭到殖民地政府的封杀。该书曾于 1974 年被译成英文在美国华盛顿出版。

该书作者索罗莫·曼戈韦罗·穆兹维洛（Solomon Mangwiro Mutswairo）是津巴布韦著名小说家和诗人。1924 年 4 月 26 日出生于津巴布韦的一个基督教传教士家庭。他于 1953 年在南非完成大学学业后返回津巴布韦就职于当地教会学校，1960 年赴美国明尼苏达大学深造，此后于 1978 年在美国首都华盛顿霍华德大学（Howard University）获非洲文学博士学位。他于 1981 年返回津巴布韦，曾任教于津巴布韦大学，教授绍纳传统文学课程。他在 20 世纪 90 年代末曾任津巴布韦国家艺术委员会主席，是津巴布韦国歌的词作者。《法索》是作者用绍纳语写作出版的第一部小说。此后，他还用绍纳语和英语发表了多部作品，包括诗歌、散文和小说。其中 20 世纪 70 年代末以后出版的影响较大的两部小说，都是描写 19 世纪绍纳族英雄抗击欧洲殖民主义者入侵故事的英文小说。作者的绝大多数作品，无论是诗歌、散文还是小说都具有着浓厚的政治历史色彩。

另一位用绍纳语写作的是当地著名作家帕垂克·查派帕（Patrick Chapaipa），他于 1932 年 6 月 20 日出生在一个名叫蒙德罗（Mondoro）的土著人保留地。他在大学期间开始其写作生涯，作品描写大多以作者出生地为主要背景。他的前两部小说《卡里科卡与十支利箭》和《血矛》① 分别发表于 1958 年和 1961 年，这两部小说是以口头流传下来的绍纳人的传统故事为基础展开的。他后来（1961～1967 年）发表的以《爱的迷茫》（1961 年）② 为代表的 3 部小说，主要以现代社会为背景，试图通过故事的叙述寻找到西方人所推崇的"自由"与传统非洲社会中人们的价值观之间的某种契合。从文学形式上看这些作品正在尝试抹平非洲传统口头文学与现代西方散文间所存在的鸿沟。

除了绍纳语文学作品外，津巴布韦还有许多文学作品以英文出版。最早用英文写作的作者中就有后来成为政治家、非洲民族主义者和政治活动领袖人物的希托莱（N. Sithole）和萨姆坎戈（S. Samkange）。他们作品中的政治色彩更加浓厚，故事中人物的命运与国家的命运紧密相连。其中 1966 年萨姆坎戈发表的作品《为祖国受审》（*On Trial for My Country*）是第一部公开带有强烈政治色彩的著作，讲述了早期殖民主义者罗德斯利用欺骗手段抢占国土的史实。另一位早期作家查尔斯·蒙古什（Charles Mungoshi）在 1972 年出版了英文短篇小说集《旱季来临》（*Coming of the Dry Season*）。虽然这部书并没有直接对白人政权提出批评，但殖民当局以其中一篇名为《事故》（*The Accident*）的作品具有颠覆政府倾向为由，于 1974 年对该书颁布禁令。蒙古什以英文和绍纳文写作见长，题材大多是以津巴布韦口头流传下来的传统故事为背景，其小说和诗歌，包括一些儿童文学作品在黑人和白人中都有很多读者。此后又相继出现一些以英文写作

---

① 绍纳语小说 *Karikoga Gumiremiseve*，英译文 *Karikoga and the Ten Arrows*；另一部绍纳语小说 *Pfumo Reropa*，英译文 *The Spear of Blood*。

② 绍纳语小说 *Rudo Ibofu*，英译文 *Love is Blind*，参见 Oyekan Owomoyela, *Culture and Customs of Zimbabwe*, Greenwood Press, USA, 2002, p. 48。

为主的作家，他们的作品与其他非洲国家本土文学作品有着共同的特点，都反映了殖民统治下当地人民政治和社会生活的方方面面，以及不断增长的工业社会对传统社会生活的冲击。

20世纪70年代后期，津巴布韦许多文学作品开始以国内反对殖民压迫和统治，争取民族独立和解放为主要描写对象，其中较有代表性的包括威尔逊·卡迪尤（Wilson Katiyo）先后发表于1976年和1979年的两部小说《大地之子》（*A Son of the Soil*）和《走向天堂》（*Going to Heaven*）。这两部书中所表现出的当地人民的觉醒和对殖民主义者的反抗与斗争，对反对殖民统治争取国家独立起到积极的宣传和鼓动作用。1978年，穆兹维洛出版了一部历史题材的小说《津巴布韦战士——马蓬德拉》（*Mapondera：Soldier of Zimbabwe*），该书描写了历史上津巴布韦人民抗击侵略者的英勇事迹，对当时风起云涌的抗击殖民主义者的武装斗争作出了历史的诠释。

1980年独立后，文学题材更加广泛，除了一些仍以民族独立和解放斗争为题材外，国家独立后社会生活的变化给当地人所带来的一些新的困惑、问题以及有关土地问题、妇女问题等也都引起了人们的关注，并提供了素材同时也催生了一批新的作者。这一时期的作家包括奇诺蒂亚（Shimmer Chinodya）、胡弗（Chenjerai Hove）、丹格拉姆巴戈（Tsitsi Dangarembga）、韦拉（Yvonne Vera）等。津巴布韦独立后出版的第一部小说是奇诺蒂亚发表于1982年的《朝露》[①]（*Dew in the morning*），该小说通过对一对夫妇家庭的描写展现出千百万劳动者的现实生活及传统生活方式的变迁。此后，产生过较大影响的文学作品还有胡弗发表于1988年的《骨气》（*Bones*）和发表于1991年的《影子》

---

① Oyekan Owomoyela, *Culture and Customs of Zimbabwe*, Greenwood Press, USA, 2002, p. 50.

（*Shadows*）。这两部作品分别讲述了殖民地时期津巴布韦人民对待生活和殖民主义者抢夺土地后的不同态度，以及独立后殖民统治时期所遗留下来的国内民族矛盾与冲突。从文学形式上看，这两部作品采用了叙事诗的形式，语言流畅富有节奏和韵律感，并使用了谚语等在口头流传文学中常出现的形式。

值得一提的是，津巴布韦独立后新一代女作家韦拉曾在1997年以她的作品《嚼舌》（*Under the Tongue*）获得了英联邦国家非洲地区作家奖。她的其他多部作品也受到好评。她还在1999年编辑出版了《开放空间：当代非洲女作家作品选集》（*Opening Spaces：An Anthology of Contemporary African Women's Writing*）一书。2000年她出版的小说《燃烧的蝴蝶》（*Butterfly Burning*）以其娴熟的驾驭英语语言文学的能力赢得了世人的关注。该部作品所描写的内容也已从作家们普遍关注的殖民统治时期遗留下来的政治问题，开始转向人权、男女平等和人际关系等现实的社会问题上来。20世纪90年代后一些值得关注的文学作品还有韦拉的《没有姓名》（*Without a Name*，1994年）、恩泽扎—山德（Sekai Nzenza-Shand）的《非洲落日之歌》（*Songs to an African Sunset*，1997年）、齐帕姆奥戈（Edmund O. Z. Chipamaunge）的《自由的枷锁》（*Chains of Freedom*，1998年）、奇诺蒂亚的《我们能否讲话与其他故事》（*Can We Talk, and Other Stories*，1998年）等。此外，一些非洲作家的人物自传也受到关注，例如乔舒亚·恩科莫的自传《我的一生》（*The Story of My Life*）出版后曾引起舆论界的广泛争论。

作为现代津巴布韦文学的另外一种形式——诗歌的发展较为晚些，它大致出现在20世纪70年代后期，此前的作品很少。随着民族独立和民族解放运动的发展，涌现出一批诗人作家，其中包括塞亚塞亚（Hopewell Seyaseya）、齐米德扎（Albert Chimedza）、胡弗、穆荣达（F. E. Muronda）等。他们用诗歌的

形式为遭受殖民统治歧视和压迫的人民呐喊，为憧憬民族独立的未来而讴歌。津巴布韦独立后，诗歌总体上不如小说发展得快。诗人作家中值得关注的是同为小说家的胡弗。其成名的诗篇代表作是《家园的红色山丘》（*Red Hills of Home*），发表于津巴布韦独立后的 1985 年，表达了殖民统治时期那种悲痛和苦难的心情。他的另一部发表于 1998 年的长篇诗作《尘埃中的彩虹》（*Rainbows in the Dust*），则表露出对现实的某种不满情绪。

津巴布韦戏剧艺术发展得更晚些，直到独立之后才有了真正的戏剧。斯蒂芬·齐凡伊斯（Stephen Chifunyise）是津巴布韦最有名的剧作家之一。他在 20 世纪 60 年代后期在赞比亚开始了他的文学创作生涯，主要是为剧院、广播电台和电视台撰写剧本。1984 年他出版了一部剧作选集《爱情良药等剧本选集》（*Medicine for Love and Other Plays*）。该选集以独特的视角更多地关注国内的社会问题。

电影业在津巴布韦的发展可以追溯至第二次世界大战初英国殖民地时期。电影作品的生产与发行完全是以当时的殖民政府或宗主国英国为主导，利用电影宣传的手段极力美化和推崇殖民统治，是以维护少数白人利益为目的的。在稍后的南罗得西亚白人统治时期的电影作品，则更多地反映了殖民统治者与非洲自由战士的斗争。这一时期的大部分电影作品，充斥着对津巴布韦那些为争取民族独立而战的战士们的诬蔑和丑化，并充满了血腥和残暴，将他们和他们的支持者描写成邪恶之徒，将殖民统治者对民族解放运动的镇压宣扬为所谓的"正义"。

独立后电影业的发展逐渐摆脱了以白人殖民主义者的意识形态为主导的局面。津巴布韦政府最初曾试图按照好莱坞的模式发展商业电影，并与西方影视公司成立了电影合拍公司，在 1987 年准备出品一部名为《自由的哭泣》（*Cry Freedom*）的电影，但最终并未成功。随后，津巴布韦政府依靠信息产业部提供的支持，开始策划制作一些有关教育和社会问题的资料短片，但由于资金有限，此类电影作品的发展较缓慢，所产生的影响也很小。与此同时，有来自国外资助的一些独立制片人却发展很快，并相继出品了一些反映当时社会问题且较有影响的故事片。

津巴布韦第一部从资金到拍摄完全国产化的电影出品于1990 年，名为《吉特》（*Jit*），该影片讲述了津巴布韦著名音乐家的故事。此部电影的成功成为津巴布韦电影发展史上的里程碑。此后，一些更多关注严肃社会问题的故事片不断涌现，例如反映津巴布韦妇女不公平待遇的《尼瑞亚》（*Neria*，1992 年出品）和《弗拉米》（*Flame*，1996 年出品）、反映艾滋病及其对社会和人际关系影响的影片《每个人的孩子》（*Everyone's Child*，1997 年出品）和《更多时光》（*More Time*，1993 年出品）以及反映津巴布韦工会生活的影片《不停敲打》（*Keep on Knocking*，1996 年出品）等。上述影片中，由欧盟资助拍摄的《弗拉米》曾于 1996 年在南非电影节上获得"非统组织奖"。此外，影片《每个人的孩子》由著名女作家丹格拉姆巴戈（Tsitsi Dangarembga）担任导演，也使其成为津巴布韦电影史上第一位女性电影出品人。

二　音乐与舞蹈

音乐与舞蹈在津巴布韦就如同在其他非洲国家一样，已经成为人们日常生活的重要组成部分，成为各种场合人们所要表现的重要内容。无论是做工或者是其他场合，如在农场劳动、放牧、打谷磨面或走在路上，歌声及传统乐器的演奏总是伴随着他们，使人感到一种身心的放松和愉悦。传统上，每逢一些群众集会活动，像酋长的就职典礼、祭拜祖先、婚丧嫁娶以及庆祝婴儿诞生、开始农业收获之时，音乐和舞蹈则更是不能缺少，此时，人们会自发的组织起来共同载歌载舞。这种传统一直

沿袭至今。

　　但总的来说，津巴布韦音乐的发展大致经历了三个阶段：殖民主义者到来之前，津巴布韦音乐保持着最传统的原生形态。殖民统治时期，津巴布韦最原始的音乐受到学校或教会中欧洲文化的影响，教堂的圣歌和西方式的合唱队形式逐渐影响了原有的复调多音的原始音乐，而多运用的是四部音调的混合①。在反对殖民统治的民族独立和解放战争期间，传统民间音乐又有了变化，特别是一些音乐作品增添了新的内容，多以激励反对殖民主义者的游击战士的士气为主，出现了许多抒情的革命歌曲，其音律和曲调一改以往以西方教会音乐为主的状况，同时津巴布韦历史上反对殖民统治以及一些传统的狩猎时的歌曲被再度吟唱，并被赋予了现实生活中反对白人统治的新内容。

　　由于历史上津巴布韦是由多个不同族群相聚而成，各自带来了不同的音乐传统和乐器，历经多年的相互融合，逐渐形成了具有鲜明非洲大陆特点的音乐和舞蹈，但又不失津巴布韦的特色。特别是在乐器方面，到了20世纪上半叶津巴布韦主要的民间演奏乐器都已经有了基本固定的尺寸和特征。

　　津巴布韦最著名且最具代表性的民间乐器要算是一种在这里被叫做"姆比拉"（Mbira）的拨奏体鸣乐器。这是一种流行于南美洲和非洲东南部及中部地区的民间乐器，是非洲黑人的代表性乐器之一。它在南美及非洲各地区有不同的称谓，但民间音乐界中的学名称之为"散扎"（Sanza）。许多欧洲人则称其为"薄片琴"或"拇指钢琴"。这种乐器的使用在津巴布韦比在其他非洲国家的使用更为广泛，长期以来一直是津巴布韦绍纳人最主要的传统乐器之一。20世纪30年代时，"姆比拉"的应用曾一度

---

①　Oyekan Owomoyela, *Culture and Customs of Zimbabwe*, Greenwood Press, USA, 2002, p. 143.

陷入低谷，曾有人预言这种乐器不久将会失传。但 20 世纪 60 ~ 70 年代，"姆比拉"再次得到复兴，并随之出现了众多的"姆比拉"演奏家，而且出现了不同风格的演奏流派。津巴布韦大致上有两种"姆比拉"，一种是一块长方形木板，另一种是一扁平长方形、底部略大的木匣，木板或木匣上排列着一排或两排细薄长条金属片（亦称簧舌），数目 8 ~ 40 片不等，金属薄片的一端固定在木板或木匣上面，在金属片的下面不同位置放置类似弦马的支架，利用移动支架的上下位置可以达到调节音色的目的，演奏时用两手拇指拨弹金属薄片发音，有的还在琴匣中放入一些砂石或金属片，演奏时边拨弹边摇动，可以发出沙沙声响，有时人们还在"姆比拉"的外面罩上半个大葫芦，以加强乐器发声时产生的共鸣。该乐器音色柔和，音量不大，常用来伴唱，也可独奏或合奏。如今，在津巴布韦"姆比拉"既可以为通俗流行歌曲配乐，也可以为现代摇滚歌曲配乐。

津巴布韦另外一种常见的民间乐器是在音乐与舞蹈中常同"姆比拉"一起演奏的较为著名的打击乐器"鼓"。这也是非洲国家音乐舞蹈中必不可少的乐器。鼓的使用和演奏几乎在所有非洲国家中的表现形式都一样。鼓的大小尺寸各异，制作的方式也不尽相同，通常是用木料或铁皮做成上大下小的圆柱，再裹以不同的面料，再用动物毛皮将上端封口。鼓的直径尺寸小到只有十几厘米，大的达到 1 米以上。由于鼓的大小不同，制作的材质和工艺也不同，因此人们以双手或木棍击打鼓面，可以得到不同的音色。

在音乐舞蹈中所使用的乐器还有其他几种不同形状、不同质地的木琴以及配乐用的沙球、铁铃等。另外值得一提的是，目前津巴布韦的音乐舞蹈中越来越少有性别的限制，例如传统的"求雨"舞蹈中，原来只有女性参加，但如今已有很多男性参与其中，特别是如果只是为了娱乐，则参与舞蹈的男性更多。原来

演奏"姆比拉"和击鼓的鼓手传统上都是男性，但如今这些演奏都有了女性的参与。这些都对津巴布韦传统文化艺术的发展具有十分重要的意义。

津巴布韦的传统舞蹈大致分为十几种，其中最为广泛流行的是"姆比拉舞"。这是一种在姆比拉乐器伴奏下的舞蹈。据说这种舞蹈最早是从马绍纳兰北部和西部的科雷科雷人那里逐渐传到津巴布韦中部地区的。其他的舞蹈最初都富有很浓的宗教色彩，都是为了某些宗教仪式或庆典的需要，但后来人们又更多地给予了其娱乐的功能。

三　新闻媒体

津巴布韦的新闻媒体包括广电媒体、平面媒体以及网络媒体等，它们的工作就是提供新闻服务。广播电视主要由政府所属的津巴布韦广播公司（ZBC）为主导，包括 4 个广播频道和两个电视频道；政府所属的平面媒体主要有津巴布韦报业公司①。网络媒体主要经营部门是津巴布韦电讯部门，提供互联网服务。

津巴布韦无线电广播最早出现于 1933 年，是由业余的无线电爱好者所创办，当时基本上是转播英国广播公司（BBC）的节目。1941 年，当时的殖民政府在首都索尔兹伯里（现哈拉雷）建立基站并雇用专业人员管理。20 世纪 50 年代当时的联邦政府对此进行接管，并于 1958 年正式成立了联邦广播公司（FBC）。联邦政府解体后，该公司于 1963 年更名为南罗得西亚广播公司（SRBC），后来再次更名为罗得西亚广播公司（RBC），独立后改称津巴布韦广播公司。该公司为一家国有广播公司，津巴布韦国

---

① Oyekan Owomoyela, *Culture and Customs of Zimbabwe*, Greenwood Press, USA, 2002, p. 57.

内的广播电视节目均由该公司负责。该公司分为广播和电视两部分。目前该公司无线电广播可提供 4 个波段的播音服务，包括短波和调频立体声，其中一台主要是针对成年人的英语播音节目；二台是针对当地非洲人的节目，使用绍纳语和恩德贝莱语播音；三台是调频立体声音乐节目，主要听众为青年人；四台为科教节目广播。

津巴布韦于 20 世纪 60 年代初开始引入电视转播，是南部非洲国家中第一个引入电视转播的国家。当时的南罗得西亚殖民政府购买了一家私人电视台并开始运营。最初电视台的覆盖范围仅限于首都，收视人群也很低，后来逐渐扩大到其他一些大城市。到 20 世纪 70 年代的时候电视频道已经覆盖到全国，但收视人群主要是白人。1984 年津巴布韦民众开始可以观看彩色电视，1986 年开通了第二个电视频道。目前，津巴布韦广播公司所辖电视台有两个频道覆盖到全国，其中一个频道播出的节目包括纪实新闻、新闻访谈、公众信息等，另外还有音乐、体育、戏剧、卡通等娱乐性节目。该频道的收视率已超过全国半数以上人口（52%）。该频道的播出时间是周一至周五早 6:00 至 9:00，下午 3:15 至午夜 12:00；周末早 6:00 至午夜 12:00。1986 年开通的电视台的第 2 频道在 1997 年时由津巴布韦广播公司承租给一家私人电视台。该频道以体育和其他娱乐性节目为主，节目播出覆盖到以首都哈拉雷为中心的半径为 75~90 英里地区。该频道的收视率约达到 37%。津巴布韦电视台播出的电影和球赛等节目大多是由英国广播公司提供，也有与其他友好国家交换来的节目。

津巴布韦报刊的出版发行最早始于 19 世纪 90 年代，即欧洲殖民主义者到来后就有了报刊的出版发行。独立前，报业基本上由南非阿古斯集团（South Africa's Argus Group）的子公司"罗得西亚印刷出版公司"（Rhodesian Printing and Publishing Company）控制。独立后不久，津巴布韦政府在尼日利亚政府提

供的财政支持下，采取收购股权办法接管控制了主要报刊的出版活动，成立了津巴布韦报业集团公司，并就此提出要扭转新闻服务的方向，使其服务于广大人民和国家的总体目标。

目前津巴布韦的主要报刊包括在哈拉雷出版的英文日报《先驱报》（*Herald*），这是一家津巴布韦发行最早的报纸，最初报纸的名称为《马绍纳兰的先驱与赞比西时报》，后称《罗得西亚先驱报》。这是津巴布韦最主要的官方日报，基本上是代表政府的观点。其他国有报刊还有《周日通信》（*The Sundaymail*，周刊），在布拉瓦约出版的英文日报《纪事报》（*Chronicle*）以及英文周刊《周日新闻》（*Sunday News*），每周五在穆塔雷市出版的《马尼卡邮报》（*Manica Post*）等。此外，津巴布韦国内的一些私营报刊有《津巴布韦独立报》（*Zimbabwe Independent*，周刊）、《每日新闻》（*Daily News*，2002 年停刊）、《津巴布韦镜报》（*The Zimmirror*，周刊）、《旗帜报》（*The Standard*，周刊）、《金融公报》（*The Financial Gazette*，周刊）等。

近年来，由于津巴布韦国内政局的变化以及政府对新闻媒体的严格控制，一些私人报纸特别是常常发表对现政府不满报道的报纸被迫停刊，还有一些报刊迫于压力，只能在邻国或一些西方国家建立出版和发行基地。

四　体育

津巴布韦的体育事业在南部非洲国家中是比较发达的，仅次于南非。独立前，广大黑人很少有机会和条件参与正规的体育锻炼和体育项目。独立后，津巴布韦政府宣布从根本上废除种族歧视行为，各民族一律平等，均有权参加各项体育运动和项目，并采取各项措施为黑人创造条件，提高他们的体育运动水平。与此同时，津巴布韦政府对原有的各种体育俱乐部和体育协会的活动给予了积极的鼓励和支持，并不断加强同国外的

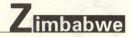

交流，对保持和提高体育运动水平起到良好作用。

津巴布韦体育项目传统上受原殖民地宗主国英国的影响，白人的运动项目比较集中在橄榄球、羽毛球、网球、板球、高尔夫、游泳等体育项目，黑人则更倾向于足球等体育项目。津巴布韦一些体育项目在非洲地区和国际比赛中具有一定的水平，并取得过较好的成绩。

特别值得一提的是，在刚刚独立后不久的1980年第22届莫斯科奥运会上，津巴布韦女子曲棍球队首次代表独立后新生的津巴布韦参加，就战胜了苏联队，捧得了奥运会女子曲棍球冠军杯，为津巴布韦赢得了历史上第一枚奥运金牌。女子曲棍球项目在该届奥运会上被首次列入正式比赛项目，而津巴布韦的夺冠更是轰动了整个体坛，也成为该届奥运会的爆炸性新闻。

此外，在2004年的第28届奥运会上，津巴布韦选手克里斯蒂·考文垂（Kirsty Coventry）分别获得了女子200米仰泳、100米仰泳和200米混合泳的金、银、铜牌，为津巴布韦再次争得了荣誉，并受到了穆加贝总统的亲自表彰。此次奥运会上获得的金牌是津巴布韦运动员自1980年独立以来首次获得的奥运会个人金牌，也是津巴布韦历史上首块游泳奖牌和第一块个人项目金牌。2008年津巴布韦游泳运动员克里斯蒂·考文垂在北京举行的第29届奥运会上再次为津巴布韦争得荣誉。在北京的这次奥运会上，她代表津巴布韦共夺得了4枚奖牌，其中1枚金牌3枚银牌，并两次打破世界和奥运会纪录。她除了在奥运会赛场上的表现极佳外，她还在英联邦国家运动会和全非运动会的多项游泳比赛中获得过总数超过10枚的金牌。

津巴布韦的体育设施也较齐全，几个主要城市都建有体育场馆，可供举办大型体育活动和各项体育比赛。津巴布韦还建有国际标准的赛车场和赛马场等体育运动场所。此外，大城市中均建有高尔夫球场和公共游泳池。这些原来只有白人和极少数黑人上

层可以享有的体育运动，独立后逐步得到普及。在津巴布韦打一场国际标准 18 洞高尔夫球的费用仅有十几美元，因此也吸引了不少外国游客。城市中除了有公共游泳池外，还有不少私人游泳池。据说津巴布韦首都哈拉雷拥有游泳池的数量按人均计算在非洲乃至世界各国城市中均名列前茅。但是近年来，由于国内政治经济形势不断恶化，特别是政府财政困难，使许多原有的体育设施因缺乏资金而不能加以维护和维修，也使体育事业的发展面临困境。

第七章

对外关系

第一节　对外关系概况

一　罗得西亚时期的对外关系

1664 年，即中非联邦解体的次年，出生于当时南罗得西亚的白人伊恩·史密斯（Ian Smith）就任南罗得西亚政府总理。他是南罗得西亚唯一一位土生土长的白人总理，其父早在 19 世纪末便定居于此。史密斯本人为当地的大农牧场主，曾在第二次世界大战中作为英国皇家空军飞行员参战。由于其鲜明的政治主张，坚决反对黑人多数统治而受到白人移民的欢迎，在白人中间具有一定的威信。史密斯上台后不久，首先采取行动取缔非洲民族主义政党。在不到一年的时间里就逮捕了这些政党的领导人近 2000 人。随后开始积极筹划实现由白人移民领导的独立政府，彻底摆脱英国。史密斯政府先后采取更改国名，由南罗得西亚改为罗得西亚；胁迫黑人酋长、头领表态支持；举行白人选民投票表决；向英国政府、当时南非种族主义政府和葡萄牙政府进行外交试探等手段，为白人政权的真正独立作出铺垫。

1965 年 11 月 11 日，史密斯代表罗得西亚单方面宣布独立，脱离英国。史密斯政权单方面宣布独立招致国际社会的反对。首

先是原宗主国英国宣布罗得西亚的独立不合法，不予承认，并开始对其实行经济制裁。这些制裁措施包括中止其在英联邦的地位，冻结罗得西亚储备银行在英国的资产，禁止对罗得西亚进行新的投资和对其商品出口的银行信贷，同时宣布停止进口食糖、烟草等罗得西亚产品，随后禁止从罗得西亚进口的商品名录又增加了铬、铁、铜、石棉等矿产品等。1966年联合国也开始了对罗得西亚实行经济制裁。最初联合国安理会要求其成员国对罗得西亚的独立一是不予承认，二是以自愿为原则采取抵制进口罗得西亚产品和向其出口石油。不久后，国际社会对罗得西亚的经济制裁措施不断升级。联合国允许英国采取海上封锁措施对罗得西亚实行石油禁运，试图以此来卡住罗得西亚经济的命脉，因为罗得西亚是一个石油完全依赖进口的国家，离开了石油，经济发展则难以为继。因此对罗得西亚实施的石油禁运措施被看作是对罗得西亚经济制裁的主要手段之一。但是，由于当时南非的白人种族主义政权，以及在葡萄牙殖民地统治下的莫桑比克和安哥拉对史密斯政权的支持，国际社会对罗得西亚的经济制裁措施收效甚微。此后，联合国又先后采取了多次针对罗得西亚的更加强硬的经济制裁措施，但均没有达到预期的效果。其中主要的原因，一是史密斯政权早在宣布独立之前就开始准备应对国际制裁，在国际制裁环境下，加紧了国内经济政策调整，提高了制造业水平和生产能力，实现产品的多样化，实行进口替代政策，以满足国内需求；二是实施曲线出口政策，利用南非和莫桑比出口罗得西亚产品，使国际进口商既可以从那里得到罗得西亚产品，又在表面上没有违背联合国有关禁止从罗得西亚进口商品的规定。此外，当时一些联合国非成员国也继续保持着与罗得西亚正常的贸易往来，包括当时的瑞士、联邦德国等。还有一些国家，如日本，则是在表面上遵守联合国的有关制裁规定，暗地里却从未间断与罗得西亚的贸易往来。1977年3月前，美国政府依据相关国内法案，对联合国制裁罗得西亚的决议置若罔闻，公开大量从罗得西亚进口大量以铬为主的矿产品。根据统计，1976 年时，美国从罗得西亚进口的金属矿产品已经占到美国该类产品进口总量的约 17%[①]。美国为了自身利益，成为唯一一个公然支持罗得西亚、无视联合国决议的成员国。

虽然罗得西亚史密斯政府单方面宣布独立后，政治上始终处于孤立地位，经济上遭受制裁，但独立后近 10 年间，史密斯白人政权的殖民统治并未受到根本动摇，经济的发展总体上并未受到削弱。直到 20 世纪 70 年代中期，国际和国内形势均发生了变化，葡属安哥拉和莫桑比克获得独立，使史密斯政权只能依赖南非白人种族主义政府，而此时的南非也正面临国际社会的多方制裁，自身难保。国内民族解放武装斗争风起云涌，镇压民族解放运动的军费开支不断加大。此外，国际经济贸易环境尤其是国际石油危机所造成的油价高涨等原因，使当时罗得西亚的国内生产总值一路下跌。史密斯政府不得不开始慎重考虑进一步改善国内、国际关系和环境，以走出困境。史密斯政权从最初口是心非的承诺，直到最后不得不在国际社会的压力和调停下与民族解放运动的代表真正坐下来进行谈判，并最终不得不放弃白人的统治。罗得西亚最终成为黑人多数统治的国家。

二　津巴布韦的对外关系

津巴布韦独立后不久，时任政府总理的穆加贝于 1980 年 8 月 26 日在联合国大会上发表讲话，明确阐述了对外关系中的基本原则，其中包括独立自主的外交政策，维护国家主权和政治经济独立，并在此基础上与不同社会制度的国家建

---

① Steven C. Rubert, R. Kent Rasmussen, *Historical Dictionary of Zimbabwee*, Third Edition, The Scarecrow Press, 2001, Lanham, Maryland, and London, p. 42.

立外交关系；欢迎来自社会主义国家的援助，建设"社会主义的、平等的和民主的津巴布韦"；致力于反对国内外种族主义，与其他非洲国家一道努力摆脱对南非的依赖；主张不同社会制度国家间的和平共处，大小国家一律平等等。此后近20年的外交实践表明，津巴布韦政府长期奉行积极的不结盟政策，反对帝国主义、殖民主义、种族主义和任何形式的强权政治，推行睦邻友好方针，努力稳定周边环境，以发展同非洲国家特别是南部非洲国家关系为外交重点，致力于非洲的团结与发展，特别是南部非洲国家的地区合作，使独立后津巴布韦的国际地位不断提升，在非洲乃至整个世界政治舞台上都具有了一定的影响力。穆加贝曾先后当选为第七届不结盟运动副主席（1983年）、第八届不结盟运动主席（1986年）、非洲统一组织安哥拉问题特别委员会主席（1993年）、非洲统一组织主席（1997年）等。截至1999年，津巴布韦已经同世界上98个国家建立了正式外交关系。

独立后的津巴布韦政府始终遵循既定的对外关系准则，从不会因为某些大国或国际社会的压力而放弃原则。20世纪末，津巴布韦国内的政治经济形势不断恶化，尤其是在国际货币基金组织指导下所进行的经济结构调整政策的失败，土地改革运动中所出现的骚乱，以及津巴布韦派军队进入刚果（金）的行动等，招致以英国、美国为首的西方国家的指责，由于在"民主、人权"等问题上与西方国家存在严重分歧，双边关系出现紧张。穆加贝政府坚持强硬的对外政策，强调独立自主，反对别国干涉其内政，强烈抵制西方国家意识形态对津巴布韦的影响和侵蚀。自20世纪90年代末以来，由于以英国、美国为首的西方国家对津巴布韦政府的内外政策大加指责，特别是对其对内政策的批评，致使双边关系急剧恶化。穆加贝谴责西方国家对津巴布韦内政的干涉，并利用各种场合对西方国家妄图在政治上搞垮其政权的企图给予了强烈的回击，同时多次提出要摆脱对西方国家的依赖，坚持走自己的发展道路。2001 年 10 月开始，以欧盟为主导的西方国家开始了对津巴布韦的有限制裁措施，以迫使穆加贝政府就范。2002 年后，英国政府曾两度停止津巴布韦英联邦成员资格，2003 年 12 月津巴布韦政府以宣布退出英联邦作出回应。2005 年 1 月，美国新任国务卿赖斯在上任听证会上将津巴布韦列为全球 6 个"暴政前哨国家"之一，津巴布韦政府对此予以强烈反对。目前，美国、欧盟以及一些其他西方国家仍未解除对津巴布韦的有限制裁措施，包括限制穆加贝等高官入境和冻结其财产等。近年来，津巴布韦政府为摆脱政治经济及外交困境，在与英国、美国等西方国家保持对峙和强硬政策的同时，提出了"向东看"的政策主张，大力发展与其他发展中国家尤其是亚洲国家的关系，以开拓市场和寻求新的经贸伙伴，减少对西方国家的依赖，并特别指出要注意吸取中国在经济发展中的经验。

自 21 世纪初，津巴布韦同西方国家关系不断恶化之后，津巴布韦与发展中国家的双边关系有所升温。据相关报道，截至 2005 年，亚洲的一些发展中国家，如中国、印度、巴基斯坦等国已取代英国、美国和欧盟，成为津巴布韦最大的投资来源国。此外，近年来津巴布韦与马来西亚、泰国、新加坡、越南等亚洲国家的经济合作也有不同程度的发展，与伊朗、委内瑞拉、印度尼西亚等国也寻求在能源和矿业等方面的合作。

尽管许多非洲国家特别是南部非洲国家多次呼吁英国、美国等西方国家取消对津巴布韦实行的制裁、取消对津巴布韦领导人入境的禁令以及兑现为津巴布韦土改提供资金的承诺，但均没有得到积极回应。但是 2007 年 12 月 8 日穆加贝总统成功出席在葡萄牙里斯本举行的第二届欧非首脑峰会则表明，欧盟、美国等西方国家并不想因为与津巴布韦关系交恶而影响到同非洲关系的发展。他们不得不看到，非洲国家联合自强的能力正在不断加强。因为自 2000 年首届会议以来，欧非峰会一直因津巴布韦问题而

搁浅。几次重开欧非首脑会议的尝试，都因举办方拒绝邀请穆加贝总统出席而遭到非洲国家的联合抵制。与此同时，由于目前津巴布韦国内经济形势每况愈下，致使大量难民涌入邻国，据说这一数字已达到三四百万人，这给邻国就业和社会治安等造成了不小的压力，这一问题已引起周边国家的高度重视。

2008 年，随着津巴布韦国内政局的变化，引发了国际社会的进一步关注，也使津巴布韦的对外关系面临新的困境。津巴布韦 3 月 29 日全国举行的总统、议会和地方选举，以及 6 月 27 日举行的总统第二轮选举前后，国内暴力事件不断升级，致使国际社会对津巴布韦政府的批评和指责之声再度高涨，也使津巴布韦的对外关系一度陷入较为尴尬的境地。由于 3 月份的总统大选中无一候选人获得超过 50% 的选票，津巴布韦选举委员会决定在 6 月 27 日举行总统的第二轮选举。但据报道说，此轮大选之前，国内针对反对派候选人及其支持者的违法暴力事件时有发生，导致数十人丧生，数万人被迫流离失所。此外，原准备参加总统大选的反对党民主变革运动领导人茨万吉拉伊，在大选前一周宣布退出竞选。鉴于津巴布韦当时国内的形势，国际社会普遍认为，津巴布韦大选如果如期举行则很难保障选举的公平与公正。联合国安理会于 6 月 23 日发表一项主席声明，对津巴布韦大选前所出现的暴力事件表示遗憾，同时指出原定 6 月 27 日的大选日期应予以推迟。此后，6 月 25 日南部非洲发展共同体 4 个成员国（坦桑尼亚、安哥拉、斯威士兰、赞比亚）也就当前津巴布韦的局势举行了小型峰会，建议推迟总统大选的日期。还有其他一些非洲国家也以不同方式表达了同样的看法。尽管如此，穆加贝总统并没有接受有关推迟选举的建议，第二轮总统选举投票如期进行。在反对派总统候选人退出的情况下，穆加贝最终以 85.51% 的得票率获得胜利，并随后于选举结果宣布当日（6 月 29 日）宣誓就任新一届总统。此次总统选举结束后，以英国、美国等国为首的许多西方国家表示愤怒，认为穆加贝的当选不合法，并表示要对津巴布韦采取更加严厉的制裁措施，有些国家甚至提出要对津巴布韦实行军事干预等。多数非洲国家对津巴布韦此次大选结果表示疑虑，有些国家则表示强烈不满、批评和指责，使津巴布韦与非洲国家的关系也出现了难以预料的危机。

就在宣誓就任津巴布韦总统两天后，穆加贝以新任总统身份赴埃及出席在那里举行的第11届非洲联盟首脑会议，其主要目的之一就是向非盟各国领导人解释津巴布韦总统选举第二轮投票的情况，以消除误解，争取更多非洲国家的支持和同情。但会议期间没有出现以往一个非洲国家新的领导人当选后受到其他非洲国家领导人祝贺的场面，穆加贝的出席带来了一些非洲国家领导人的质疑，但会议没有对穆加贝进行公开谴责，只是有些领导人公开表示出对津巴布韦此次总统大选善意的批评和疑虑。非盟一些成员国认为，津巴布韦问题的解决必须要通过政治对话的方式，要给予对话双方公平的机会和地位。对于西方国家加大对津巴布韦制裁的呼声，他们认为，制裁并不能根本解决津巴布韦当前的危机，只能使津巴布韦人民遭受更多苦难，只会使津巴布韦民众的生活条件进一步恶化。

此次非盟首脑会议上，各国领导人虽然在津巴布韦问题上存在着不同的看法和分歧，但经过长时间讨论后在解决津巴布韦问题上本着求同存异的原则达成了一定的共识，并最终通过了一项决议。会议的决议表达了对津巴布韦局势的深度关切，认为必须要防止局势的进一步恶化，以创造一个有利于津巴布韦民主和发展的环境。决议鼓励津巴布韦总统穆加贝与反对党领导人茨万吉拉伊遵守承诺，启动对话，并支持双方组建民族团结政府的意愿，支持南部非洲发展共同体的调解工作。决议同时呼吁有关各方不要采取影响双方对话气氛的行动。此项决议措辞较为谨慎也是为了平衡在解决津巴布韦问题上各国间所存在的不同意见。尽管如此，此项决议还是明确了非洲国家领导人同意采取对话方式解决津巴布韦问题，不需要外部势力插手和干涉，非洲事务由非洲自己解决的一致看法。会议责成南部非洲发展共同体以及南非总统姆贝基从中进行调停，以早日实现津巴布韦不同党派间的政治对话，最终解决危机。但双边政治对话的方式及进展情况仍成为非洲国家及国际社会普遍关注的焦点。

三　津巴布韦政府对当前重大国际问题的态度

于民主与人权：主张各国有权根据本国国情维护和发展本国人民的基本人权；反对西方将其价值观和民主、人权标准强加于人；反对将民主、人权问题与经济援助挂钩；反对以民主、人权问题为借口干涉别国内政。

关于经济全球化：认为经济全球化步伐的不断加快，总体上有利于西方国家，它们在国际经贸组织中的影响越来越大，而包括津巴布韦在内的发展中国家对国际货币基金组织、世界银行和世界贸易组织的依赖日益加深，这只会加强发达国家的政治、经济利益。非洲国家在这种不公平的国际环境中受害犹深，需要加强团结，倡导建立国际经济新秩序。

关于安理会改革：认为扩大联合国安理会应符合地区平衡的原则，充分考虑到占联合国大多数的发展中国家的利益，并在主权平等和非歧视的基础上进行。主张安理会成员国应扩大至26个，其中非洲应占2个常任理事国席位，并拥有否决权。

关于不结盟运动：认为尽管世界格局发生了巨大变化，但不结盟运动并未过时，不仅不应削弱，而且应当加强；主张加强不结盟运动组织机构，使其在维护世界和平、促进共同发展、增进南南团结、维护发展中国家权益等方面发挥更加积极的作用。

关于非洲问题：主张国际社会应给予非洲更多关注，帮助非盟加强预防和解决冲突机制，为非洲热点问题的解决采取实质性措施；呼吁发达国家与非洲建立平等合作伙伴关系，加大对非援助和投资；要求国际金融机构协调立场，进一步减免非洲日益严重的债务，敦促联合国机构设立切实可行的项目，帮助非洲摆脱贫困。

关于打击恐怖主义：强烈谴责恐怖主义行径，但反对借反恐名义推行扩张主义。

第二节　同非洲国家关系

一　对非关系概况

独立后津巴布韦的对外关系始终立足于非洲，重视与南部非洲特别是周边国家关系的发展，重视与南部非洲地区在政治、经济方面的合作。1980 年津巴布韦作为创始国之一加入了南部非洲发展协调会议（SADCC），该组织旨在南部非洲地区国家的共同发展，摆脱对当时正处于白人种族主义统治下南非的依赖，同时在政治上对反对南非白人种族主义政权的斗争给予支持。该组织于 1992 年更名为南部非洲发展共同体（SADC），该组织对促进南部非洲 15 个成员国之间的政治经济发展，以及协调各国间政治经济关系及事务方面发挥着重要作用。津巴布韦作为当时经济实力仅次于南非的大国，无论在政治上还是经济上对非洲事务都有着重要影响。

新南非诞生后，南部非洲国家的政治经济格局以及相互关系发生了微妙的变化。由于新南非在非洲尤其在南部非洲各国的政治发展与经济合作方面开始发挥越来越重要的作用，津巴布韦的地位和作用相应地有所减弱。此外，20 世纪 90 年代经济结构调整政策失败后，津巴布韦经济形势一直未见根本好转，政府在抑制经济下滑方面始终没能找到解决的办法，致使国内政治局势随

着经济的衰退不断恶化。以英国、美国等国为首的西方国家指责津巴布韦的国内政策，并以"民主、人权"为借口对其实施有限制裁措施，绝大多数非洲国家则从维护非洲团结出发，强调非洲人能够自己解决自己的问题，谴责外部势力对非洲事务的干涉。因此在很长一段时间里，津巴布韦在非洲并不显孤立。南部非洲发展共同体各国特别是南非在解决津巴布韦国内政治经济问题上发挥了重要作用。尽管如此，非洲一些国家，包括个别共同体成员国对穆加贝政府在处理一些国内问题上的做法颇有微词，但并没有改变与津巴布韦正常的国际关系。2008 年津巴布韦总统大选后，西方国家提出要对津巴布韦实行进一步的制裁措施，但多数非洲国家明确表示反对。尽管目前许多非洲国家对津巴布韦本次总统选举没有表示认可，但还是呼吁要以政治对话的方式解决问题。虽然一些非洲国家，包括南共体成员国内部对目前津巴布韦局势，以及津巴布韦政府的对内政策不断提出批评，但非洲联盟和南部非洲发展共同体正在与非洲各国一道努力，为解决目前津巴布韦政治经济危机寻求一条更加可行和有效的途径。

二　与非洲国家双边关系

与 **安哥拉的关系**　长期以来津巴布韦与安哥拉保持较好的双边关系，早在 20 世纪 70 年代，安哥拉政府就对以穆加贝为首的民盟等民族解放运动组织的民族解放和独立运动给予支持。津巴布韦独立后，虽然两国在地理位置上并不相邻，没有共同边界，但双边关系发展良好。1998 年，双方在出兵民主刚果问题上采取了一致的立场，使得双边关系就此得到提升。21 世纪初，由于欧盟各国对津巴布韦出兵进入民主刚果的行动以及对穆加贝国内政策的不满，开始对津巴布韦实施武器禁运。而据报道说，此时安哥拉与津巴布韦于 2001 年 12 月在哈拉雷联合建立了兵工厂，以应对欧洲国家对津巴布韦实行的武器禁运。与此同时，安哥拉政府在 2001 年后接纳和安置了大批由于土改而逃离到此的津巴布韦的白人农场主。此外，2002 年 7 月，安哥拉成立了津巴布韦贸易中心，但截至目前，双边贸易未见大的进展。

与博茨瓦纳的关系　由于共同的历史和文化传统，津巴布韦与博茨瓦纳保持有较好的双边关系。同属前线国家①的博茨瓦纳，在津巴布韦独立前就对其民族解放和国家独立运动给予了大力的支持和帮助。津巴布韦独立后，两国在共同反对南非种族主义的斗争中相互支持。1987 年 2 月，针对当时南非当局推行破坏邻国稳定的政策，两国建立了联合安全委员会，加强了在安全事务方面的合作。与此同时，两国在 20 世纪 80 年代在进出口贸易问题上也曾产生过较大矛盾。独立后的津巴布韦为了保护国内制造业的发展，曾于 1984 年对两国间原有的免税贸易协定进行了修改，对由博茨瓦纳进口的产品实行限制，引起博茨瓦纳的不满，双方为此争论不休。直到 1988 年 9 月，两国才最终达成协议，明确规定出口到津巴布韦的博茨瓦纳产品只要其 25% 的成本构成来源于当地，则可享受免税待遇。1993 年 3 月，双方又原则上同意对进口产品取消附加税。至此，双边贸易摩擦得以缓解。两国同为南部非洲发展共同体成员国，在此框架下双边的政治、经济合作保持着良好关系。但是由于在指导国家制度建设的指导思想有所差异，使两国在意识形态方面稍存芥蒂。

近年来，随着津巴布韦国内政治经济形势的变化，自 2001

---

① 20 世纪 70 年代中期，为了更加有效和更加协调地支持津巴布韦人民争取国家独立和民族解放的斗争中，赞比亚、博茨瓦纳、莫桑比克、坦桑尼亚四国组成"前线国家"，安哥拉随后不久也加入。1975 年非洲统一组织部长理事会第 9 次特别会议，对"前线国家"予以承认。1980 年，津巴布韦独立后也加入"前线国家"，至此共有 6 个国家为"前线国家"。——著者

年后有大量津巴布韦人非法越境移居到博茨瓦纳境内，给博茨瓦纳的社会治安和就业造成了一定压力。据相关报道，2003年初，博茨瓦纳政府每月遣返的津巴布韦非法移民数量约达到8000人之多，但非法进入博茨瓦纳的津巴布韦人的数量更多。有关统计显示，截至2007年，滞留在博茨瓦纳的津巴布韦非法移民总数估计有20万人[①]。非法移民问题目前已成为双边关系出现紧张的重要因素之一。

2008年非洲联盟第11届首脑会议上，博茨瓦纳副总统姆帕提·迈瑞菲（Mompati Merafhe）针对刚刚举行的津巴布韦总统大选发表讲话，公开指责穆加贝总统的当选不合法，对穆加贝的再次当选不予承认，并提出津巴布韦对立双方要公平参与对话，共同探讨津巴布韦问题的政治解决方案。津巴布韦政府对此作出强烈反响。双边关系陷入低谷。

与刚果民主共和国的关系 1998年8月津巴布韦出兵刚果（金），使双边关系引起国际社会的普遍关注。1998年8月至2002年11月间，津巴布韦派往刚果（金）的地面部队总数达到了1.1万人，还有部分空军，约占津巴布韦总兵力的近1/3。1999年4月，津巴布韦与其他一些南部非洲国家（安哥拉、纳米比亚）同刚果（金）签订了共同防务条约，以保障对刚果（金）政府的军事支持。

津巴布韦对刚果（金）的军事行动遭遇到了国内外的双重压力。由于国内经济持续恶化，而在刚果（金）的军费开支又过于庞大，国内反对派势力借此大做文章，攻击穆加贝政府。西方国家则指责穆加贝政府的行动是另有他图，是在利用出兵刚果（金）的机会达到其经济上的目的，特别是对刚果（金）的矿产

---

① Jane's Information Group, *Jane's Sentinel Security Assessment-Southern Africa*, November 2007.

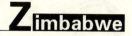

资源有所企图。

据报道说，津巴布韦军事力量撤出刚果（金）前夕，2002年8月间，津巴布韦与刚果（金）政府就促进双边贸易和双边关系问题共新签署了8项合作协议。2002年底，津巴布韦政府与刚果（金）政府就如何保障商业与财产安全问题开始进行进一步的谈判，其中包括签署采矿协议、电力供应协议等谈判。

与利比亚的关系 20世纪70~80年代，利比亚对南部非洲的民族解放运动就曾给予支持，同时与穆加贝领导的津巴布韦民盟—爱国阵线党也有着密切联系。但由于独立后的津巴布韦将外交重点始终放在南部非洲地区，因此与利比亚的关系并未出现实质性的进展。近年来随着津巴布韦与西方关系的恶化，寻求与利比亚双边关系的发展成为穆加贝政府对外关系中的重要选择。

2000年1月，利比亚政府为了缓解津巴布韦经济危机，向津巴布韦提供了1亿美元的贷款。2001年7月，赴卢萨卡参加非洲统一组织首脑峰会的利比亚领导人卡扎菲会后对津巴布韦进行了国事访问，受到高规格接待。访问期间，双边签署了利比亚向津巴布韦出口石油的有关协议。仅一个月后，穆加贝总统对利比亚进行了回访。此后不久，利比亚还相继向津巴布韦提供了包括战斗轰炸机、武装直升机等军事装备，并提供飞行员和机械师的培训。此外，据报道说，利比亚政府还向穆加贝提供了私人保镖，并向津巴布韦中央情报部门（Central Intelligence Organisation, CIO）提供培训。与此同时，津巴布韦的农产品特别是牛肉开始大量出口到利比亚。另外，津巴布韦旅游业、采矿业、农业等部门的投资已向利比亚广为开放。

2002年4月、9月穆加贝总统先后两次出访利比亚，主要目的是要扩大由利比亚进口的石油，由于外汇奇缺，津巴布韦政府试图加大向利比亚出口农产品来换取石油，但是津巴布韦政府扩大进口利比亚石油的设想并没有取得满意的结果。直到2003年，

利比亚政府才原则上同意参股津巴布韦国家石油公司，并由该公司每月支付 500 万美元现汇才能保障津巴布韦的石油供应。但这对津巴布韦来说却难以兑现。

尽管近年来双边关系呈现新的进展，特别是利比亚在津巴布韦的现实利益突出，但由于利比亚在国际社会中也面临着一些外交困境，因此在津巴布韦问题上的一些表态也表现得十分谨慎。

与莫桑比克的关系　在津巴布韦争取解放和独立的斗争中，莫桑比克政府曾给予大力支持。津巴布韦独立时，南非仍处于白人种族主义统治下，白人政权一方面在国内继续推行种族隔离政策，另一方面针对周边国家的侵略和颠覆活动日益频繁。1982 年津巴布韦为了支持莫桑比克政府对付由南非支持的反对势力的颠覆和破坏活动开始派兵进入莫桑比克，主要负责保护贝拉走廊一线陆路及石油管道的安全，同时保障津巴布韦至贝拉港出海口的畅通。在此期间，为了支持莫桑比克政府反对南非支持的"莫桑比克全国抵抗运动"的斗争，津巴布韦政府在不断增兵莫桑比克的同时，与莫桑比克政府签署了包括防务在内的全面合作协定。随后，面对南非侵略的威胁，1986 年 6 月莫桑比克总统萨莫拉访问津巴布韦时，双方再次签署了一份《紧急军事和经济合作协定》。津巴布韦派驻莫桑比克的军队高峰时曾达到约1.2 万人。20 世纪 80 年代末，莫桑比克两派同意结束冲突举行谈判，但一度进展缓慢。90 年代初，穆加贝总统亲自参与了莫桑比克两派间的斡旋，谈判出现转机，双方于 1992 年 8 月签署了停火协议。1994 年初，津巴布韦军队撤出莫桑比克。

近年来，由于津巴布韦政治经济形势出现动荡，致使双边关系出现微妙变化。2000 年后，津巴布韦实行的"土改快车道"政策引起了土地风波，致使很多原商业农场工人受到冲击，特别是津巴布韦东部与莫桑比克接壤地区的农场工人。他们大多数是出生于津巴布韦的莫桑比克人，他们在土地风波中被迫越境逃到

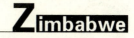

莫桑比克寻求出路。据津巴布韦《旗帜报》相关消息，2001年每月约有2000人来到莫桑比克，莫桑比克政府遣返津巴布韦人的人数约在500人/月。此外，有约超过100户的津巴布韦白人农场主因土地风波而被迫移居莫桑比克。莫桑比克政府拒绝向这些人出售土地，但2001年开始允许他们以租赁的方式从事商业农场经营活动。

2002年后，津巴布韦、莫桑比克两国边界纠纷凸显。当年6月，莫桑比克称有大批津巴布韦商业农场农工非法进入莫桑比克境内占地经营。随后又指责津巴布韦边境警察对莫桑比克进入津巴布韦境内正常购物的居民进行多次袭击。2004年1月，莫桑比克政府再次谴责津巴布韦军事人员非法越境袭击当地莫桑比克居民。此后双方类似冲突不断，双边关系一度受到影响。最后双方一致同意采取两国边境居民互免签证的做法，同时双方加强边境巡逻，严防非法越境。

津巴布韦与莫桑比克保持着较为密切的经济关系。20世纪90年代初开始的贝拉发展走廊项目在双边发展中有着重要地位。该项目由莫桑比克贝拉港至津巴布韦穆塔雷全长约250公里的铁路和陆路连接线同时也是津巴布韦仅有的石油输送管线。但是，该项目在基础设施等方面至今尚未达到预期目的。此外，津巴布韦全国电力供应的约1/4来自莫桑比克建于赞比西河上的水力发电厂。由于近年来津巴布韦经济陷入困境，造成财政支付困难。2003年底，莫桑比克电力部门对向津巴布韦的电力供应削减了40%。2004年1月，两国签署了消除贸易壁垒协议。尽管如此，莫桑比克还是提出要以预付款方式向津巴布韦提供电力保障，并表示一旦津巴布韦方面拖欠电款，莫桑比克方面将停止电力供应。

与纳米比亚的关系 双边关系自纳米比亚1990年独立后发展较快，保持良好。在一些重大国际问题上，特别是在南部非洲

地区事务中，双方态度一致。1998 年在出兵干预刚果（金）内战问题上，双方采取较一致的立场，这促使双边关系得到进一步的加强。1999 年津巴布韦、纳米比亚、安哥拉、刚果（金）四国签署了共同防务条约。

面对以英国、美国为首的西方国家对津巴布韦所采取的制裁，以及一些国际舆论对津巴布韦内外政策的批评和指责，纳米比亚政府表示反对，认为这是对津巴布韦内政的粗暴干涉，并曾公开对英国等西方国家对待津巴布韦的做法进行抨击。纳米比亚政府对津巴布韦的土改政策曾公开表示支持。

近年来双边合作不断加强，2004 年 5 月，穆加贝总统与时任纳米比亚总统的努乔马共同宣布两国将共同发行一份地区性报纸，并提议建立一个联合卫星广播电视台。努乔马总统还表示，一旦津巴布韦受到威胁，将提供军事方面的有力支持。2005 年 3 月，纳米比亚新任总统上台后，继续保持与津巴布韦的良好关系。

与南非的关系 独立后不久的津巴布韦就将反对南非种族主义作为其对外政策的主要内容。虽然穆加贝一上台就曾表示要断绝同南非的关系，但是由于地理和经济上的现实原因，津巴布韦又不得不同南非保持着贸易上的联系，因为津巴布韦的进出口贸易难以摆脱南非作为其最佳选择通道。与此同时，穆加贝又利用各种场合多次呼吁非洲国家特别是南部非洲国家联合起来反对南非。津巴布韦曾积极推动国际社会对当时的南非实行制裁，在英联邦国家会议、不结盟国家首脑会议、联合国大会和联合国安理会会议上津巴布韦都极力主张对南非实行制裁，并对一些国家对南非或明或暗的支持提出指责。1990 年后，南非白人政府在国内外政治经济压力下开始通过谈判方式寻求政治上解决南非问题的途径。津巴布韦对此表示欢迎，并开始参与了其中的一些调停工作。1993 年底，随着南非政治改革进程的逐步完成，结束了少数白人的统治，津巴布韦开始实现同南非的关系正常化。1994

年新南非诞生后,穆加贝成为访问新南非的第一位非洲国家元首。然而,新南非的出现客观上在南部非洲地区无论是政治经济影响,还是吸引外部投资等方面,都与津巴布韦形成更多的竞争,双边市场的开放和贸易摩擦在所难免。尽管如此,两国政府都认识到,双边关系的良好发展对于南部非洲的稳定与发展都是至关重要的。

2000年后,津巴布韦政府实施"土改快车道"政策所引发的土地风波,以及随之而来的政治经济形势的不断恶化,影响到了双边关系的发展。在津巴布韦土地赎回政策实施中,部分南非人经营的农场也受到影响被强行收回,造成南非方面的担忧。津巴布韦经济形势的恶化也影响到一些在津巴布韦银行中占有大部分股权的南非银行的业务经营,主要向津巴布韦提供电力供应的南非埃斯科姆(Eskom)公司同样面临津巴布韦方面现汇支付困难的窘境。此外,大批津巴布韦移民通过各种正当和非正当渠道涌入南非,给南非的社会治安和就业市场造成了一定压力。2008年上半年,南非当地居民与以津巴布韦为主的移民发生冲突,南非一些当地人的排外情绪因此不断上升。上述问题引起双方政府的特别关注。

由于津巴布韦局势的发展与变化将直接影响到南非及地区的稳定,因此,近年来在津巴布韦内外政策遭到以英国、美国为首的西方国家的谴责,且一些非洲国家也开始对津巴布韦局势表示担忧甚至提出异议的同时,以姆贝基为首的南非政府在解决津巴布韦政治经济危机中一直发挥着重要作用,始终强调利用非洲人自己的力量化解矛盾、消除分歧。受南部非洲发展共同体的委派,时任南非总统的姆贝基参与了协调解决津巴布韦问题的会议,并主持津巴布韦不同派别间的政治谈判,得到穆加贝政府的认可。在姆贝基总统的积极斡旋下,津巴布韦各派政治谈判取得进展。

与赞比亚的关系 在津巴布韦争取民族独立、摆脱白人殖民

统治的斗争中，赞比亚曾给予了无私的支持。但独立后，穆加贝政府与赞比亚的双边关系并没有像最初人们想象的那么紧密。主要原因之一是当时赞比亚总统卡翁达曾与同穆加贝存在政治分歧的津巴布韦人盟领导人恩科莫交往甚密。不久后，双方认识到在地区合作、地区安全等诸多方面两国有着共同的目标和利益，因此双边关系开始向好的方向发展。

20世纪90年代末，津巴布韦、赞比亚两国的内外政策不同程度地招致西方国家的指责。共同的命运使双边友好关系不断加强。2001年12月，姆瓦纳瓦萨当选为赞比亚总统同样受到来自欧盟国家的非议，使反对西方干涉非洲国家内政成为双边关系的共同立场。2004年3月，姆瓦纳瓦萨总统在谈到津巴布韦问题时表示，津巴布韦局势完全遭到了西方人的曲解，说他们是"没事找事"。2006年2月，在双边联合委员会第14次会议上，双方明确表示要进一步加强合作。

在双边保持较好政治关系的同时，两国经济关系在曲折中不断发展。自赞比亚奇卢巴总统上台后，赞比亚开始实行贸易自由化政策，开放了市场，这促使大批津巴布韦和南非的商品涌入。此外，由于津巴布韦货币严重贬值，与官方汇率严重脱节，这对赞比亚工业造成了打击。同时赞比亚农民抱怨津巴布韦没有按照南共体自由贸易协定的要求消除贸易壁垒。两国经济关系一度产生摩擦。赞比亚政府于2002年7月宣布禁止从津巴布韦进口农业和建筑材料等商品。因为津巴布韦利用其非官方汇率，将廉价商品倾销到赞比亚以赚取外汇，给赞比亚造成了损失。但与此同时，受政治经济形势影响，津巴布韦旅游持续低迷，带给原本不景气的赞比亚旅游业发展的生机，特别是赞比亚一方与津巴布韦交界处的维多利亚瀑布旅游区游客激增。2003年下半年，由于津巴布韦受旱灾影响，开始从赞比亚进口粮食和燃料。2006年，姆瓦纳瓦萨总统访问津巴布韦，与津巴布韦、博茨瓦纳两国元首

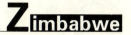

举行会谈，签订了旨在加快跨境大桥建设、提高物资和人员流通能力以及解决边境争端问题的谅解备忘录。

第三节 同美国和英国关系

一 同美国关系

独立之初，津巴布韦与美国关系较好。独立后的前两年，津巴布韦一直是美国在撒哈拉以南非洲提供经济援助最多的国家。美国曾试图把津巴布韦作为"通过谈判解决南部非洲冲突的样板国家"，认为津巴布韦将成为美国寻求南部非洲地区稳定的重要因素。因此美国政府从一开始就想通过经济援助等手段向津巴布韦示好，以使它听命于美国。但津巴布韦政府并没有因此毫无原则地听从于美国的指挥。穆加贝总统曾先后多次在公开场合对美国的某些政策和主张提出批评。例如，在 1983 年的联合国大会上，津巴布韦对美国入侵格林纳达事件提出批评，同时拒绝支持美国提出的联大谴责苏联击落韩国飞机事件的建议，使美国政府大为恼火。20 世纪 80 年代中期，美国以津巴布韦对美国的敌视行动为由，大幅削减对津巴布韦经济援助的数量，致使双边关系一度降到历史低点。20 世纪 90 年代初，津巴布韦政府接受世界银行和国际货币基金组织的建议，开始实行经济结构调整并宣布放弃"一党制"之后，美国政府对津巴布韦的援助有所增长，同时实行鼓励对津巴布韦的贸易和投资政策。1992 ~ 1995 年，美国每年向津巴布韦提供援助约 2000 万美元，每年从津巴布韦采购烟草 1.2 万吨①。截至 1997 年底，美国在津巴布韦投资的企业有 45 家，总

---

① Jane's Information Group, *Jane's Sentinel Security Assessment-Southern Africa*, November 2007.

投资额约 1.6 亿美元，主要投资领域集中在制药、农业和通信等领域。

2000 年后，津巴布韦推行的"土改快车道"计划，以及由此而引发的政治经济形势的动荡，引来美国政府的指责。2001 年 5 月，美国国务卿鲍威尔在访问南非时公开对此提出批评，同年 8 月美国国会参议院通过的《津巴布韦民主和经济恢复法案》，其中包含了多条制裁津巴布韦的内容。2002 年，美国对津巴布韦总统大选结果拒绝承认，并以恢复民主与人权为借口，与欧盟国家一道拒绝穆加贝总统及津巴布韦政府高官入境。2003 年 3 月后，美国又对穆加贝总统和津巴布韦政府 76 名高官实施了财产冻结（2005 年 11 月扩大到 128 名），并禁止美国公民与津巴布韦间的部分正常商业往来，同时对津巴布韦实行武器禁运，并将津巴布韦从享有美国《非洲增长与机会法案》的国家名单中剔除。2005 年 1 月，美国新任国务卿赖斯在上任听证会上将津巴布韦列为全球 6 个"暴政前哨国家"之一。此后，美国政府多次对津巴布韦内政提出强烈批评，指责津巴布韦目前的"民主与人权"状况，呼吁西方国家进一步对津巴布韦实施制裁，试图以此逼迫穆加贝总统下台。2008 年津巴布韦新一届大选再次引起美国的强烈质疑。美方曾单方面提出要加大对津巴布韦制裁的力度，并就此向联合国安理会提交了议案，但最终遭到包括中国、俄罗斯和南非等国的否决，未能通过。

对待美国的态度和做法，津巴布韦政府表示了强烈的反对，认为这完全是美方对津巴布韦内政的粗暴干涉。穆加贝总统对美国的种种威胁毫不畏惧，利用参加非洲地区及联合国有关会议等多种机会，对美国政府对津巴布韦的政策进行了强烈抨击，指出美国利用强权政治干涉津巴布韦内政、妄图颠覆津巴布韦政权的阴谋不会得逞。津巴布韦与美国关系近年来急剧恶化。

二　同英国关系

津巴布韦与英国关系曾十分密切。英国作为原殖民地宗主国，曾在津巴布韦独立谈判中承诺提供资金，承担帮助津巴布韦重新安置无地或少地农民的责任。独立后，英国即开始帮助津巴布韦培训军事人员，向津巴布韦提供的经济援助仅次于美国。1983 年由于津巴布韦空军中的 6 名英籍军官涉嫌帮助南非搞破坏活动被逮捕，尽管英国政府出面干涉，但穆加贝政府丝毫没有退让，致使双边关系一度紧张，直到英国政府保证"尊重津巴布韦内外政策"之后，双边关系才告缓解。独立后的前 10 年，英国向津巴布韦提供的经济援助近 2.4 亿英镑。此间，双边领导人多次互访，关系正常。双边除保持较密切政治关系外，双方经济往来也占有重要地位。英国长期以来一直是津巴布韦主要贸易伙伴之一，并在津巴布韦有大量的投资。

2000 年，由于津巴布韦政府推行快速土改政策触动了英国白人的利益，两国关系开始恶化。2001 年 3 月，英国政府宣布终止对津巴布韦的一切军事援助，并撤回所有在津巴布韦从事军事培训的工作人员。与此同时，英国政府取消了帮助津巴布韦实行私有化的一揽子援助计划。2002 年津巴布韦大选后，英国指责穆加贝领导的民盟政府舞弊，完全否认选举结果，并对穆加贝政府的对内政策提出了强烈批评，还以破坏"民主与人权"为借口，同其他欧盟国家一起开始对津巴布韦实行制裁措施，包括禁止穆加贝总统和津巴布韦政府高官入境、冻结其海外财产、军火禁运等，制裁措施还一再延长、扩大。穆加贝总统对英国的态度表示出强烈不满，指责英方没有兑现在土改问题上原有的资金支持的承诺，另外还在暗地里支持津巴布韦反对派，破坏津巴布韦的民主选举，以图达到颠覆穆加贝政权的目的。津巴布韦政府多次明确指出，英国政府的做法严重干涉了津巴布韦内政，是

"企图将津巴布韦拉回到殖民地的老路上去"。2002 年,英联邦决定中止津巴布韦英联邦成员国资格 1 年。2003 年 12 月,英联邦首脑会议在英国推动下决定继续中止津巴布韦成员国资格,津巴布韦随即宣布退出英联邦。2007 年 3 月英国再次公开指责津巴布韦的国内政策,要求穆加贝总统下台,并积极推动在联合国安理会讨论津巴布韦的人道主义问题。同年 12 月,因穆加贝总统出席在里斯本举行的第二届欧盟—非洲首脑会议,英国首相布朗拒绝与会。2008 年津巴布韦新一届大选结果再次激怒英国,使双边关系陷入历史低谷。目前英国已经暂停了绝大部分对津巴布韦的经济援助项目,而对津巴布韦的人道主义援助也是通过第三国加以实施的。

面对英国政府的责难和制裁,穆加贝领导的民盟政府始终表现出强硬立场,不惜公开与英国对抗,充分体现出津巴布韦独立自主的外交政策。津巴布韦政府为了应对英国的制裁,采取了相应的反击措施,如限制英国人入境、拒绝向包括英国在内的 5 个欧盟成员国派观察团监督大选等。

第四节　同国际和地区组织关系

一　与国际货币基金组织的关系

目前津巴布韦与国际货币基金组织（IMF）和其他国际金融机构的关系达到自独立以来的最低点。2000 年以来,津巴布韦政府的财政和金融政策一直受到国际货币金融组织、世界银行等国际金融机构的强烈批评,指责津巴布韦军费开支过于庞大、严重拖欠到期债务等。2001 年 8 月美国出台的《津巴布韦民主和经济恢复法案》则进一步促使国际货币基金组织等一些国际金融机构拒绝向津巴布韦提供新的财政支持和债务减免。2003 年底国际货币基金组织开始启动取消津巴布韦成员国资格的相关动议。次年 3 月国际货币基金组织派出官员访问津巴布韦，要求津巴布韦政府开始偿还超过 2.7 亿美元的拖欠债务；7 月，该组织宣布对取消津巴布韦成员国资格给予 6 个月的宽限期，同时要求津巴布韦政府采取措施控制通货膨胀和紧缩货币政策；10 月，国际货币基金组织关闭了在津巴布韦的办事机构；11 月，该组织对津巴布韦中央银行所采取的干预措施所取得的部分成效予以承认，但同时表示没有向津巴布韦恢复借贷的计划。

对于津巴布韦出现的经济危机，穆加贝总统认为其很重要的原因之一是国际货币基金组织和世界银行所制定的改革政策不当所造成的，它们应负有不可推卸的责任。双方对此的分歧难以弥合。2005 年 6 月，国际货币基金组织代表团访问津巴布韦时再次就其经济形势提出警告。此后不久，津巴布韦政府即偿还了 1.2 亿美元的拖欠贷款，并于同年 10 月和 11 月分别支付了 1500 万和 1000 万美元的拖欠债务。2006 年 2 月，津巴布韦再次偿还国际货币基金组织债务 900 万美元。此前，南非政府曾表示将向津巴布韦政府提供贷款，帮助其偿还债务，以避免被取消国际货币基金组织成员国的资格。

二　与英联邦的关系

独立后相当长的一段时间内，津巴布韦一直在英联邦非洲成员国中扮演着重要角色，与英联邦的关系颇为密切。1994 年新南非诞生后，南非在英联邦中的作用和角色的重要性逐渐超过津巴布韦。20 世纪 90 年代末，随着津巴布韦国内政治经济局势的不断恶化，英联邦国家开始对津巴布韦现行政策提出各种各样的批评，尤其是穆加贝总统对内所采取的强硬政策更是遭到指责。1999 年 11 月在南非召开的英联邦国家首脑会议

上，一份批评穆加贝政府在国内压制民主、漠视人权的报告揭开了津巴布韦与英联邦关系恶化的序幕。此后，津巴布韦"土改快车道"计划所引起的风波引来了更多的对穆加贝政府的指责。2002年初，以澳大利亚、新西兰为代表的10多个英联邦国家提出暂停津巴布韦英联邦成员国资格，甚至出现了要对津巴布韦采取进一步制裁的呼声，致使英联邦国家首脑会议曾两度决定暂停津巴布韦成员国的资格。而就在2003年9月在尼日利亚阿布贾召开的英联邦国家首脑会议（穆加贝总统未出席）作出决定要继续暂停津巴布韦成员国资格的时候，津巴布韦政府宣布退出英联邦以示抗议。次年4月，穆加贝总统表示，津巴布韦将不会再回到英联邦，穆加贝所领导的津巴布韦与英联邦彻底决裂。

三　与非洲联盟的关系

20 02年非洲统一组织（OAU）更名为非洲联盟（AU），津巴布韦同其他非洲国家一样被接纳为非洲联盟成员国。虽然由于2000年后津巴布韦国内因土地风波引起的政局变化，以及2002年大选所带来的国际上的一些质疑，穆加贝政府的形象似乎成了西方国家千夫所指的对象，但是非洲联盟出于维护非洲团结的目的，始终主张要依靠非洲自己的力量解决津巴布韦的问题，反对西方国家的干涉，反对西方国家对津巴布韦的制裁。与此同时，非洲联盟就解决津巴布韦问题做了大量的工作，包括委派当时的南非总统姆贝基作为津巴布韦问题的调停人，参与斡旋津巴布韦国内各政治派别的谈判，并取得了一定的成效。2005年2月，津巴布韦还作为非洲联盟推选出的15个成员国之一，代表非洲参与联合国改革方案的商议和非洲方案的制订。虽然在非洲联盟内部，有些成员国对穆加贝政府现行政策也是颇有微词，但并未影响到津巴布韦与非洲联盟关系的发展。

四 与不结盟运动的关系

津 巴布韦对外奉行不结盟政策，且积极参与和支持不结盟运动并曾与不结盟运动有着深厚渊源。1983 年穆加贝总统当选为第七届不结盟运动副主席，1986 年当选第八届不结盟运动主席。穆加贝总统曾代表超过 100 个不结盟国家在联合国大会上呼吁对当时实行种族隔离政策的南非实行制裁，得到了广大发展中国家的拥护。穆加贝总统在不结盟运动中的作用和地位，一度使津巴布韦政府活跃在国际舞台上，并呈现一种积极的对外形象。

五 与南部非洲发展共同体的关系

津 巴布韦作为南部非洲发展共同体创始国之一，长期以来与其他 14 个成员国的关系发展平稳，在促进和实现南共体政治经济的协调发展中发挥了重要作用。20 世纪末至今，由于津巴布韦国内政治经济形势的变化，使得津巴布韦在这方面的作用有所降低，与其他成员国间的关系也发生了一些微妙的变化。正当国际上特别是西方国家普遍对津巴布韦内外政策持批评态度且采取了相应的制裁措施的时候，南部非洲发展共同体从维护本地区和平和团结的目的出发，坚持反对制裁的主张，同时呼吁并积极参与了津巴布韦各政治派别的谈判，敦促津巴布韦政府尽快实现国内的和平与安定，实现经济的复苏。在南非前总统姆贝基作为南共体方面协调人的努力下，津巴布韦各政治派别初步达成了和解协议，为日后津巴布韦新政府的团结、和解以及经济的复苏打下了必要的基础。尽管截至 2009 年 1 月，津巴布韦新一届联合政府尚未组成，津巴布韦政治和解与经济复苏的道路仍前程未卜，但如果没有南部非洲发展共同体的参与，津巴布韦乃至整个地区的和平与安全将会受到更大的影响。

六　与东南非共同市场的关系

东南非共同市场是非洲地区成立最早、最大的地区经济合作组织，其前身为 1981 年 12 月成立的东部和南部非洲优惠贸易区。该组织现有成员国 19 个，其中包括津巴布韦在内共有 7 个国家［刚果（金）、马达加斯加、马拉维、毛里求斯、斯威士兰、赞比亚和津巴布韦］同属南部非洲发展共同体。津巴布韦与该组织成员国的联系以经贸关系为主，旨在最终实现成员国间商品和劳务的自由流通；共同的对外关税以及通过在贸易、金融、交通运输、工农业、能源和法律等领域的合作实现货币和市场的统一。津巴布韦加入该组织后，其对外贸易加大了向中部和东部非洲扩展的力度，尤其是在 20 世纪 90 年代发展较快。2000 年津巴布韦加入东南非共同市场建立的非洲第一个自由贸易区——东南非共同市场自由贸易区。由于津巴布韦在地区的最大贸易伙伴南非并非是该组织成员国，邻国博茨瓦纳、纳米比亚等国也没有加入该组织，所以津巴布韦总体的对外贸易关系仍存在一定的局限。东南非共同市场成员国对津巴布韦近年来国内局势的变化，以及穆加贝总统的内外政策少有批评的声音。

第五节　同中国的关系

一　双边政治关系

津巴布韦在争取民族独立、反对白人种族主义的斗争中曾得到中国政府的大力支持，津巴布韦独立当天（1980 年 4 月 18 日），两国即建立了正式的外交关系。中国与津巴布韦建交公报称：中华人民共和国政府和津巴布韦共和国政府根据两国人民的利益和愿望，决定自 1980 年 4 月 18 日起建立中华人民共和国和津巴布韦共和国之间的大使级外交关系。

建交以来，两国关系发展顺利，双方党、政高级官员互访频繁，特别是穆加贝总统本人曾先后访华达 10 次之多，是访华次数最多的非洲国家领导人之一。

独立后，津巴布韦政府对中国的社会主义建设和改革开放所取得的成就给予了高度评价。穆加贝总统曾视中国为"模范的社会主义国家"，对中国不允许外国干涉内部事务的原则立场给予了高度赞赏。

先后访问津巴布韦的中国官员主要有：国务委员兼国防部长迟浩田（1994 年），国务院副总理朱镕基（1995 年），国家主席江泽民（1996 年），国务委员陈俊生（1996 年），全国政协副主席钱正英（1997 年），全国人大常委会副委员长许嘉璐（1999 年），外交部长唐家璇（2000 年），中共中央政治局常委尉健行（2002 年），全国政协副主席万国权（2003 年），国务委员陈至立（2004 年），全国人大常委会委员长吴邦国（2004 年），全国人大常委会副委员长、中国人民争取和平与裁军协会会长何鲁丽（2006 年），中国人民对外友好协会副会长王运泽（2006 年）等。

津巴布韦访问中国的官员主要有：副总统穆增达（1996 年），外交部长穆登盖（1996 年），民盟全国主席姆西卡（1999 年），国民议会议长穆南加格瓦（2001 年），民盟全国主席恩科莫（2001 年），司法、法律和议会事务部长、民盟议会党团领袖奇纳马萨（2003 年），国防军司令奇温加上将（2004 年），副总统穆菊茹（2006 年 6 月），众议院议长恩科莫（2006 年 9 月）。穆加贝总统截至 2005 年曾先后对中国进行了 9 次访问。2006 年 11 月，穆加贝总统再次来华，出席了中非合作论坛北京峰会。

2007 年 4 月 20 日至 23 日，中国全国政协主席贾庆林对津巴布韦进行了正式友好访问。访问期间，贾庆林主席会见了穆加贝总统，与恩科莫众议长和玛宗圭参议长进行了会谈。双方签署了关于中方为津巴布韦援建 2 所农村学校和 1 个农业技术示范中心、津巴布韦承认中国完全市场经济地位等合作文件。

二　双边经贸关系

中国、津巴布韦两国政府间签有经济技术合作、贸易、投资保护、文化等协定，设有经济贸易混合委员会。两国建交以来，中国援助津巴布韦建设了哈拉雷国家体育场以及若干所医院、学校、水坝、水井、服装厂等。在中国进出口银行提供的买方信贷支持下，中国首都钢铁公司帮助津巴布韦钢铁公司修复 4 号高炉，并已于 1999 年 6 月完工。中国中建材公司利用中国进出口银行买方信贷和政府优惠贷款在津巴布韦兴建的水泥厂已于 2001 年 1 月建成投产。2004 年双边贸易总额为 2.54 亿美元，同比增长 28.8%。其中中方出口 1.13 亿美元，进口 1.41 亿美元。2007 年双边贸易总额为 3.38 亿美元，同比增长 23%。其中中方出口额 1.96 亿美元，同比增长 44%，进口额 1.42 亿美元，同比增长 2%①。2008 年 1～10 月中国与津巴布韦双边贸易额 2.45 亿美元，环比下降 10%，其中对津巴布韦出口 1.01 亿美元，环比增长率为 -29%，进口增长率为 11%②。中国从津巴布韦进口的商品主要包括烟草、棉花和铬铁、铜等产品，中国向津巴布韦出口的商品主要包括机电、化工、轻纺及高新技术产品等。目前，中国已成为津巴布韦最重要的贸易伙伴国之一。2007 年中国对津巴布韦的直接投资列津巴布韦外国直接投资主要来源国之一。

---

① 中国商务部网站：http://xyf.mofcom.gov.cn/aarticle/data/200802。
② 中国商务部网站，《2007 年中国与西亚非洲国家贸易统计国别情况》。

三 文化、教育等方面的双边交往

根据中国与津巴布韦政府签订的文化协定和高等教育合作协定，中国每年接收数目不等的、来自津巴布韦的留学生，并提供奖学金。目前，津巴布韦在华留学生总数为 90人。2007 年 3 月，津巴布韦大学孔子学院正式开课，首批 57 名汉语学生已顺利结业，其中 20 名学生赴华交流。中国在津巴布韦派驻有医疗工作队，有医疗队队员 12 人。2008 年中国还向津巴布韦派出了"志愿者服务队"。津巴布韦为中国公民出境旅游目的地国。根据双边签署的航空协定，2004 年 11 月和 2007 年 1月，津巴布韦航空公司先后开通了哈拉雷至北京和广州的直航航线，现每周各一班。

主要参考文献

中　文

陆庭恩等主编《影响历史进程的非洲领袖》，世界知识出版社，2005。

葛佶主编《简明非洲百科全书》，社会科学出版社，2000。

刘鸿武：《黑非洲文化研究》，华东师范大学出版社，1997。

艾周昌、沐涛：《中非关系史》，华东师范大学出版社，1996。

李建忠：《战后非洲教育研究》，江西教育出版社，1996。

何丽儿：《南部非洲的一颗明珠——津巴布韦》，当代世界出版社，1995。

艾周昌、郑家馨主编《非洲通史》，华东师范大学出版社，1995。

陆庭恩、彭坤元主编《非洲通史》，华东师范大学出版社，1995。

宁骚：《非洲黑人文化》，浙江人民出版社，1993。

雅菲：《外国习俗丛书——非洲》，世界知识出版社，1993。

吴秉真等主编《非洲民族独立简史》，世界知识出版社，

1993。

中国艺术研究院、文化部对外文化联络局合编《外国文化艺术机构概况》，文化艺术出版社，1992。

〔英〕爱德华·泰勒：《原始文化》，连树声译，上海文艺出版社，1992。

〔美〕伦纳德·克莱因主编《20世纪非洲文学》，李永彩译，北京语言学院出版社，1991。

〔英〕巴兹尔·戴维逊：《现代非洲史》，舒展等译，中国社会科学出版社，1989。

何芳川、宁骚主编《非洲通史（三卷本）》，华东师范大学出版社，1985。

联合国教科文组织编译《非洲通史》，中国对外翻译出版公司，1985。

杨人楩：《非洲通史简编：从远古至一九一八年》，人民出版社，1984。

苏世荣等编著《非洲自然地理》，商务印书馆，1983。

中国非洲史学会编《非洲史论文集》，三联书店，1982。

中国社会科学院《非洲概况》编写组编著《非洲概况》，世界知识出版社，1981。

〔苏联〕伊·德·尼基福罗娃等：《非洲现代文学——下册：东非和南非》，陈开种等译，外国文学出版社，1981。

〔南非〕本·武·姆恰利：《罗得西亚：冲突的背景》，史陵山译，商务印书馆，1973。

外　文

African South of Sahara, 38th Edition, Routledge, 2008.

Staffan Darnolf & Liisa Laakso, *Twenty Years of Independence in*

Zimbabwe: *From Liberation to Authoritarianism*, Palgrave, 2003.

Stephen Chan, *Robert Mugabe*: *A Life of Power and Violence*, I. B. Tauris, 2003.

Jan Willem Gunning & Rem Remco Oostendorp, *Industrial Change in Africa*: *Zimbabwean Firms Structural Adjustment*, Palgrave, 2002.

Carolyn Jenkins & John Knight, *The Economic Decline of Zimbabwe*: *Neither Growth or Equity*, Palgrave, 2002.

Steven C. Rubert & R. Kent Rasmussen, *Historical Dictionary of Zimbabwe*, Third Edition, The Scarecrow Press Inc. , 2001.

Patrick Bond, *Uneven Zimbabwe*: *A Story of Finance, Development and Underdevelopment*, Africa World Press, Inc. , 1998.

John Middleton (ed.), *Encyclopedia of Africa South of the Sahara*, Micmillan, 1997.

Raph Uwechue (ed.), *Africa Today Third Edition*, African Books Limited, 1996.

Neil Parson: *A New History of Southern African*, Second Edition, Mamillan, 1993.

Colin Legum (ed.), *Africa Contemporary Record Vol. XXI*, Africana Publishing Company, 1992.

Christine Sylvester, *Zimbabwe*: *The Terrain of Contradictory Development*, Westview Press, 1991.

Micheal Drinkwater, *The State and Agrarian Change in Zimbabwe's Communal Areas*, Macmillan, 1991.

M. Tamarkin, *The Making of Zimbabwe*: *Decolonization in Regional and International Politics*, FRANK CASS, 1990.

Jan Vansina, *Oral Tradition as History*, University of Wisconsin Press, 1985.

Jeffrey Davidow, *A Peace in Southern Africa*: *The Lancaster House Conference on Rhodesia*, 1979, Westview Press, 1984.

R. S. Roberts Translated, *The Empire of Monomotapa*, Mambo Press, 1981.

W. H. Morris-Jones & Dennis Austin, *From Rhodesia to Zimbabwe*: *Behind and Beyond Lancaster House*, FRANK CASS, 1980.

D. G. Clarke, *Foreign Companies and International Investment in Zimbabwe*, Mambo Press, 1980.

Howard Simson, *Zimbabwe-A Country Study*, The Scandinavian Institute of African Studies, 1979.

主要网站网址

全非网：http：//www. allafrica. com。

非洲在线：http：//www. africaonline. com。

非洲经委会：http：//www. eca. org。

非洲开发银行：http：//www. afdb. org。

非洲商务网：http：//www. africa. org. cn。

南部非洲发展共同体官网：http：//www. sadc. int。

津巴布韦官网：http：//www. gta. gov. zw。

津巴布韦投资局：http：//www. zia. co. zw。

美国中央情报局：http：//www. cia. org。

英国简氏防务周刊网：http：//www. janes. com。

国际劳工组织官网：http：//www. ilo. org。

英国经济季评官网：http：//www. eiu. com。

维基百科中文网：http：//www. zh. wikipedia. org。

维基百科英文网：http：//www. en. wikipedia. org。

联合国官网：http：//www. un. org。

联合国贸发会议：http：//www. unctad. org。

联合国开发计划署：http：//www. undp. org。

世界银行：http：//www. worldbank. org。

国际货币基金组织：http：//www. imf. org。

中国外交部：http：//www. fmprc. gov. cn。

中国商务部：http：//www. mofcom. org. cn。

新华社：http：//www. info. xinhua. org。

中新网：http：//www. chinanews. com。

《列国志》已出书书目

2003 年度

《法国》，吴国庆编著

《荷兰》，张健雄编著

《印度》，孙士海、葛维钧主编

《突尼斯》，杨鲁萍、林庆春编著

《英国》，王振华编著

《阿拉伯联合酋长国》，黄振编著

《澳大利亚》，沈永兴、张秋生、高国荣编著

《波罗的海三国》，李兴汉编著

《古巴》，徐世澄编著

《乌克兰》，马贵友主编

《国际刑警组织》，卢国学编著

2004 年度

《摩尔多瓦》，顾志红编著

《哈萨克斯坦》，赵常庆编著

《科特迪瓦》，张林初、于平安、王瑞华编著

339

《新加坡》，鲁虎编著

《尼泊尔》，王宏纬主编

《斯里兰卡》，王兰编著

《乌兹别克斯坦》，孙壮志、苏畅、吴宏伟编著

《哥伦比亚》，徐宝华编著

《肯尼亚》，高晋元编著

《智利》，王晓燕编著

《科威特》，王景祺编著

《巴西》，吕银春、周俊南编著

《贝宁》，张宏明编著

《美国》，杨会军编著

《国际货币基金组织》，王德迅、张金杰编著

《世界银行集团》，何曼青、马仁真编著

《阿尔巴尼亚》，马细谱、郑恩波编著

《马尔代夫》，朱在明主编

《老挝》，马树洪、方芸编著

《比利时》，马胜利编著

《不丹》，朱在明、唐明超、宋旭如编著

《刚果民主共和国》，李智彪编著

《巴基斯坦》，杨翠柏、刘成琼编著

《土库曼斯坦》，施玉宇编著

《捷克》，陈广嗣、姜琍编著

2005 年度

《泰国》，田禾、周方冶编著

《波兰》，高德平编著

《加拿大》，刘军编著

《刚果》，张象、车效梅编著

《越南》，徐绍丽、利国、张训常编著

《吉尔吉斯斯坦》，刘庚岑、徐小云编著

《文莱》，刘新生、潘正秀编著

《阿塞拜疆》，孙壮志、赵会荣、包毅、靳芳编著

《日本》，孙叔林、韩铁英主编

《几内亚》，吴清和编著

《白俄罗斯》，李允华、农雪梅编著

《俄罗斯》，潘德礼主编

《独联体（1991～2002）》，郑羽主编

《加蓬》，安春英编著

《格鲁吉亚》，苏畅主编

《玻利维亚》，曾昭耀编著

《巴拉圭》，杨建民编著

《乌拉圭》，贺双荣编著

《柬埔寨》，李晨阳、瞿健文、卢光盛、韦德星编著

《委内瑞拉》，焦震衡编著

《卢森堡》，彭姝祎编著

《阿根廷》，宋晓平编著

《伊朗》，张铁伟编著

《缅甸》，贺圣达、李晨阳编著

《亚美尼亚》，施玉宇、高歌、王鸣野编著

《韩国》，董向荣编著

2006 年度

《联合国》，李东燕编著

《塞尔维亚和黑山》，章永勇编著

《埃及》，杨灏城、许林根编著

《利比里亚》，李文刚编著

《罗马尼亚》，李秀环编著

《瑞士》，任丁秋、杨解朴等编著

《印度尼西亚》，王受业、梁敏和、刘新生编著

《葡萄牙》，李靖堃编著

《埃塞俄比亚　厄立特里亚》，钟伟云编著

《阿尔及利亚》，赵慧杰编著

《新西兰》，王章辉编著

《保加利亚》，张颖编著

《塔吉克斯坦》，刘启芸编著

《莱索托　斯威士兰》，陈晓红编著

《斯洛文尼亚》，汪丽敏编著

《欧洲联盟》，张健雄编著

《丹麦》，王鹤编著

《索马里 吉布提》，顾章义、付吉军、周海泓编著

《尼日尔》，彭坤元编著

《马里》，张忠祥编著

《斯洛伐克》，姜琍编著

《马拉维》，夏新华、顾荣新编著

《约旦》，唐志超编著

《安哥拉》，刘海方编著

《匈牙利》，李丹琳编著

《秘鲁》，白凤森编著

2007 年度

《利比亚》，潘蓓英编著

《博茨瓦纳》，徐人龙编著

《塞内加尔 冈比亚》，张象、贾锡萍、邢富华编著

《瑞典》，梁光严编著

《冰岛》，刘立群编著

《德国》，顾俊礼编著

《阿富汗》，王凤编著

《菲律宾》，马燕冰、黄莺编著

《赤道几内亚 几内亚比绍 圣多美和普林西比 佛得
角》，李广一主编

《黎巴嫩》，徐心辉编著

《爱尔兰》，王振华、陈志瑞、李靖堃编著

《伊拉克》，刘月琴编著

《克罗地亚》，左娅编著

《西班牙》，张敏编著

《圭亚那》，吴德明编著

《厄瓜多尔》，张颖、宋晓平编著

《挪威》，田德文编著

《蒙古》，郝时远、杜世伟编著

2008 年度

《希腊》，宋晓敏编著

《芬兰》，王平贞、赵俊杰编著

《摩洛哥》，肖克编著

《毛里塔尼亚　西撒哈拉》，李广一主编

《苏里南》，吴德明编著

《苏丹》，刘鸿武、姜恒昆编著

《马耳他》，蔡雅洁编著

《坦桑尼亚》，裴善勤编著

《奥地利》，孙莹炜编著

《叙利亚》，高光福、马学清编著

2009 年度

《中非　乍得》，汪勤梅编著

《尼加拉瓜　巴拿马》，汤小棣、张凡编著

《海地　多米尼加》，赵重阳、范蕾编著

《巴林》，韩志斌编著

《卡塔尔》，孙培德、史菊琴编著

《也门》，林庆春、杨鲁萍编著

2010 年度

《阿曼》，仝菲、韩志斌编著

《华沙条约组织与经济互助委员会》，李锐、吴伟、
　　金哲编著

《列国志》主要编辑出版发行人

出　版　人　谢寿光

总　编　辑　邹东涛

项目负责人　杨　群

发　行　人　王　菲

编辑主任　宋月华

编　　　辑　（按姓名笔画排序）

　　　　　　孙以年　　朱希淦　　宋月华

　　　　　　宋培军　　周志宽　　范　迎

　　　　　　范明礼　　袁卫华　　黄　丹

　　　　　　魏小薇

封面设计　孙元明

内文设计　熠　菲

责任印制　岳　阳　郭　妍　吴　波

编　　　务　杨春花

责任部门　人文科学图书事业部

电　　　话　（010）59367215

网　　　址　ssdphzh＿cn@sohu.com